AUGSBURG – STADTANSICHTEN

HARALD HOLLO UND WALTER LASS, HERAUSGEBER

AUGSBURG
STADTANSICHTEN

FOTOS REINHARD EISELE

Mit Beiträgen von
Angela Bachmair, Lothar Bakker, Götz Beck, Rainer Bonhorst,
Thomas Elsen, Christoph Emmendörffer, Hans Frei,
Judith Gardner, Franz Häußler, Ulrich Heiß, Jürgen Hillesheim, Andrea Kümpfbeck,
Eva Leipprand, Manuela Mayr, Christof Metzger,
Christof Paulus, Bernd Roeck, Sepp Strubel, Christof Trepesch, Ralf Witzler

SATZ UND GRAFIK PARTNER

M·AVR·CAR IIVIR·AVG·INGEN
PRAGM·SIBI·ET·FAVST·IVCVNDAE
VXORI·ET·AVRELIAE·FIL·CETERISQ
COGNATIS · V · F
D
M
D M

Liebe Leserin, lieber Leser,

die Schönheit Augsburgs wird seit alters gerühmt: das mittelalterliche Gepräge, die Pracht der Renaissance, die Großzügigkeit der Maximilianstraße, der „schönsten Straße Deutschlands".

Farbenfroh, vielfältig, facettenreich präsentiert dieses Buch die 2000-jährige Stadt, ihre bekannten Schönheiten und die, an denen der Tourist (und oft auch der Einheimische) eher achtlos vorbeigeht. Wer die Sehenswürdigkeiten Augsburgs kennen lernen und zugleich einen Blick hinter die Prachtfassaden werfen will, wer mehr wissen und mehr sehen möchte, ist eingeladen zur Entdeckung einer schönen Stadt.

Klar gegliederte und reich bebilderte Kapitel machen die Entdeckungsreise einfach: Ob Dom- oder Lechviertel, ob Maximilianstraße oder Puppenkiste – übersichtlich nach klaren Gesichtspunkten erschließt sich der Inhalt. Einigen Kapiteln ist zur Orientierung ein Detailplan beigefügt, der in Bild und Text auf die Hauptsehenswürdigkeiten hinweist. Ein Gesamtplan liegt dem Buch gesondert bei.

Die Essays unserer Autoren (allesamt Insider und Kenner) bieten mehr als nur die Beschreibung von Sehenswürdigkeiten. Als Lechgeborene oder Zugezogene haben sie alle eine besondere Beziehung zu dieser Stadt, zu ihrer reichen Geschichte und Kultur, zu ihren Menschen und ihrer Lebensqualität. So vermittelt dieses Buch mehr als touristische Stadtinformation, mehr als kenntnisreich dargebotene Stadtgeschichte oder Betrachtungen über Kunst und Kultur. In der Summe dieser Beiträge wird etwas spürbar von dem ansonsten schwer Greifbaren, dem besonderen „Augsburger Gefühl": Trutzige Nostalgie mischt sich mit geschichtsbewusster Verantwortung, Bürgerlichkeit zwischen Behäbigkeit und politisch-freiheitlicher Tradition verträgt sich mit weltoffener Urbanität, schwäbische Schläue als Erbe gesellt sich zur ebenfalls über Generationen vererbten Toleranz. All das zusammen ergibt jene „städtische Intimität", die der Dichter Thomas Mann an Augsburg so schätzte.

Durch dieses Buch und auch durch den langen Prozess seiner Entstehung, die Gespräche mit Autoren und Mitarbeitern, denen die Herausgeber am Ende des Weges herzlich danken möchten, zieht sich dieses „Augsburger Gefühl".

Als Mitbürger und Mitbürgerinnen werden Sie deshalb an „Augsburg – Stadtansichten" Ihre besondere Freude haben, Heimat als ein urbanes Gefühl wieder erkennen und sich auch an ungewöhnlicheren Blicken auf die Schönheiten Augsburgs erfreuen. Besuchern, die mehr als Tourist Information erwarten, wünschen wir viel Vergnügen dabei, eine schöne Stadt und ihre Geheimnisse zu entdecken.

Harald Hollo und Walter Laß

ISBN 978-3-935438-07-0

Am Zusammenfluss von Lech (rechts) und Wertach (links) hat sich die Stadt Augsburg entwickelt.
Blick auf das Mündungsdreieck der Flüsse mit dem Auwald der Wolfzahnau, dazwischen der Wertachkanal mit Elektrizitätswerk.

NATURRAUM UND KULTURLANDSCHAFT

„Wie der Ökologe das Schneckenhaus nicht außer Acht lassen kann, wenn er die Lebensweise der Schnecke verstehen will, so wird man die menschliche Gesellschaft und ihre geschichtliche Entwicklung nicht begreifen, wenn man sie nicht in Verbindung mit der Landschaft sieht.“

Diese Erkenntnis der Geographie lässt sich überzeugend am Werdegang und an der wechselvollen Geschichte der Stadt Augsburg nachvollziehen. Natur und Landschaft waren die Grundlagen für die Besiedlung und der Rahmen für die räumliche Entfaltung. Die natürlichen Gegebenheiten wie Relief und geologischer Untergrund, Klima und Gewässer, Boden und Vegetation haben im Lauf der Jahrhunderte den Umfang der Besiedlung, die Art der agrarischen Nutzung, die Bauweise, das Gewerbe, das Wirtschaftsleben und das Verkehrswesen, ja die gesamte Entwicklung der Stadt und ihres Umlandes beeinflusst. Dabei spielten neben der Nutzbarkeit und Eignung der Natur die Ansprüche und Ziele, welche die Menschen im Rahmen der wechselnden politischen Ordnungen und des ökonomischen Geschehens an den Naturraum stellten, eine wichtige Rolle.

Die historisch-geographische Entwicklung von Augsburg wurde allerdings nicht allein von den naturräumlichen Bedingungen, von Geologie, Topographie und geographischer Lage, bestimmt. Für den Aufstieg zu einem Zentralort des Römerreiches, zu einer bedeutenden Reichsstadt und einer der reichsten Städte der Welt sowie für das Wachstum als Großstadt im 19./20. Jahrhundert waren die Aktivitäten der Menschen und die Wirksamkeit der politischen Kräfte entscheidende Faktoren. Der Naturraum wurde in vielfältiger Weise genutzt, in vielen Schritten verändert und im Laufe der Jahrhunderte zu einem Lebens-, Wohn- und Wirtschaftsraum mit markanter Kulturlandschaft ausgestaltet. Die prägenden Kräfte der geschichtlichen Vorgänge und der baulichen Strukturen werden in den folgenden Kapiteln mit unterschiedlichen Aspekten dargestellt. Dieser Beitrag erläutert im Überblick die naturräumlichen Voraussetzungen und die Wechselbeziehungen von Natur und Kultur, denen das Werden und Wachsen der Stadt und die Gestaltung der historischen Kulturlandschaft zu verdanken ist.

Topographische Lage und Geologie

Augsburg liegt inmitten des nördlichen Alpenvorlandes, das die Alpen vom Genfer See bis Wien begleitet und in mannigfacher Hinsicht unter deren Einfluss steht. Die Fernwirkung der Alpen kommt im Umland von Augsburg vor allem im geologischen Aufbau und im Relief zum Ausdruck. Topographisch gesehen liegt Augsburg auf einem leicht erhöhten Geländesporn im Mündungsdreieck der Alpenflüsse Lech und Wertach. Die beiden Talzüge bilden die Nahtstelle zwischen geologisch unterschiedlichen Teillandschaften innerhalb des bayerischen Alpenvorlandes. Im Osten grenzt das breite Lechtal an das Tertiärhügelland, dessen Untergrund aus Kies, Sand und Ton der Tertiärzeit zahlreiche Flüsse und Bäche zu einer Hügelzone mit weit geschwungenen Höhenrücken und flach gewellten Kuppen ausgeformt haben. Dieses Gebiet ist weder von Gletschereis erreicht, noch von Schmelzwasserströmen überflutet und von eiszeitlichen Geröllablagerungen überdeckt worden. Im Westen von Augsburg prägen das Relief langgezogene von Süden nach Norden sanft abfallende Höhenzüge, die von schmalen Bachtälern und breiten kastenförmigen Talzügen voneinander getrennt sind. Hier werden die Hochflächen und die Talböden auf weite Strecken von eiszeitlichen Schotterablagerungen eingenommen, während an den Talhängen das Tertiärmaterial des Untergrundes als Kies, Sand und Ton zutage tritt. Zwischen den Hügellandschaften im Osten und Westen erstrecken sich als eigenständige Landschaftseinheiten die Talräume von Lech und Wertach.

Zum näheren Verständnis der Landschaftsentwicklung richten wir einen Blick auf die erdgeschichtliche Epoche des Quartärs, die als sogenannte Eiszeitalter vor etwa 2,5 Millionen Jahren begann und vor ca. 15 000 Jahren endete. Am Anfang dieses von mehrfachen Klimaschwankungen geprägten Zeitraumes war das gesamte Alpenvorland ein ziemlich ebenes Festland mit zahlreichen Flüssen auf einer leicht nach Norden geneigten Landoberfläche. Entscheidende Veränderungen im Landschaftsbild ergaben sich durch einen klimatischen Wandel. Auf das feucht-warme subtropische Klima der Tertiärzeit, das verschiedenen Elefanten- und Nashornarten in unserer Gegend Lebensräume bot, folgte eine Abkühlungsphase mit einem mehrfachen Wechsel von Kalt- und Warmzeiten. Die alpinen Gletscher, von denen heute Reste in den höchsten Lagen der Alpen vorkommen, haben sich in jeder Kaltzeit vergrößert und sind als Eisströme weit in das Alpenvorland vorgedrungen. Maßgebend für unseren Raum waren die Vorstöße des Lech- und des Wertachgletschers, die sich unterschiedlich weit nach Norden ausdehnten und dabei riesige Mengen von Grob- und Feinschutt mitführten. Dieses Material wurde von den Wasserströmen der abschmelzenden Eismassen, die man sich als kilometerbreite hochwasserführende Flüsse vorstellen muss, weiterbefördert und bei nachlassender Transportkraft in ausgedehnten Schotterfeldern als Gerölle abgelagert.

Durch besondere Umstände lassen sich im Augsburger Raum diese Auswirkungen mehrerer Kaltzeiten in der Höhenlage, der Staffelung und der Ausdehnung der Schotterablagerungen nachweisen. Die ältesten Gerölle der Biber- und der Donaueiszeiten liegen auf den Höhenrücken im Westen und bedecken die sogenannte „Staudenplatte" sowie die „Staufenberger Terrassentreppe" zwischen Schmutter und Zusam. Die jüngeren Geröllablagerungen der Riß- und der Würmeiszeiten liegen in den breiten Talräumen von Lech und Wertach zwischen den Steilabfällen des Lechrains im Osten und der Wertachleite im Westen und bauen auch den dazwischen liegenden 8–10 Meter höheren Geländerücken auf. Dieser entstand im Zusammenspiel von Ablagerung und Eintiefung der Schmelzwasserströme im Laufe der letzten Kaltzeit, als sich der Lech auf die östliche Talseite verlagerte und mit zunehmender Erosionskraft in den Untergrund eintiefte. Am Westrand dieses in der Rißeiszeit angelegten Tales erschien die Wertach und schuf ebenfalls eine Terrassenkante.

So kam der auffallende 3–5 Kilometer breite und 8–10 Meter höher liegende Geländerücken, die Hochterrasse, zwischen den Talböden von Lech und Wertach zustande. Auf der Ostseite ist ein schmaler 4–6 m tiefer liegender Geländestreifen, die Haunstetter Niederterrasse angegliedert. Nördlich des Zusammenflusses von Lech und Wertach setzt sich auf der Westseite eine weitere Hochterrasse fort, die das breite Lechtal vom Schmuttertal trennt. In der nacheiszeitlichen Periode haben sich Lech und Wertach entsprechend ihrer Erosionskraft in die vorher aufgeschütteten Geröllablagerungen weiter eingeschnitten und dabei kleine Terrassenstufen angelegt. Mit den Flussregulierungen im 19. Jh. verstärkte sich die Eintiefung der Fließgewässer in den Untergrund.

Siedlungsbedingungen und kulturlandschaftliche Entwicklung

Der flache Geländesporn zwischen Lech und Wertach bot günstige natürliche Voraussetzungen für Siedlung, Landwirtschaft und Verkehr. Dabei spielte ein wesentliches Relikt der Würm-Eiszeit, die Löss-Lehmauflage auf der Hochterrasse eine wichtige Rolle. Sie bildete sich aus den Staubablagerungen, die während der letzten Kaltzeit aus den vegetationsfreien Gebieten im Süden und Westen ausgeweht und auf der lockeren Steppenvegetation abgesetzt worden sind. Wegen der feinporigen Struktur und infolge des hohen Mineralgehaltes liefert der Löss einen fruchtbaren Boden. Die natürliche Bewaldung mit lockeren Eichen- und Buchenbeständen erleichterte die Rodung und begünstigte die Umwandlung in Ackerland. Die häufig überschwemmten Talauen waren nach der Rodung

Augsburg und Umgebung als Vogelschaubild von Peter Dorisy, 1574. Die Landschaft ist naturalistisch wiedergegeben. Die Stadt liegt im Mündungsdreieck von Lech (Vordergrund) und Wertach (Hintergrund), die Wiesen und Weiden in den Talauen, die Ackernutzung auf der Hochterrasse sind gut zu unterscheiden. Die Rauchschwaden stammen von den Ziegeleien. Gouache-Malerei auf Leinwand (Ausschnitt).

des urwaldartigen Bewuchses mit Erlen, Eschen, Weiden und Ulmen besser für Wiesen und Weiden geeignet. So entwickelte sich eine unterschiedliche kulturlandschaftliche Ausgestaltung des Augsburger Raumes. Auf den Feldbau der trockenen, lössbedeckten Hochterrasse weisen die Flurnamen „Hochfeld" oder „Augsburger Feld" hin. Grünland beherrschte dagegen die Talböden von Lech, Wertach und Singold, nachdem die ehemals zusammenhängenden Auwälder auf wenige insel- und bandartige Bestände zurückgedrängt worden waren. Beachtliche Reste sind am südlichen Stadtrand der parkartig gestaltete Siebentischwald und der ziemlich naturbelassene Stadtwald, die als quellenreiche und von Bachläufen durchzogene Waldgebiete seit Jahrhunderten eine wichtige Rolle für die Versorgung der Stadt mit Trink- und Brauchwasser spielen und deshalb als Naturschutzgebiete ausgewiesen sind. Eine Besonderheit stellt im Norden der Stadt die Wolfzahnau im Mündungszwickel der beiden Hauptströme Lech und Wertach mit ihren vielfältigen feuchten und trockenen Waldgesellschaften und einer reichhaltigen Tier- und Pflanzenwelt dar. Dieses wertvolle und seltene Naturpotential vermittelt eine Vorstellung, wie die Naturlandschaft des Lech- und Wertachtales ehemals ausgesehen haben mag.

Die frühesten Spuren von der Anwesenheit der Menschen in diesem Raum reichen nach dem jetzigen Kenntnisstand in die mittlere Steinzeit, also ca. 8000–10 000 Jahre zurück, als nach dem Ende der Eiszeit die Jäger auf der Suche nach Wild und die Sammler von Waldfrüchten die Gegend durchstreiften. Wenige Lesefunde nördlich und südlich von Augsburg beweisen, dass die Hochterrasse gelegentlich begangen wurde. Weit zahlreicher sind die Spuren der jüngeren Steinzeit, als die ersten Ackerbauern und Viehzüchter die lichten Wälder rodeten und kleine bäuerliche Siedlungen am Rande der lößbedeckten Hochterrasse zwischen Lech und Wertach anlegten. Steinwerkzeuge und Keramikreste aus nahezu allen Perioden des Neolithikums (ca. 5800–2000 v. Chr.) sprechen für die Siedlungsgunst entlang der Augsburger Hochterrasse an der Nahtstelle der fruchtbaren Lössböden und der feuchten Talauen.

Im Laufe der Bronze- und der Urnenfelderzeit (ca. 2000–800 v. Chr.) häufen sich die Siedlungs- und Grabfunde im Augsburger Raum. Auffällig ist die Zunahme des Fundstellenbildes entlang der östlichen Hochterrassenkante zwischen Haunstetten und Königsbrunn und das Auftreten von Grabhügeln entlang des Wertachtales. Dieser Bestattungssitte sind zahlreiche Grabanlagen der frühen Eisenzeit (Hallstattkultur 800–500 v. Chr.) zwischen Kriegshaber, Wellenburg, Bergheim und Bobingen zu verdanken. Die ausgegrabenen Überreste von Schmuck, Waffen, Keramik und die Hinweise auf Pferd und Wagen kennzeichnen eine wohlhabende Oberschicht und eine zunehmende Gliederung der Gesellschaft. Im Vordergrund des Wirtschaftslebens stand immer noch die bäuerliche Lebens- und Arbeitsweise, doch brachten die Kenntnisse der Eisenverarbeitung und die Verwendung von Arbeitsgerät und Waffen aus Eisen Neuerungen für Handwerk und Handel und beeinflussten das soziale Gefüge.

Seit dem 5. Jh. v. Chr. siedelten sich im Voralpengebiet keltische Zuwanderer an, die unter dem Begriff „Vindeliker“ auch namentlich überliefert sind. Die Namen der Augsburger Flüsse Lech und Wertach haben ebenfalls keltischen Ursprung und gehen auf lika/likos = „der Steinige“ und auf virdo = „die Schnelle“ zurück, Bezeichnungen, die auf den Charakter als Alpenflüsse hinweisen. Siedlungs- und Grabfunde der letzten Jahrhunderte vor der Zeitenwende sind spärlich. Siedlungsspuren in Inningen, Haunstetten und Königsbrunn sind überliefert, doch fehlen bislang die Beweise für eine keltische Niederlassung auf dem nördlichen Teil des Geländesporns zwischen Lech und Wertach. Dass im Areal der Augsburger Altstadt insgesamt nur wenige vorgeschichtliche Siedlungsreste bekannt sind, hängt mit der seit römischer Zeit andauernden Überbauung und der damit verbundenen Zerstörung archäologischer Befunde zusammen. Dagegen haben sich im westlichen und östlichen Umland von Augsburg in den weitläufigen Waldgebieten spätkeltische Viereckschanzen als markante Geländedenkmäler erhalten, die vermutlich als Heiligtümer für Kult- und Opferhandlungen zu deuten sind. In den westlichen Wäldern und in der Aichacher Gegend gibt es mit den Trichtergruben weitere auffällige Geländespuren, die beim Abbau von Eisenerz angelegt wurden. Nach den bisherigen Kenntnissen können sie allerdings nicht der Keltenzeit zugeordnet werden.

Die kontinuierliche Besiedlung im Augsburger Raum seit der Jungsteinzeit ist ein überzeugen-

Augsburg vor etwa 200 Jahren: Die kolorierten Radierungen von Johann Michael Frey, 1795 (rechts) und Franz Thomas Weber, 1821 (links), sind hervorragende Beispiele für die Darstellung einer Stadt als Element der Kulturlandschaft und detaillierter Wiedergabe der Natur.

Augsburg von Osten (links): im Vordergrund die Lechauen und ein Lechkanal, im Mittelgrund sind ein Färberturm und die Kattunmanufaktur Schüle zu sehen, im Hintergrund die Stadtsilhouette.

Augsburg von Westen (rechts): die Dörfer Stadtbergen und Pfersee im Vordergrund, die Wertach und die markante Stufe der Hochterrasse im Mittelgrund und die Stadtsilhouette mit Dom, Rathaus/Perlach und St. Ulrich.

der Beweis für die hohe Siedlungsgunst. Eine entscheidende Gestaltung erhielt die Kulturlandschaft durch die Römer, die im Anschluss an den Alpenfeldzug 15. v. Chr. das Gebiet bis zur Donau besetzten und ein Legionslager im heutigen Stadtteil Oberhausen errichteten. Bald nach dem Abzug der römischen Legionen dürfte um 15 n. Chr. die Zivilsiedlung auf der hochwassersicheren Landzunge entstanden sein, die sich als Augusta Vindelicum zum Mittelpunkt für Verwaltung, Wirtschaft und Kultur in der römischen Provinz Raetien entwickelte. Sie stand in vielfältigen Beziehungen mit dem nahen und weiteren Umland. Relikte von Gutshöfen, Friedhöfen, Gewerbebetrieben und Straßen bezeugen die Bedeutung des Lech- und des Wertachtales als Schwerpunkt von Siedlung und Wirtschaft zwischen Alpen und Donau.

Wasserreichtum und Gewerbe

Ein entscheidender Faktor für die Entwicklung einer ausgeprägten Siedlungslandschaft waren die hydrographischen Gegebenheiten, die wiederum von der geologischen Situation abhängig sind. Der Tertiärsockel unter den eiszeitlichen Geröllablagerungen bildet eine stauende Unterlage für die von Süd nach Nord gerichteten Grundwasserströme. Sie treten am Rande der Hochterrasse und an der Grenze von tertiären und quartären Schichten zu Tage und wurden jahrhundertelang in Schöpfbrunnen, Kanälen und Rohrleitungen gefasst und in die Stadt geleitet. Für die Standortwahl der Siedlungen und insbesondere für die Versorgung der Stadt mit Trink- und Brauchwasser spielten die Quellhorizonte eine weit wichtigere Rolle als die schwer zu bändigenden Flüsse. Vor allem das Lechtal mit den 10–15 Meter mächtigen Geröllschichten vermag große Wassermengen zu speichern, die in zahlreichen Quellen auf dem Talboden z. B. in der „Meringer Au" austreten. Mit Lechanstichen und Wehrbauten bemühte man sich, die Wasserversorgung zu sichern und das Fließwasser als Energieträger für das Gewerbe (Mühlen, Stampfen und Hammerwerke) zu nutzen. Die Flüsse Wertach und Lech dienten über Jahrhunderte auch als Transportwege; vor allem der Lech hatte für die Versorgung Augsburgs mit Bau- und Brennmaterial, insbesondere mit Holz, eine erhebliche Bedeutung. Um die Floßladungen möglichst nahe an die Stadt heranzubringen, entstanden Floßkanäle und Floßländen.

Dem Wasserreichtum widmete der Volkskundler Wilhelm Heinrich Riehl, ein scharfsinniger Beobachter von Land und Leuten, in seinen

Augsburger Studien (1859) ein Loblied: *„Die rätselhaften Wasserzüge dieses Tafellandes sind ein wahrer Lustgarten für den Beobachter. Innerhalb der alten Stadtgrenze von Augsburg, kaum eine Stunde wegs lechaufwärts, entspringen gut ein Dutzend kleiner Bäche inmitten der Lechniederung, fast auf gleicher Höhe und in der nächsten Nachbarschaft des Flusses, und laufen dann höchst eigensinnig unter sich und mit dem Hauptfluss parallel, oft kaum auf einen Büchsenschuss Abstand, durchkreuzen und verwirren sich und bilden so wieder neue Bäche. Ähnlich ist es auf der Wertachseite mit der Singold und ihrer Bachfamilie. Nur auf dem mäßigen Raume des Augsburger Stadtgebietes war gleichzeitig eine solche Sammlung und Zerspaltung der Wasserläufe möglich."*

Als dieser Text im Druck erschien, hatten bereits die Wasserturbinen als technische Neuerung die herkömmlichen Wasserräder abgelöst und als neue Energiequellen die Ansiedlung von Industriebetrieben begünstigt. Dem Wasserreichtum verdankte Augsburg seinen Aufstieg zu einer bedeutenden Industriestadt. Um die Wasserkräfte optimal zu nutzen und gleichzeitig die Siedlungen und Straßen vor Hochwasser zu schützen, waren technische Eingriffe in das natürliche Gewässersystem notwendig. 1853 begann die Begradigung der Wertach, um 1870 setzten die Korrektionsarbeiten am Lech zwischen Kaufering und Augsburg ein. Ausgehend von örtlich begrenzten Uferschutzbauten wurden gegen die Eintiefung der Flusssohle nach und nach Querbauten in Form von Wehren errichtet. Durch die Ausleitung von Wasser in Kanalstrecken wurden die Flüsse energiewirtschaftlich stärker genutzt. Mit der Anlage von Staustufen und Kraftwerken zur Stromgewinnung wurde die Flusslandschaft von Lech und Wertach in den letzten Jahrzehnten grundlegend umgestaltet.

Stellenwert der geographischen Lage

Einen wichtigen Stellenwert für die Entwicklung der Kulturlandschaft und den Aufstieg der Stadt Augsburg seit dem Mittelalter hatte stets die geographische Lage im Alpenvorland. Innerhalb der geographischen Grundkonstanten boten die naturräumlichen Bedingungen günstige Voraussetzungen für einen Straßenknoten. Im Nord-Süd-Verkehr waren das Lech- und das Wertachtal die Leitlinien für die Fernstraßen, die von den Alpenübergängen ihren Ausgang nahmen. Der Verkehr von Ost nach West hatte hingegen zahlreiche Flussläufe zu überqueren und die parallel verlaufenden Höhenzüge zu überwinden. Vor allem die Überquerung der Alpenflüsse mit ihren breiten Schotterbetten und verzweigten Flussarmen bereitete beträchtliche Schwierigkeiten. Für den Übergang des Lechs war deshalb die Talzone vor der Einmündung der Wertach günstiger als nach der Vereinigung der beiden wasserreichen Flüsse. Diesem Umstand hatte Augsburg die Funktion eines Brückenkopfes zu verdanken, die durch weitere geographische Besonderheiten gefördert wurde. Zwischen dem hügeligen Relief im Osten und Westen und den großen Mooren im Norden (Donau-Ried, Donau-Moos) konnte der Ost-West-Verkehr über Augsburg einen geländegünstigen Korridor benutzen. Dieser Linie folgten die römische Fernstraße zwischen Salzburg und Straßburg, die mittelalterliche Salz- und Handelsstraße, die frühneuzeitliche Poststraße, die königliche Chaussee und nicht zuletzt im 19. Jh. die Eisenbahnlinie München – Stuttgart.

Das Kartenbild (1819) zeigt die Stadt, die umliegenden Dörfer, die Verteilung von Wald und offener Feldflur, das Wegenetz. Lech und Wertach fließen auf einer breiten Talsohle, verzweigen sich in Nebenarme und werden von Auwäldern begleitet. Das Relief und die Bodenformen sind mit Schraffen dargestellt.

Topographischer Atlas von Bayern 1:50 0000, Blatt Augsburg, 1819, verkleinert auf ca. 1:100 000.

Im Vergleich der Kartenbilder ist das flächenhafte Wachstum der Stadt und der umliegenden Siedlungen deutlich erkennbar. Die Flüsse sind begradigt, die Straßen beanspruchen erhebliche Flächen. Die Wertachauen, der Siebentischwald und Wolfzahnau bilden noch wichtige Grünzonen.

Wie stark das naturgeographische Gefüge und das Lagemoment inmitten des Alpenvorlandes den Verkehrswert des Standortes Augsburg beeinflussten, zeigt die Stadtentwicklung im Laufe des Mittelalters. Als mit der Italienpolitik der Kaiser und Könige die Zugänge nach Südeuropa eine wichtige Rolle spielten, wirkte sich die Verkehrsverbindung zu den Alpenübergängen nachhaltig auf die überregionale Bedeutung Augsburgs aus. Mit der Ausweitung des europäischen Fernhandelsnetzes im 15. und 16. Jh. wuchs Augsburg zu einer der größten Städte des Reiches heran und das Stadtbild wurde durch rege Bautätigkeit entscheidend umgestaltet. Die Verlagerung wichtiger Fernhandelswege an den Atlantik, die Entstehung der Territorialstaaten und die damit verbundenen Grenzziehungen minderten die Verkehrsfunktion in der Folgezeit. In den Schatten der Verkehrsentwicklung geriet die Stadt im 19. Jh., als München die Funktion eines Eisenbahnknotens übernahm.

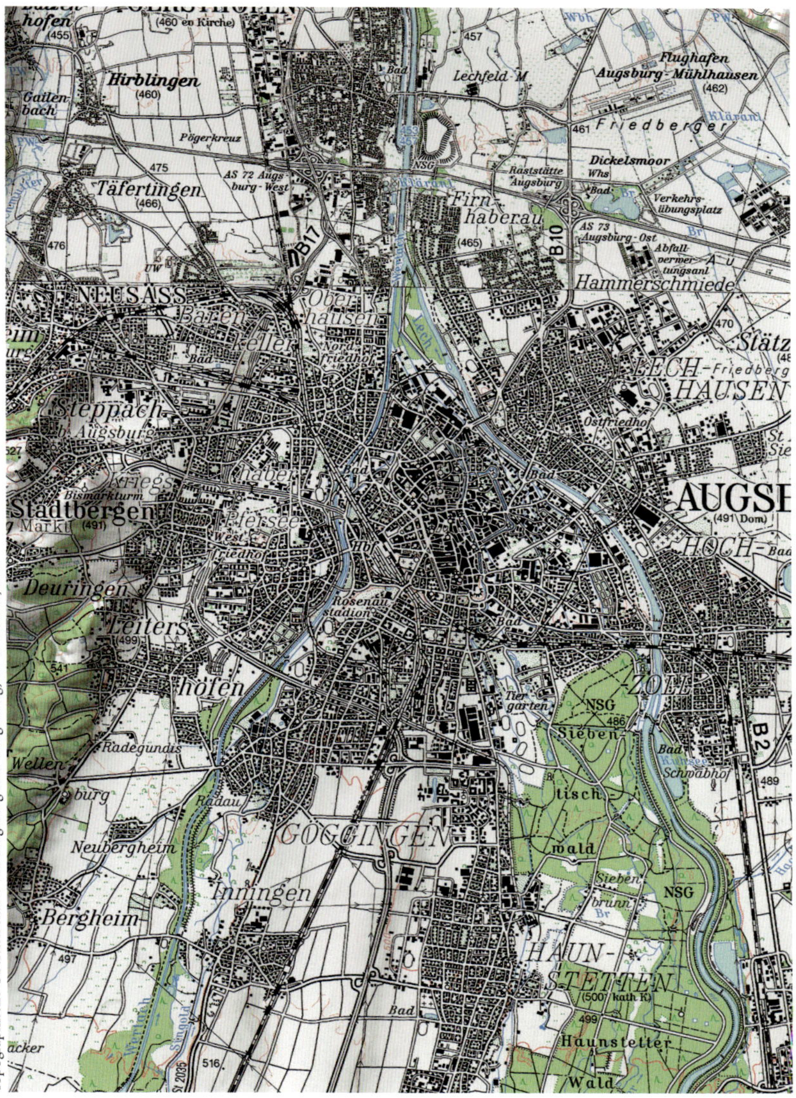

Topographische Übersichtskarte von Augsburg und Umgebung, ca. 1:100 000, 2007

Kulturlandschaft und Raumnutzung heute

Die natürlichen Grundlagen des Augsburger Siedlungs- und Wirtschaftsraumes sind überwiegend im Laufe des Eiszeitalters entstanden. Seit nahezu 8000 Jahren haben die Menschen mit unterschiedlichen Ansprüchen und verschiedenen technischen Mitteln den Naturraum genutzt, die Landschaft in vielen kleinen Schritten verändert und ihre baulichen Strukturen hinterlassen. Die Flächen für Wohnen, Arbeit, Gewerbe, Versorgung und Verkehr nehmen heute insgesamt mehr als ein Drittel der Stadtfläche von ca. 15 000 Hektar ein. Ein weiteres Drittel des Raumes beanspruchen die landwirtschaftlichen und gärtnerischen Nutzungen. Sie verteilen sich vor allem auf die Ebenen des Wertach- und des Lechtales und die lössbedeckte Hochterrasse.

Die naturnahen Areale wie Wälder, Parkanlagen und Gewässer umfassen inmitten einer intensiven Siedlungslandschaft noch ein knappes Drittel des gesamten Stadtgebietes. Einen wesentlichen Anteil haben die zusammenhängenden Auwälder entlang von Lech und Wertach und die ausgedehnten Waldungen am westlichen Stadtrand innerhalb der ehemaligen Gemarkung Bergheim. Fließende und stehende Gewässer nehmen insgesamt 2,3 % der Fläche ein und bilden damit seltene und kostbare Bestandteile der Landschaft. Sie erfüllen mit den Grünflächen und Wäldern wichtige Ausgleichsfunktionen für den Naturhaushalt und sind unentbehrlich für Freizeitaktivitäten und Naherholung. Dazu kommt ihre stadtgestalterische und landschaftsprägende Wirkung. Eine große Bedeutung haben dabei die Biotope wie Feuchtwiesen, Ödlandstreifen, Hecken, Feldgehölze und naturnahe Wälder. Sie verteilen sich mit ca. 8 % der Stadtfläche auf rund 400 Standorte. Wesentliche Teile davon sind das Naturschutzgebiet „Stadtwald", die Landschaftsschutzgebiete „Wertach- und Lechauen" einschließlich „Wolfzahnau" und geschützte Landschaftsteile wie Wittelsbacher Park und Kurpark Göggingen. Ein Vergleich der topographischen Karten von 1819 und 2007 zeigt das flächenhafte Wachstum und die veränderten Nutzungsstrukturen im Rahmen des tiefgreifenden Wandels im Laufe von knapp 200 Jahren. Der hohe Stellenwert der natürlichen Grundlagen und der naturnahen Freiräume inmitten einer intensiv genutzten Kulturlandschaft wird dabei deutlich sichtbar. Der rücksichtsvolle Umgang mit den Naturgütern bildet in Zukunft eine wichtige Aufgabe.

POMPEIANIVS
SILVINVS VIVVS
FECIT SIBI ET
POMP VICTORI
FRATRI PIISSIMO
QVI VIXIT ANN S X

Begegnungen mit den Römern

AELIA AVGVSTA

Römisches Museum in der ehemaligen Dominikanerklosterkirche St. Magdalena, erbaut 1515, barockisiert 1724.

Grabinschrift des Weinhändlers Pompeianius Silvinus, um 200 n. Chr.; Jurakalkstein; geborgen 1973 am Vorderen Lech (links unten).

Geht man durch Augsburgs nördliche Altstadt, begegnet man den Römern buchstäblich auf Schritt und Tritt, jedoch weitgehend unsichtbar: Mit wenigen Ausnahmen liegen die Zeugnisse der stolzen Hauptstadt Raetiens, AVGVSTA VINDELICVM = AELIA AVGVSTA, unter Kaiser Augustus gegründet, nur unter unseren Füßen im Untergrund verborgen. Beständig bringen seit Jahrzehnten durchgeführte Ausgrabungen der Stadtarchäologie dort hölzerne und steinerne Ruinenreste der einst stolzen Metropole des Alpenvorlandes und zahllose Funde des Alltages ihrer damals etwa zehntausend Bewohner ans Licht, zu bewundern im Römischen Museum in der ehemaligen Dominikanerkirche St. Magdalena. In der neben dem Hohen Dom und St. Ulrich und Afra sicherlich eindrucksvollsten Kirchenanlage Augsburgs, erbaut 1513–1515, befinden sich seit 1966 die archäologischen Sammlungen von der Vorgeschichte bis in das Mittelalter.

Vergoldete Bronzestatuette des Genius Populi Romani, Staatsschützer der Römer. Höhe 45 cm. Mitte 1. Jh. n. Chr.; aufgefunden 1911 im Lech (oben).

Dort, im Römischen Museum an der Dominikanergasse, begegnen wir zunächst den reichen vorgeschichtlichen Bodenfunden aus Schwaben. Hier, an Lech und Donau, siedelten die Menschen seit ihrer Sesshaftwerdung im 7. Jahrtausend vor Christus. Qualitätvolle Siedlungs- und vor allem Grabfunde belegen die kontinuierliche Anwesenheit von Menschen während der gesamten Jungsteinzeit, der Bronzezeit (ca. 2000–800 v. Chr.) und der daran anschließenden Eisenzeit bis zum Beginn der römischen Herrschaft.

Erwähnt seien die Trinkservice von Ehingen und Unterglauheim mit Bronzegeschirr und zwei Goldbechern aus dem 10./9. Jh. v. Chr., das Wagengrab von Wehringen (um 778 v. Chr.), aber auch die in den letzten Jahren in Haunstetten, Göggingen und Inningen geborgenen Grabbeigaben der sogenannten Glockenbecherkultur (ca. 2500–2000 v. Chr.), der frühen und späten Bronzezeit sowie der so genannten Urnenfelderkultur (1250–800 v. Chr.). Beim Bau des Landesamtes für Umweltschutz kamen 1999 erstmals auf Augsburger Boden Überreste einer spätkeltischen Ansiedlung des letzten Jahrhunderts vor den Römern zu Tage!

Wem begegneten die „Römer", als Drusus und Tiberius, die beiden Stiefsöhne des Augustus, 15 v. Chr. mit ihren Truppen die nördliche Alpenzone und das Land bis zur Donau unter die Herrschaft des Imperium Romanum brachten? Hier siedelten im Gebirgsraum die Raeter, im heutigen Gebiet der Schweiz und im Alpenvorland die Vindelicer, Teilstamm der keltischen Helvetier. Zu ihnen zählten auch die Licates am Licca = Lech. Wenige Jahre nach der Eroberung, um 8/5 v. Chr., errichteten die Römer das wohl größte Militärlager im neu unterworfenen Gebiet am Zusammenfluss von Lech und Wertach: Mehrere tausend Metallteile, ihre Ausrüstung, Waffen, Werkzeuge, Geräte wurden 1910/13 in Oberhausen aus dem Kies einer Hochwasserkatastrophe des frühen 1. Jh. n. Chr. geborgen. Nach dieser Zerstörung durch die Natur erbauten die Römer im 2. Jahrzehnt n. Chr. ein neues Kastell an der Ostseite der Hochterrasse, jetzt hochwasserfrei, gelegen nordöstlich des Domes von St. Gallus im Norden bis auf die Höhe des Mittleren Pfaffengässchens im Süden. In der rund 2500 bis 3000 Mann starken Besatzung waren in erster Linie Reiter stationiert, wie uns Funde der letzten Jahre, aber auch deren Grabsteine zeigen. Um das Kastell entwickelte

Grabfund aus kostbarem Bronzegeschirr und zwei Goldbechern der Urnenfelderzeit, um 1000 v. Chr.; geborgen 1834 in Unterglauheim (Lkr. Dillingen).

Der Augsburger Schatzfund aus 52 Goldmünzen (aurei), nach 163/164 n. Chr. verborgen im Zusammenhang mit den Markomannenkriegen; entdeckt 1978 bei St. Stephan.

Reliefblock eines Pfeilergrabmals mit Bild eines Soldaten und seiner Frau. Jurakalkstein, Höhe 1,30 m; gefunden am Fronhof, 1925 (unten).

Pfeilergrabmal für die Familie des T. Flavius Clemens, Soldat in der III. Italischen Legion. Um 200 n. Chr. Jurakalkstein, Höhe 4,60 m; Augsburg-Oberhausen, 1709 (rechts).

Eckblock eines Grabmals mit Bild des Weintransportes auf einem Ochsenfuhrwerk, um 200 n. Chr. Jurakalkstein, Breite 0,92 m; Heilig-Kreuz-Str., 1990.

sich eine zivile Siedlung, in der Familienangehörige der Soldaten, Händler und Handwerker lebten. In Bürgerkriegsunruhen 69/70 n. Chr. nach dem Tod Neros gingen Militäranlage und Lagervorstadt in Flammen auf.

Schon im 1. Jh n. Chr. bildete der bedeutende Militärplatz AVGVSTA VINDELICVM einen Ort der Begegnung: Hierher führte die von Kaiser Claudius 46/47 n. Chr. fertig gestellte VIA CLAVDIA AVGVSTA, die Staatsstraße, die von Oberitalien über Reschen- und Fernpass, später auch über den Brenner, bis an die Donau zog. Ein vergoldeter Genius Populi Romani, Schutzgott des römischen Staates und Volkes, mag von einem Ehrendenkmal für Kaiser Claudius stammen. Die Siedlung am Zusammenfluss von Lech und Wertach wurde in den letzten Jahrzehnten des 1. Jh. n. Chr., jetzt ohne Militär, rasch wieder aufgebaut und im Westen und Norden vergrößert. Das vormalige Kastellareal wurde überplant: Größere Holzgebäude privater und erste Steingebäude öffentlicher Nutzung entstanden hier. Etwa um 100 n. Chr. brannte die Siedlung zum wiederholten Male ab, wie Ausgrabungen jüngst am Äußeren Pfaffengässchen aufzeigten. Doch bedeutete diese Zerstörung (durch Schadenfeuer?) einen entscheidenden Punkt: Nun, unter Kaiser Traian (98–117), nahm AVGVSTA VINDELICVM den Rang als Hauptstadt der zentralen Alpenprovinz RAETIA ein, der ihr bis weit in das 5. Jh. n. Chr. die zentrale Rolle im Gebiet zwischen „Limes" und Oberitalien, zwischen Bodensee und Inn sicherte, vergleichbar mit der Rolle Münchens in Bayern. Hier residierte als Vertreter des Kaisers in Rom sein Statthalter, zunächst ein Ritter als Procurator, später ab etwa 175/180 ein Senator als Legat. Ihre Befugnisse waren umfassend: oberster Richter, Chef der zivilen Verwaltung und der Finanzen sowie Befehlshaber für die Truppen an der Grenze, am „rätischen Limes". Dass dadurch der wirtschaftliche und politische Rang der Römersiedlung am Lech enorm wuchs, versteht sich nahezu von selbst. Zuvor hatte Cambodunum/Kempten im 1. Jh. n. Chr. die Funktion der Statthalter-Residenzstadt. Während der „Markomannenkriege" erhielt Augsburg etwa um 170/180 eine mächtige Stadtmauer mit Toren: An ihrem Bau war die kurz zuvor nach Raetien abkommandierte III. Italische Legion sicherlich beteiligt, wie uns Ausgrabungen ihres kurzfristig besetzten Lagers im Annahof 2003/2004 aufzeigten.

Eine besondere, hohe Begegnung im damaligen Augsburg wird um 121 n. Chr. überliefert. „AVE! Imperator venit" – „Hurra, der Kaiser kommt" werden vielleicht die Bewohner gerufen haben, als der Imperator und Kaiser Aelius Hadrianus (117–138) Raetien auf seiner Rundreise durch die Provinzen besuchte. Er verlieh der Siedlung das offizielle Stadtrecht als MVNICIPIVM AELIVM AVGVSTVM. Der Magistrat aus wohl hundert Ratsmitgliedern wurde von zwei gleichrangigen Bürgermeistern geführt. Bildeten die Stadtratsfamilien den führenden Stand der Bürgerschaft (bisher 15 Stadträte durch Inschriften bekannt), waren Neubürger, „Neu"-Reiche und „Zugereiste" als Priester im „Sechsmännerkollegium" für Veranstaltungen und Kaiserkult vertreten, ein „zweiter Stand". Besonderen Wert legte man damals auf die Kleiderordnung: „Kleider machen Leute", das traf sichtlich zu. Männer mit Bürgerrecht trugen zu festlichen Anlässen ihr aufwändiges Bürgergewand, die Toga. Im Adel war diese bei Angehörigen des Ritterstandes mit einem schmalen, bei Senatoren mit einem breiten Purpurstreifen geschmückt. So war schon von weitem erkennbar, wem man auf den Straßen begegnete; in AELIA AVGVSTA waren jedoch Angehörige der römischen Adelsschichten, wie der Statthalter, sehr rar.

Monumentale Ehreninschrift, Breite 2,43 m, für Paternus Clementianus, Statthalter der Nachbarprovinz Noricum, und seine Büste (Original Museum Klagenfurt). Um 130 n. Chr.: gefunden an seinem Wohnort ABODIACVM = Epfach am Lech.

Im römischen Augsburg begegneten sich seinerzeit Menschen völlig verschieden in Herkunft und sozialem Rang: einheimische, romanisierte Vindelicer keltischer Abstammung, Italiker mit römischem Bürgerrecht, angesiedelte Germanen am Rande der Stadt, Händler aus den westlichen Provinzen wie Gallien oder aus den Donauprovinzen, ja sogar aus dem Orient oder Nordafrika, Verwaltungangehörige und Soldaten am Statthaltersitz aus allen Teilen des Reiches, Bürger, Freigelassene und „Unfreie". Ein buntes Treiben und mehrsprachiges Stimmengewirr dieses Völkergemisches dürfte die Märkte wie das Forum, die Thermen, die Tempel, Straßen und Plätze erfüllt haben. Lateinisch war für über 400 Jahre in Augsburg Amtssprache und -schrift. Einige öffentliche Gebäude wurden archäologisch zwar ausgegraben, jedoch von den aktuellen Bauvorhaben weitgehend beseitigt oder überlagert: so die Badegebäude an der Pettenkoferstraße und an der Georgenstraße, eine über 70 m lange Markthalle an der Stephansgasse oder ein weiterer Thermenbau zwischen Karmelitengasse und Äußerem Pfaffengässchen, von dem nach letzten Untersuchungen 1999 wenigstens ein Teil in der geplanten Grünanlage markiert werden soll. Das Forum mit der Basilika, für Amts- und Gerichtshandlungen wie für Händler genutzt, befand sich im heutigen „Stephansgarten", jedoch noch nicht ausgegraben.

Auf dem blühenden Höhepunkt der Stadt um 200 n. Chr. begegnen wir durch Inschriften und Steinreliefs Berufs- und Kultvereinen, einem Schweinefleischhändler, den beiden Pompeianius-Brüdern mit ihrer Weinhandlung und Taberna (Grabmal vom Vorderen Lech), mehreren Geschirrhändlern und Textilkaufleuten wie dem Purpurhändler Claudius Euphrates aus dem fernen Orient oder, um die Oberschicht zu nennen, dem Statthalter von 196/197 n. Chr., C. Iulius Avitus Alexianus aus Emesa in Syrien, immerhin als Schwager der Kaiserin Iulia Domna ein Verwandter des Kaisers Septimius Severus. Lebensmittel wurden von nah und fern antransportiert, wie das Weintransportbild mit Ochsenfuhrwerk von der Heilig-Kreuz-Straße, die zahlreichen Ölamphoren aus Südspanien oder einzelne Dattelamphoren aus Palästina aufzeigen. Die Bauernhöfe der Umgebung und teilweise vornehm ausgestattete Villae rusticae wie

Lebensgroßer, bronzener Pferdekopf, vergoldet, von einem Kaiserstandbild des 1./2. Jh. n. Chr.; 1769 in Augsburg-Pfersee am Wertachufer vom Hochwasser freigespült.

in Stadtbergen und Friedberg sicherten die Grundversorgung. Ebenso belegt sind durch die Ausgrabungsfunde ein Glashändler an der Jesuitengasse, ein Schmuckgeschäft mit Gewandnadeln aus Gallien unter dem heutigen Verwaltungsgericht, ein Lampenhändler mit Öllampen aus Modena, aber auch Falschmünzer an der Hl.-Kreuz-Straße. Als Zeugnisse des Handwerks seien der Hufschuh-Schmied am Fronhof, die Glasbläser an der Hl.-Kreuz-Straße und am Äußeren Pfaffengässchen (1999 untersuchte Glasöfen) genannt. Baumaterial wie Tuffstein, Jurakalkstein und Holz wurde im 1994 untersuchten „Hafen“ nahe des Vincentinums und „Fünffingerles-Turms“ von den Lechkähnen und Flößen abgeladen, Ziegel aus den Werkstätten von Westheim oder Stätzling per Karren herantransportiert. Das umfangreiche Bauhandwerk wird mit den ausgegrabenen Holzbauten und Steingebäuden, den Brunnen, geschotterten Straßen, den Wasserleitungen und Abwasserkanälen, den Fußbodenheizungen in Häusern und öffentlichen Gebäuden, den Dachziegeln, aber auch den qualitätsvollen Ausstattungen mit Säulen, Marmorverkleidungen, Wandfresken und farbigen Bodenmosaiken sichtbar. AELIA AVGVSTA – eine lebendige, antike Stadt wie in Italien selbst.

Den Göttern begegneten die „römischen“ Augsburger an allen Ecken und Plätzen: Überall, wo es der Raum gestattete, standen Weihealtäre, kleine kapellenartige Heiligtümer oder sogar größere Tempel. Am Forum, dem zentralen Platz der Stadt südlich von St. Stephan, wird sich ein Kapitolstempel für Jupiter, Juno und Minerva, der Trias am Zenit des „Götterhimmels“, befunden haben. Verehrt wurden ferner Mars und Victoria, Mercur, Apollo, Fortuna, Venus, Hercules, Diana, Vulcan, Pluto und Proserpina, aber auch der keltische Sucellus, die orientalischen Gottheiten Bacchus, Kybele und Sol (Mithras) sowie Isis und Serapis aus Ägypten. In den Häusern begegnete man nahe des Einganges im Lararium, dem „Herrgottswinkel“, den Schutzgottheiten für Haus und Familie. Typisch für die Götterverehrung ist die Weiheformel „Das Gelübde freudig nach Verdienst erfüllt“: Das Versprechen, einen Tempel zu bauen oder ein Opfer zu entrichten, wurde eingelöst, wie es die Gottheit nach erhaltener Wohltat „verdiente“. Dass der Kaufleute- und „Geld-Gott“ Mercur zahlenmäßig mit Inschriften, Skulpturen oder Bronzefigürchen an der „Spitze“ der Götter-Hitliste stand, unterstreicht die zentrale wirtschaftliche Rolle der Provinzmetropole – ein Fingerzeig auf die spätere „Fuggerstadt“.

Dem Tod zu begegnen, war für den Römer ebenso unausweichlich wie für uns: Dennoch, man war in AELIA AVGVSTA wie im gesamten römischen Reich damit viel augenfälliger konfrontiert als heute. Gemeint ist hier, dass vor den Toren der Stadt an den Ausfallstraßen meilenweit Gräber, Scheiterhaufen-Verbrennungsplätze oder aufwändige Grabmäler den Reisenden begleiteten und ihn zum unmittelbaren Augenzeugen von Bestattungsriten werden ließen. Mit den Denkmälern wollte man sich die Erinnerung und damit die Verbindung mit den Lebenden bewahren: Deshalb wurden sie oft schon zu Lebzeiten aufgebaut, wie der 1998 an der Hofer Straße in Oberhausen geborgene Pfeiler des Rechtsgelehrten (pragmaticus) M. Aurelius Carus. Zahlreiche steinerne Grabmäler tragen Bilder der Verstorbenen oder Reliefs des Alltags: Weinverkauf, Textilballenverschnürung, Kontor- und Bezahlungsszenen – sie bildeten gleichzeitig eine Werbung für die Geschäfte. Bekrönt waren sie fast ausnahmslos vom Pinienzapfen, dem Weiterleben-Symbol für das Jenseits aus dem Kybelekult. Die im Mittelalter häufig aufgefundenen Pinienzapfen haben die „Zirbelnuss“, wie die Augsburger sagen, ab der Renaissancezeit zum Symbol und Wappen für Augsburg werden lassen. Ausgrabungen auf den spätrömischen Körpergräberfeldern um St. Ulrich und Afra oder an der Frölichstraße bedeuten für die Archäologen persönliche „Begegnungen“ mit den dort bestatteten Römern, von Angesicht zu Angesicht.

In der innenpolitischen Dauerkrise des Imperiums und bei fortwährenden Germanenangriffen begegneten ab der Mitte des 3. Jh. wirtschaftliche Not, Angst und Schrecken, Plünderungen und Tod den Bewohnern von AELIA AVGVSTA. Beredtes Zeugnis ist der „Augsburger Siegesaltar“ vom Gänsbühl (1992), in dessen Text ein Sieg der Römer, unterstützt vom Bürgeraufgebot, über barbarische Juthungen (Teilstamm der Sueben = Schwaben) am 24./25. April 260 überliefert wird. Mit späterer Tilgung des siegreichen Statthalters wegen Kaiserverrats ist dieser Victoria-Altar das bedeutendste Zeugnis Augsburgs zur Römerzeit überhaupt! Auch nach Stabilisierung der Provinzgrenze an der Donau und erneut stationierter Reitertruppe blieb Augsburg während des 4. Jh. von Alamannenangriffen nicht verschont. Und dennoch, im Fundmaterial begegnen bis in die Mitte des 5. Jh., dem Ende der „römischen" Verwaltung und Herrschaft nördlich der Alpen, kostbare Funde wie teure Gläser aus Rom oder „Importe" wie Tafelgeschirr aus Nordafrika, die einen gewissen Wohlstand in AELIA AVGVSTA anzeigen. Auch wird in der Spätantike sichtbar, dass zunehmend Germanen in der Grenzverteidigung und in den Bewegungstruppen im Dienste Roms eingesetzt wurden.

Hatte sich schon im 3. Jh. ein Wandel von der Brand- zur Körperbestattung durch zunehmende orientalische Religionseinflüsse vollzogen, begegneten sich im Laufe des 4. Jh. die etablierten römischen Religionen und das ab 313 tolerierte Christentum. Der „Sieg" des Christentums war gegen Ende des 4. Jh. vollendet, als die „heidnischen" Tempel geschlossen oder sogar zerstört wurden. Auf diesem Hintergrund wird klar, dass fast alle unsere steinernen Götterdenkmäler „kopflos" sind wie die Mercurstatuen aus dem Heiligtum an der VIA CLAVDIA in Gersthofen. Ältester „christlicher" Fund ist eine Glasschale mit Bild des Sündenfalles von Adam und Eva, um 330/340 im Kölner Gebiet gefertigt, die 2000 „Hinter dem Schwalbeneck" geborgen wurde.

Die zumeist kriegerischen Begegnungen zwischen Römern und Germanen im 3. und 4. Jh. hatten Folgen. Allen Anstrengungen der spätrömischen Kaiser zum Trotz konnten die Gebiete nördlich der Alpen im 5. Jh. nicht mehr „gehalten" werden: Die Alamannen übernahmen faktisch die Herrschaft. Die Zeit des 5. und 6. Jh. ist uns noch weitgehend „dunkel": Im Süden der Römerstadt um den Dom und am Schwalbeneck zeigen sich in jüngsten Grabungen Spuren des Weiterlebens in den römischen Ruinen. Das Weiterbestehen einer Christen-Gemeinde mit Märtyrerverehrung der Afra, der Legende nach im frühen 4. Jh. auf einer Lechinsel verbrannt, wird durch Venantius Fortunatus für die Zeit um 565 belegt: „Wenn Dir erlaubt ist, die barbarischen Flüsse zu queren, sodass Du friedlich Rhein und Donau überschreiten kannst, so kommst Du nach Augsburg, wo Wertach und Lech fließen. Dort wirst Du die Gebeine der heiligen Märtyrerin Afra verehren." Auf dem Friedhof um St. Ulrich und Afra, „ad sanctos", liegen im 7. Jh. die ältesten für Augsburg bekannten Kleriker bestattet: Krummstab oder Reliquienschnallen zählen zu den „Insignien" im Grab. Die mit Wikterp ab dem 8. Jh. nachweisbaren Bischöfe, in gewisser Weise die römische Metropolenrolle Augsburgs jetzt als geistliche Zentrale fortsetzend, wurden bis in das späte 10. Jh. (Bischof Ulrich 973) ebenso hier beigesetzt. Zentrum des christlichen Glaubens wurde in karolingischer Zeit der 807 unter Bischof Simpert geweihte Dom: Die ältesten Baureste, untersucht 1998/99, sind jetzt im Diözesanmuseum St. Afra zu besichtigen. Die römischen Steinruinen wurden bis in das 11./12. Jahrhundert als „Steinbruch des Mittelalters" nahezu vollständig ausgebeutet.

Und dennoch begegnen wir dem römischen „Erbe" in Augsburg auf Schritt und Tritt: im Namen und Wappen der Stadt, in der weltweit genutzten römischen Schrift, in der von den Römern „mitgebrachten" Steinarchitektur und in der Geldwirtschaft, in der Infrastruktur einer Stadt überhaupt bis hin zur Wasserver- und -entsorgung, im Gesundheits- und Badewesen bis hin zur Sauna und Warmluft-Fußbodenheizung, im überbrachten christlichen Glauben und im römischen Recht, aber auch in den mittelalterlich weiterverwendeten Quadern und Denkmälern im Dom, am Turm der Hl.-Kreuz-Kirche, an der Barfüßerkirche oder am „Sieben-Kindl-Stein". Architekturteile, Skulpturen und Inschriften finden sich ausgestellt an der „Römermauer" am Domvorplatz und gegenüber als Sammlung im „Peutingerhaus" an der Peutingerstraße, dem Wohnhaus des berühmten Augsburger Humanisten und Begründers der hiesigen Römerforschung (1465–1547); im Hof dort ist in der Wand die Grabinschrift des Iulianus Iulius eingelassen, als Aedil im frühen 3. Jh. mit an der Spitze der römischen Stadtverwaltung stehend. Die römischen Wurzeln dieser Stadt sind unauslöschlich. Auf dem Domplatz selbst sind seit Ende 1999 die Fundamente eines großen römischen Peristylhauses italischen Typs unter den Mauerresten der dort konservierten karolingischen Johanniskirche für den Betrachter dargestellt. Eine direkte Begegnung mit römischen Gebäuden, Straßen und Stadtmauer ist noch Vision: Am Pfannenstiel bietet sich die einmalige Chance, ein ganzes Stadtviertel der AELIA AVGVSTA mit der Nord-Stadtmauer archäologisch zu erschließen und als „Archäologischer Park" in Ausschnitten zu konservieren. Die Begegnungen mit dem römischen Augsburg wären dann genauso tief spürbar wie in Trier, Köln oder Mainz, den anderen römischen Provinzhauptstädten auf deutschem Boden!

Karneol-Gemme mit Darstellung eines angelnden Satyrs auf dem Ziegenfisch Capricorn, dem Sternzeichen des Augustus; Breite 1,95 cm. 1. Jh. v. Chr.; Jesuitengasse, 1990.

Vergoldete Offiziers- oder Gardehelme des 4. Jh. n. Chr. aus Pfersee, 1897.

Glasschale mit Ritzverzierung, den Sündenfall Adams und Evas zeigend. Als Umschrift: VIVAS IN DEO P(ie) Z(eseis) = Lebe in Gott, trinke, Du wirst leben! Um 330/340 n. Chr.

Victoria-Altar zu einem großen römischen Sieg über germanische Juthungen am 24./25. April 260, geweiht am 11. September 260 n. Chr. Jurakalkstein, Höhe 1,64 m; vom Gänsbühl, 1992.

Freilegung eines Kindergrabes mit Keramik- und Glasbeigaben der ersten Hälfte des 4. Jh. n. Chr. im Gräberfeld „Frölichstraße", 1985.

Frühchristliche Reliquiarschnalle aus einer Walfischrippe mit Bild des Jonaswunders. Frühes 7. Jh. n. Chr.; hergestellt in Südfrankreich. Kryptagrabung St. Ulrich und Afra, Grab 9, 1961.

AUGSBURGS GLANZZEIT

Die Zeit der Fugger und Welser, der Jahre Kaiser Maximilians, wird immer wieder als die Epoche des „Goldenen Augsburgs" gefeiert. Diese Rede kann sich auf die damalige Wirtschaftskraft der Stadt beziehen und auf die märchenhaft hohen Vermögen der reichen Handelsherren; vor allem aber spiegelt sie den Glanz der Kunst. Es ist die Ära der Holbein, Jörg Breus, Hans Burgkmeiers, des Bildhauers Gregor Erhart und des Goldschmieds Jörg Seld. In jener Zeit, zwischen der Mitte des 15. Jahrhunderts und dem berühmten Reichstag von 1555, stand die Augusta auf dem Höhepunkt ihres Ruhmes. Sie war, mit vielleicht 30.000 Einwohnern, eine der größten Städte des Heiligen Römischen Reiches und galt manchen Besuchern auch als dessen schönste. Aber blenden wir zuerst auf die Anfänge zurück.

Ein Jahrtausend zuvor, nach dem Untergang des weströmischen Reiches, hätte dem kleinen Flecken am Lech niemand eine solche Zukunft prophezeit. Die Vorfahren der heutigen Augsburger hatten sich vermutlich mehr recht als schlecht innerhalb der nun viel zu großen antiken Stadtruine eingerichtet. Die Mauern der römischen Augusta umgaben die frühmittelalterlichen Augsburger wie das zu große Gewand eines schmal gewordenen Körpers. Die Wirren der Völkerwanderungszeit hatten einen tiefen Bruch bedeutet. Als Ordnungsmacht trat schon früh die Kirche hervor. Die Bischöfe erscheinen als die eigentlichen Herren der Stadt. Sie sind nicht nur geistliche Oberhirten, sie haben in fast allem das letzte Wort, auch in militärischen Dingen. Bischof Ulrich – nachmals neben Afra und Sintpert einer der drei Stadtheiligen – organisiert vor der Jahrhundertschlacht auf dem Lechfeld, 955, die Verteidigung Augsburgs. Dem Reichsheer unter Kaiser Otto I. gelang es, die Ungarn, die bis dahin weite Teile des deutschen Ostens und des Südens bedroht hatten, entscheidend zu schlagen.

Seine bedeutende Stellung im mittelalterlichen Imperium verdankte Augsburg seiner günstigen strategischen La-

Stadtansicht von Michael Wolgemut, Wilhelm Pleydenwurff und Werkstatt. Colorierter Holzschnitt aus der reich illustrierten Schedelschen Weltchronik, 1493, Nürnberg (Kunstsammlungen und Museen Augsburg).

ge am „Tor zum Süden". Auf dem vom Blut der Ungarn getränkten Lechfeld sammelten sich die Heere der deutschen Könige und Kaiser zum Zug nach Italien; Augsburg hat fast alle bedeutenden Herrscher des Mittelalters in seinen Mauern beherbergt. So festigten sich die Bindungen der Stadt zum Königtum, ein Umstand, der für die Erlangung der Reichsfreiheit von entscheidender Bedeutung werden sollte.

Es ist wenig darüber bekannt, wie Augsburg bis zur Jahrtausendwende aussah. Aus einer Lebensbeschreibung des hl. Ulrich und archäologischen Befunden lässt sich schließen, dass sich der Siedlungskern nach wie vor auf dem Gebiet der Römerstadt, also im Wesentlichen im Bereich des Domviertels, befand. Ein weiterer Kristallisationspunkt bildete sich um das Grab der heiligen Afra, dort, wo sich heute die Ulrichsbasilika erhebt. Hier siedelten sich Benediktinermönche an. Die beiden Zentren waren durch eine Straße verbunden, die ungefähr der antiken Via Claudia folgte und den Verlauf der Maximilian- und der Karolinenstraße vorzeichnete. Auf halbem Weg befand sich eine kleine Anhöhe, die in den Urkunden „Perleich" genannt wird – der „Perlach" –, wo sich offenbar Händler und Kaufleute niederließen. Hier dürfte sich mit der Zeit ein Markt entwickelt haben; um 1000 stellen wir uns dort, wo einst Rathaus und Perlachturm stehen werden, ein paar armselige, mit Lehm verkleidete und mit Stroh gedeckte Holzhäuser vor. Nordöstlich der Bischofsstadt gründete Ulrich nahe einer dem heiligen Stephan geweihten Kirche ein Kanonissenstift. Wie bedeutend die Stadt am Lech inzwischen war, zeigt sich daran, dass ihr Bischof am Ende des 10. Jahrhunderts hundert Panzerreiter für das Reichsheer zu stellen hatte. Augsburg zählte damit zu den drei wichtigsten Bischofsstädten des ottonischen Imperiums. Seit dem 11. Jahrhundert nahm Augsburgs Einwohnerschaft rapide zu. Die Quellen liefern zahlreiche Hinweise auf diesen in ganz Europa zu beobachtenden Trend. Es kam jedenfalls in der Umgebung der Stadt zur Gründung neuer oder zum Ausbau älterer Siedlungen: Die Quellen nennen Ortsnamen wie Chrechesaver, Pherresee oder Liutericheshoven – urig klingende Namen, die Ortskundigen doch vertraut sind; Fremde können sie leicht auf der Karte aufspüren: Es sind die heutigen Vororte Kriegshaber, Pfersee und Leitershofen.

In Augsburg selbst entstanden damals wohl auch immer mehr Steinbauten, die besiedelten Zonen um St. Afra und den Perlach und um die Bischofsstadt wuchsen allmählich zusammen. 1065 konnte Bischof Embrico einen im aktuellen romanischen Stil errichteten Dom weihen, weitere Kirchenbauten zeugen von der während des 11. und 12. Jahrhunderts wachsenden Wirtschaftskraft der Bischofsstadt: St. Gallus (das Kirchlein wurde von einem echten Papst, Leo IX., geweiht), St. Martin, St. Peter am Perlach, St. Moritz. Auch die Heiligen Ulrich und Afra erhielten eine neue und schöne Kirche. Spätestens in der zweiten Hälfte des 12. Jahrhunderts wurde auch diese Region in den Befestigungsring der Stadt einbezogen; unterhalb des Perlachberges bildete sich eine weitere Vorstadt.

Im Investiturstreit standen die Augsburger auf der Seite des Kaisers; gefährlich war, dass sich der papsttreue Gegenbischof mit den bayerischen Welfen verbündete. Das Herzogtum jenseits des Lech blieb ein unangenehmer, manchmal bedrohlicher Nachbar für die schwäbische Stadt. Im staufisch-welfischen Konflikt schlug sich Augsburgs Bürgerschaft von Anfang an auf die Seite der Staufer, während es ihr Bischof mit den Welfen hielt. Mit der Zeit galt die Metropolis Sueviae, die „Metropole Schwabens" (so der Chronist Ekkehard von Aura) als eine der wichtigsten Stützen der staufischen Macht. Barbarossa hielt sich oft in Augsburg auf. 1156 stellte er den Augsburgern eine Urkunde aus – das sogenannte erste Augsburger Stadtrecht – die zeigt, dass der Bischof noch immer das Heft in der Hand hielt. Nur schemenhaft wird ein eigener bürgerlicher Rechtskreis erkennbar. Allerdings erwarb der Kaiser in und um Augsburg Rechte und ausgedehnten Grundbesitz. Ein vom Herrscher eingesetzter Untervogt amtierte als sein Statthalter. Der Staufer sprach gelegentlich von den Augsburgern als „seinen geliebten Bürgern": Augsburg erschien zusehends als königliche Stadt.

Übrigens ließ der mächtige Staufer in den Mauern Augsburgs am 14. Juni 1158 eine Urkunde schreiben, die einen eigentlich unbedeutenden Streit in der Nachbarschaft regelte: Es ging um einen Konflikt zwischen Heinrich dem Löwen und dem Kloster Freising; der Welfe hatte einen widerrechtlich angelegten Marktort an der Isar, Veringen, zerstört und dafür etwas weiter südlich einen neuen Markt angelegt: Munichen. Barbarossas Urkunde sicherte den Fortbestand dieses Marktes. Die erste urkundliche Erwähnung der späteren Glitzermetropole München, Augsburgs inzwischen übermächtiger Konkurrentin, findet sich also auf einem in Augsburg ausgefertigten Dokument. Man könnte beinahe sagen: München ist in Augsburg gegründet worden.

Das staufische Augsburg erlebte glanzvolle Tage: 1197 verlobte sich Philipp von Schwaben mit der byzantinischen Kaisertochter Irene; Friedrich II. hielt 1235 und 1236 Hoftage ab, bei denen die Augsburger die exotische Entourage des Staufers, den die Zeitgenossen ein „Wunder der Welt" nannten, bestaunten: Sarazenen und Schwarze, die seine Preziosen bewachten, Affen, Leoparden und Kamele.

Die Quellen werfen Schlaglichter auf pulsierendes Alltagsleben: Wir erfahren zum Beispiel, dass die Augsburger es sich leisten konnten nicht nur Bier, Milch und Met zu trinken, sondern griechischen Wein zu konsumieren; auch finden sich Regelungen, nach denen das Brotgewicht (bei gleichbleibendem Preis) bestimmt wurde. Ein Arzt, Meister Albertus, kümmerte sich um die Kranken, zugleich entstand eine „soziale Infrastruktur": Das Heilig-Geist-Spital (das heute die Augsburger Puppenkiste beherbergt) wurde zwischen 1239 und 1245 gegründet, bei St. Servatius baute man ein Leprosenhaus, auch Bettelorden – die Franziskaner und die Dominikaner – siedelten sich an. Um die Mitte des 13. Jahrhunderts entstanden Beginengemeinschaften, „Frauenkommunen", die sich um Kranke kümmerten und in der Mädchenerziehung engagierten. Seit 1212 ist auch eine Judengemeinde in Augsburg nachweisbar.

Die Bürgergemeinde taucht allmählich aus dem Zwielicht der Überlieferung auf. Die Namen einiger Familien, die später den Kern des Patriziats bilden werden, werden in den Quellen genannt, Stolzhirsch zum Beispiel oder Welser. Ein wichtiges Datum der Augsburger Verfassungsgeschichte ist das Jahr 1237. Aus diesem Jahr stammt das älteste Stadtsiegel, ein Symbol der Civium Augustensium, der Bürger Augsburgs. Es sollte aber noch Jahrzehnte dauern, bis die bischöfliche Stadtherrschaft abgeschüttelt war und Augsburg sich als reichsfreie Stadt fühlen durfte. Noch im Augsburger Stadtrecht von 1276 begegnet der Bischof neben dem König als Stadtherr. Dieses Rechtsbuch ist nicht nur ein verfassungsgeschichtliches Dokument von großer Bedeutung (es ist das zweitälteste Stadtrecht Deutschlands) – zugleich ist es eine Fundgrube für alle, die sich für den Alltag in einer spätmittelalterlichen Großstadt interessieren. Bei den „Huckern" kauften die Augsburger allerlei Lebensmittel, Aale, Störe, Feigen etwa; die „Huenraer" boten Wild, Hühner, Käse und Schmalz feil. Auch das später weltberühmte Handwerk der Goldschmiede wird genannt. Und es gibt Einblicke in die Topographie: So werden die Lechkanäle erwähnt, die Lebensadern der Handwerkerviertel, die sich am Fuß der Hochterrasse ausbreiteten – Energielieferanten für Hammerschmiede

Hector Mülich, die wohl älteste Darstellung Augsburgs, colorierte Federzeichnung von Sigismund Meisterlin, 1457 (Kunstsammlungen und Museen Augsburg).

Cxvj

Vnd des iars wart gemacht hie in diser statt die müll
vo wertachprug vn wurden die pruggen allenthalbn
vor den tören gewelbt vn das rathaus gar gemacht
mit dem türnlin dan vor außen an dem rauthaus was
ain holtzin gang was vn ain hültzin türnlin da die glogg
in hieng vnd beschach nach cristi gepurt [illegible]
vn des iars zů miterfasten wart michel rem ain bur
ger hie erstochen vo ainem vo schwamburg von feint
schaft wegen die er zů im hett beschach an d' lechprug

Augsburgisch, um 1500, Geschlechtertanz im Tanzhaus am Weinmarkt zu Augsburg (Kunstsammlungen und Museen Augsburg).

und Müller, unverzichtbare Rohstoffquellen für Gerber, Kürschner und Färber. Und sie boten eine bequeme Möglichkeit, verbrauchte Gerberlohe, Urin, Fäkalien und allen möglichen Unrat zu entsorgen, den die alte Stadt in Masse produzierte. Wer von der „guten alten Zeit“ fabuliert, sollte wissen, dass vor allem von ziemlich stinkenden Zeiten die Rede sein müsste… Dieses wie alle mittelalterlichen Städte erbärmlich stinkende Augsburg war inzwischen eine internationale Handelsmetropole geworden. Seine Kaufleute waren in Flandern und auf den Messen der Champagne zu finden, sie handelten mit Textilien, mit kostbaren Stoffen, mit Gewürzen, Glas und Baumwolle aus Venedig: Schon deutet sich das Handelsnetz an, das einmal das „goldene Augsburg“ tragen wird.

Die wachsende wirtschaftliche Kraft der Bürgerstadt erscheint als wichtige Voraussetzung des Aufstiegs zur Reichsfreiheit. Von entscheidender Bedeutung war die Schwäche der Zentralgewalt nach dem Untergang der Staufer. Rudolf von Habsburg und andere Könige und Kaiser bedachten Augsburg mit Rechten und Privilegien, um sich ihrer Unterstützung zu versichern. Mitten im Kampf gegen den Habsburger Friedrich den Schönen, der von Augsburgs Bischof unterstützt wurde, bestätigte Kaiser Ludwig der Bayer Augsburg „für immer“ die Unveräußerlichkeit vom Reich, da jene civitas „als eine ehrenwerte und vorzügliche Stadt unter den Städten des Imperium hervorragt“. Reichsstadt – das heißt, dass die Augsburger niemals Fürstenknechte sein sollten, vielmehr nur Kaiser, Reich und Gott über sich wussten.

Augsburgs Verfassung blieb „republikanisch“, obwohl es mehrere Versuche gab, Umstürze zu inszenieren und „Tyranneien“ nach italienischem Muster aufzurichten. So versuchte der Patrizier Siboto Stolzhirsch – der Name spricht für sich! – im Sommer 1303, seiner Sippschaft nebst Anhang, gewaltsam zur Macht zu verhelfen. Die Verschwörung wurde jedoch aufgedeckt, die Verschwörer flohen

Heinrich Vogtherr d. J. (?), Der Perlachplatz um 1540, eingefasst von Stadtmetzg, Perlachturm und gotischem Rathaus (Kunstsammlungen und Museen Augsburg).

oder mussten Abbitte leisten. 1349 scheiterte der Umsturzversuch der Portner.

Nach dem Stolzhirsch-Putsch bildete sich eine Verfassungsstruktur heraus, die in den Grundzügen lange Bestand haben sollte. Die Geschicke der Stadt wurden von einem Kleinen und einem Großen Rat bestimmt; an der Spitze standen zwei „Stadtpfleger“. Aus einem Kreis von vier Ratgebern, der sie umgab, entwickelte sich mit der Zeit der von Patriziern besetzte Geheime Rat, der zum eigentlichen Machtzentrum der Reichsstadt avancierte. Die günstige wirtschaftliche Entwicklung wurde in der ersten Hälfte des 14. Jahrhunderts abgebremst, zum einen durch eine weite Teile Europas erfassende Agrarkrise, die mit einer Klimaverschlechterung zusammenhing, zum anderen durch Seuchenzüge, von denen der Schwarze Tod von 1346/50 düstere Berühmtheit erlangt hat. Kurz zuvor hatte das mittelalterliche Augsburg seine größte Ausdehnung erreicht: Die Georgsvorstadt wurde ummauert, auch die Jakober Vorstadt hat man 1339 mit Mauern umschlossen; damals dürfte Augsburg etwa 15.000 Einwohner gehabt haben, die Stadtarmut, Kleriker, Juden und andere Außenseiter mitgerechnet. Erst in der Mitte des 19. Jahrhunderts wird Augsburg das in dieser Zeit geschürte Korsett zu eng werden.

Wir wissen wenig darüber, wie sich die Pest auf Augsburg auswirkte. Jedenfalls kam es auch hier zu Judenpogromen: „Anno 1349 jar… verprant man die juden zuo Augspurg“, meldet eine Chronik. Die schaudernden Bürger wurden auch Zeugen von Umzügen der Flagellanten, Männern, die sich gegenseitig die Rücken blutig schlugen, um Gott durch diese Kasteiung gnädig zu stimmen. In den Juden fanden die Augsburger Sündenböcke, Schuldige an der sonst unerklärlichen Heimsuchung durch die Seuche. Jene, die die Verfolgungen überlebt hatten, siedelten sich in Augsburgs Umgebung an, manche auch direkt vor den Toren der Stadt, in Kriegshaber oder in Steppach.

Die Seuchenzüge und die Agrarkrise führten zu Landflucht; in den Städten kam es zu erheblichen Vermögensumschichtungen, denn das Geld der Toten verblieb ja den Lebenden. Übrigens muß vielleicht auch der aufwendige Umbau des Domes, dessen Chor 1356 zu gotischer Höhe strebte, vor dem düsteren Zeithintergrund gesehen werden: Die Bürger investierten, wenn sie Kapellen bauten, Altäre errichten ließen und Messen stifteten, in ihr Seelenheil.

Kaum zweifelhaft ist, dass vor allem das Handwerk gestärkt aus der Krise des 14. Jahrhunderts hervorging. In den Städten fehlte es an qualifizierten Fachkräften; während angesichts des Bevölkerungsrückganges die Agrarpreise verfielen, war die Abendzeit des Mittelalters eine große Epoche des Handwerks. Kein Wunder, dass die in Zünften organisierten Handwerker bald auch politische Rechte einforderten. In diese Zusammenhänge gehören die etwas übertrieben „Zunftrevolution“ genannten Unruhen des Jahres 1368. Viel Volk, so erzählt ein Chronist, habe sich bewaffnet auf dem Perlach eingefunden und Teilhabe an der Macht gefordert. Der Umsturz verlief unblutig; die alten Eliten gaben nach. Augsburg wurde nun für fast zwei Jahrhunderte von den Zünften beherrscht. Doch beteiligten die Sieger klugerweise auch das Patriziat an der Macht.

Als mächtiges Mitglied des Schwäbischen Städtebundes gelang es Augsburg, seine Stellung als Reichsstadt zu bewahren. Im 15. Jahrhundert steuerte die Stadt einen vorsichtigen außenpolitischen Kurs, abgesehen von ihrem Engagement im „Markgrafenkrieg“ um die Jahrhundertmitte. Augsburg wurde nun zu einem Hauptakteur auf der Bühne der europäischen Wirtschaft. Die Verbindungen der großen Handelshäuser, mit den Welsern und den Fuggern an der Spitze, reichten inzwischen vom Atlantik bis in den Mittelmeerraum.

Doch bleiben Krisen nicht aus. Sie waren auch durch die wirtschaftliche Monostruktur Augsburgs bedingt: Wohl und Wehe der städtischen Wirtschaft hing von der Entwicklung der Textilkonjunktur ab; schon damals war die Weberei das bei weitem wichtigste Handwerk der Reichsstadt. Absatzkrisen schlugen sofort auf die Lebensverhältnisse eines großen Teils der Bürgerschaft zurück. Tatsächlich stockte der wirtschaftliche Aufschwung zwischen etwa 1440 und 1470. Die Textilproduktion ging seit etwa 1440 zurück, auch die große Finanz erlitt offenbar Einbußen. Vor dem Hintergrund wachsender sozialer Spannungen versuchte der mächtige Zunftbürgermeister Ulrich Schwarz sich an die Macht zu putschen. Er bezahlte das mit dem Leben; 1478, nach nur zweijähriger Herrschaft, endete er am Galgen.

Das 15. Jahrhundert war eine große Bauepoche. Schon 1385 war mit dem Bau eines großen Rathauses begonnen worden. Zum Zentrum bürgerlicher Geselligkeit wurde das (1632 abgebrochene) Tanzhaus bei St. Moritz, 1412 wurde der Perlachturm aufgestockt; 1474 wurde mit dem Neubau der Ulrichsbasilika begonnen. Endlich ging man auch daran, die Straßen zu pflastern. Die Fassaden der Patrizierpaläste wurden – nach oberitalienischem Vorbild – mit farbenfrohen Fresken geschmückt. Das Fuggerhaus schien einem Zeitgenossen des beginnenden 16. Jahrhunderts als der schönste Palast Deutschlands. Die Fugger waren es auch, die mit als erste die Kunst der Renaissance nach Augsburg importierten. Über dem Glanz des „goldene Augsburg“ liegt überhaupt das Licht Italiens. Der große Augsburger Druckerherr Erhard Ratdolt importierte eine herrliche Antiqua-Schrift aus Venedig; die Stadt am Lech wurde zu jener Zeit einer der wichtigsten Verlagsorte des Heiligen Römischen Reiches. Augsburger Künstler reisten über die Alpen, um sich mit der damaligen Avantgarde vertraut zu machen. Auch der ältere Hans Holbein muß Italiens Kunst gekannt haben.

Hans Holbein d. Ä.,
Votivbild des Ulrich Schwarz und seiner Familie, 1508
(Kunstsammlungen und Museen Augsburg).

Zugleich ging man daran, sich der Geschichte der Stadt zu vergewissern. Römische Ursprünge reichten für den Stolz der Augsburger nicht aus: Einige Chronisten verlegten Augsburgs Gründung in die Zeit unmittelbar nach der Sintflut und rückten sie so an den Beginn der Geschichte überhaupt. Der Arzt Achilles Pirmin Gasser referierte in seinen „Annalen“ eine Erzählung, nach der Augsburg sogar zwei Gründungen erlebt haben sollte. In grauer Vorzeit, „600 Jahre ehe Rom ist erbaut worden“, habe die Amazonenkönigin Marthesia, Herrin eines wilden Volks kriegstüchtiger Frauen, das nachsintflutliche Augsburg erobert und in Schutt und Asche gelegt. Darauf sei die Stadt von den Überlebenden neu errichtet worden; als Besatzung habe die Heroine „etliche wilde boßhaffte Weiber“ zurückgelassen, von denen es, wie der Autor maliziös hinzufügt, noch immer viele in Augsburg gebe.

In der Augsburger Wirklichkeit des 16. Jahrhunderts hatten sich indes die Ereignisse überstürzt. Früh hatten sich Einflüsse der Reformation bemerkbar gemacht. Luthers Lehren verbreiteten sich auch dank der Augsburger Drucker rasch. Zur wichtigsten Stütze des alten, katholischen Glaubens in Augsburg wurde das Haus Fugger.

Das Augsburg der Renaissance erscheint nun wie zu längst vergangenen staufischen Zeiten wieder als ein Zentrum der Reichspolitik. Schon der leutselige Kaiser Maximilian hatte die Stadt der Fugger, seiner Bankiers, so oft besucht, dass man ihn spöttisch den „Bürgermeister von Augsburg“ nannte. Auch sein Enkel, Kaiser Karl V., hielt sich immer wieder in der Stadt auf. Das 16. Jahrhundert sah glanzvolle Reichstage in Augsburgs Mauern: 1518, als Luther durch den päpstlichen Legaten Cajetan verhört wurde; 1530, als Karl V. die Konfessionsschrift überreicht wurde, die der Glaubensgemeinschaft fortan den Namen gab, die „Confessio Augustana“; 1547/48, als Karl V. nach seinem Sieg über die Schmalkaldener Herr über Reich und Reichsstadt zu sein schien; 1555 schließlich, als man den epochalen Religionsfrieden schloss. Damals wurde die Augsburger Konfession erstmals reichsrechtlich anerkannt; noch aber bestimmte der jeweilige Landesherr über den Glauben seiner Untertanen. In Augsburg bildete sich eine Gesellschaft mit zwei Konfessionen heraus. Der Philosoph Michel de Montaigne, der Augsburg 1580 besuchte, wunderte sich, wie friedlich die Glaubensgruppen hier miteinander lebten. Im Frankreich der Bartholomäusnacht und der religiösen Bürgerkriege war man anderes gewohnt!

Dennoch, die zweite Hälfte des 16. Jahrhunderts war für die große Mehrheit der Augsburger keine glückliche Zeit. Die „Kleine Eiszeit“, die sich seit den 1560er Jahren auch am Lech bemerkbar macht, führte zu Hungerkrisen, breite Schichten der Bevölkerung verarmten. Auch in Augsburg wurde nach Hexen als vermeintlichen Verursachern allen Übels gefahndet; doch erst im 17. Jahrhundert kam es zu einigen Hinrichtungen. Indes hatte die Stadt die Kraft, ein großes Kunst- und Architekturprogramm zu verwirklichen: die Serie der Prachtbrunnen und zahlreiche Bauten, mit dem Rathaus Elias Holls als Höhepunkt. Erst jetzt wurde Augsburg wirklich zur Renaissancestadt.

Der Frieden von 1555 hatte trotz seiner Unklarheiten und Mängel dem Reich und Augsburg die bis heute längste Friedensperiode ihrer Geschichte beschert. Das wird leicht vergessen, denn über ihn fällt der lange Schatten des Dreißigjährigen Krieges, der für Augsburg zu einer Art Urkatastrophe wurde. Hunger und Pest hielten reiche Ernte; der Tiefpunkt war 1634/35 erreicht, als die Stadt von einer kaiserlich-bayerischen Armee belagert und ausgehungert wurde. Damals sollen sich die verzweifelten Menschen sogar von Menschenfleisch ernährt haben: Kannibalen in Augsburg!

Nur wenige deutsche Städte wurden ähnlich hart vom Krieg getroffen. Lebten um 1618 etwa 40–45.000 Menschen in Augsburg, listete eine Volkszählung kurz vor Kriegsende gerade noch 16.000 Seelen auf. Am härtesten getroffen wurden die Armen. Das Weberhandwerk, in dem noch um 1600 einige tausend Menschen tätig gewesen waren, zählte nur noch ein paar hundert Meister. Als 1648 Frieden geschlossen wurde, erhielt Augsburg die Parität: Beiden Konfessionen war nun ihr Lebensrecht in der Stadt garantiert. Die Bürgerinnen und Bürger richteten sich im System der Parität ein, so gut es ging. Im Krieg, als die Stadt zuerst rekatholisiert werden sollte, dann kurzzeitig unter schwedische und damit protestantische Herrschaft kam, hatte man erfahren, wie gefährlich religiöser Fanatismus sein konnte. Durch Zuwanderung aus dem Umland wurde Augsburg, einst eine Symbolstadt des Luthertums, allmählich ein vorwiegend katholisches Gemeinwesen.

Der Dreißigjährige Krieg bedeutete einen ökonomischen und kulturellen Bruch, von dem sich die Stadt nie mehr erholen sollte. Die Stellung Augsburgs als europäische Wirtschaftsmetropole war für immer dahin. Man investierte in Luxusgewerbe: Das Augsburger Goldschmiedehandwerk erreichte den Zenit seiner Bedeutung. Augsburger Kupferstiche waren auf der ganzen Welt zu finden, auch brachte es Augsburg wieder zum Verlagsort von Gewicht – aber nur, was die Menge, nicht was die Qualität der literarischen Produktion betrifft.

Die Gewichte verlagerten sich zu den Residenzstädten; auch München überflügelte die Konkurrentin am Lech. Als 1806 das letzte Stündlein der Reichsstadt schlug und sie dem bayerischen Staat eingegliedert wurde, wurde das von der großen Mehrheit der Augsburger als Chance begriffen.

DIE FUGGERSTADT

Wie sollte das immer mögen göttlich und recht zugehen, dass ein Mann in so kurzer Zeit so reich werde, dass er Könige und Kayser auskaufen möchte? Wohl nicht nur der Reformator Martin Luther, von dem dieses Zitat stammt, wunderte sich über den gewaltigen Aufstieg der Augsburger Familie Fugger und ihres damaligen Oberhaupts, Jakob Fuggers des Reichen (1459–1525). Kometengleich – überraschend schnell, weithin sichtbar und golden – stand der Stern der Fugger über der Reichsstadt. Auch mancher Augsburger mag in einer Mischung von Anerkennung und Befremden zum Erker der Goldenen Schreibstube am Rindermarkt hinaufgeblickt haben, zu der er niemals Zutritt haben würde, von der trotzdem die goldenen Fäden eines Handelsimperiums gesponnen wurden, das maßgeblich auch die Augsburger Alltagsgeschichte beeinflusste. Und die Fugger waren damals in aller Munde. *Diese Fugger gehören heute zu den größten Kaufleuten der ganzen Christenheit,* schrieb 1517 der Reisende Antonio de Beatis.

Geld – Macht – Kunst – Glaube: vier Säulen des fuggerschen Handelsimperiums und seines großen Strategen Jakob Fugger.

Jakob Fugger der Reiche selbst betonte, sein Aufstieg und der seines Hauses sei von Gottes Gnaden erfolgt. Sein Großvater Hans war aus dem nahen Lechfeld in die Reichsstadt eingewandert, wohl wie viele angezogen von den Aufstieg verheißenden und weithin sichtbaren Türmen der Lechstadt. Hans Fugger erscheint in einem Steuerbucheintrag des Jahres 1367. Die frühere Forschung verklärte ihn als mittellos, doch war Hans Fugger keineswegs ohne Vermögen nach Augsburg gekommen. Dort hatten ihn in kürzester Zeit günstige Heiraten und geschicktes Wirtschaften bis zum Webermeister aufsteigen lassen. 1396 nahm er in der Hierarchie der städtischen Steuerzahler bereits den 41. Rang (von 2930) ein. Ein Jahr später besaß er ein Haus in guter Lage. Der Grundstein des fuggerschen Handelshauses war gelegt, errichtet war es jedoch noch nicht.

Schon bei Martin Luther klingt das Bild des Geldkönigs Fugger an, dessen Hände gezielt in das frühneuzeitliche Geflecht von Wirtschaft und Politik eingriffen. Doch sollte sich auch bald die andere Seite zeigen: Derjenige, der die Fäden zog, konnte auch gezogen werden. Die Verknüpfung des Hauses Fugger mit dem der Habsburger war eine heilvoll-unheilvolle. Sie bedingte ganz wesentlich den Aufstieg des Augsburger Hauses, war jedoch auch wesentlich für dessen wirtschaftlichen Niedergang verantwortlich. Doch ist von einem Abstieg ab etwa Mitte des 16. Jahrhunderts nur unter wirtschaftlichen Vorzeichen zu sprechen. Die Fugger spielten auch später noch bedeutsame Rollen, als Politiker, in Militärdiensten, auf ihren Landgütern oder nicht zuletzt als Mäzene.

Martin Luther betonte den raschen Aufstieg des Hauses Fugger, doch darf nicht übersehen werden, dass dieser keinesfalls geradewegs auf Jakob Fugger den Reichen und seinen Neffen Anton (1493–1560) zulief, unter dem der Vermögensstand des Hauses seinen Höhepunkt erreichte. Anton jedoch, die Zeichen der Zeit erkennend, gab der Familienpolitik eine neue Orientierung hin zum Landbesitz. Der Bankrott der Fugger vom Reh gegen Ende des 15. Jahrhunderts mag sich durchaus zuweilen als warnender Schatten über die Rechnungsbücher der Verwandten aus dem Zweig der Fugger von der Lilie gelegt haben. Durch Darlehen konnte man viel erreichen, Vergünstigungen, Privilegien erhalten, doch was, wenn die Darlehen nicht mehr zurückgezahlt wurden?

Der Erfolg für die Familie mit dem Lilienwappen war gewaltig. 1511 wurden sie in den Reichsadel aufgenommen, wenig später in den Grafenstand, 1538 schafften sie bei der großen Patriziatserweiterung den Aufstieg in den Stadtadel. Daneben sind zahlreiche wirtschaftliche Zugeständnisse zu nennen, die ihnen die Habsburger als Hauptschuldner machten. Doch gelang es den Fuggern zu ihrer wirtschaftlichen Blütezeit, den Führungstanz auf mehreren Hochzeiten zu tanzen. Geldhungrige Höfe gab es viele, von deren Beziehungen wiederum die Fugger profitieren konnten. Sie mischten die Karten kräftig mit in den Handelsdrehscheiben, in Antwerpen, im kränkelnden Venedig, in Lissabon und Lyon, und doch setzten sie nie alles auf eine Karte. Ja, Augsburger Geld galt etwas auf der Welt, und der fuggersche Reichtum war sprichwörtlich.

Schwerpunkte der fuggerschen Geschäftspolitik waren das Bankierwesen, die Liegenschaftspacht der spanischen Ritterorden von Santiago, Alcántara und Calatrava (Maestrazgos), der Bergbau in Ungarn und mit abnehmender Tendenz der in Tirol. Von Augsburg aus wurde ein Niederlassungsnetz über Europa, Amerika, Indien und Afrika geworfen. Diese fernen Fühler, die so genannten Faktoreien, waren die verlängerten Arme des Handelsimperiums vor Ort. Von diesen Niederlassungen kamen seltene Tiere nach Augsburg, die im 16. Jahrhundert den Fuggerzoo bevölkerten. Von den Niederlassungen liefen aber auch in der zweiten Hälfte des 16. Jahrhunderts wirtschaftliche, gesellschaftliche und politische Nachrichten, die Fuggerzeitungen, in der Augsburger Zentrale ein. Von den Faktoren machten einige erstaunliche Karrieren, ebenso wie andere Angestellte des eng geflochtenen Imperiums.

Der wirtschaftliche Erfolg schlug sich im Stadtbild Augsburgs nieder. 1511/1512 erwarb Jakob Fugger ein Doppelanwesen am Weinmarkt, der heutigen Maximilianstraße. Weitere Käufe und bauliche Umgestaltungen auch noch nach dem Tod Jakobs schufen aus dem Komplex einen oberdeutsch-italienischen Stadtpalast mit einer knapp 70 Meter langen traufseitigen und ehemals mit Fresken des Renaissancemalers Hans Burgkmair geschmückten Fassade, die auch heute noch im wahrsten Sinne des Wortes der Straße ein Gesicht gibt. Viele Reisende lobten die quantitative wie qualitative Einmaligkeit des Fuggerpalasts. Hinter dessen großer Fassade

Der Fuggerpalast sah einst große Gäste. Berühmt ist er für seine schönen Innenhöfe, hier der Serenadenhof, am berühmtesten und schönsten ist der Damenhof (vorherige Seite).

liegen drei Höfe, wobei dem trapezförmigen Damenhof als einer der frühesten „Taten der Renaissance" nördlich der Alpen besondere kunstgeschichtliche Bedeutung zukommt.

Unter dem Dach des ehedem mit ungarischem Kupfer bedeckten Stadtpalasts – es ging sogar das Gerede, die Fugger hätten das Dach mit Gold gedeckt, wenn man es ihnen erlaubt hätte – gab es einen als *palatium* bezeichneten Raum, gedacht für hohe Gäste wie König und Kaiser. Und diese kamen vergleichsweise oft, so Maximilian I. und auch sein Enkel, Karl V. Mit ersterem pflegte Jakob Fugger äußerst lukrative Geschäftskontakte. Bergwerksbeteiligungen in Tirol, Kärnten, Thüringen oder Ungarn waren die Folge. Daneben lief der klassische Warenverkehr mit dem Augsburger Traditionsprodukt Barchent, einem Mischgewebe, aber auch mit Zinnober, Silber, teilweise Gold, Quecksilber und anderen italienischen, spanischen und überseeischen Importen. In dieser Zeit führten fast alle Wege nach Augsburg, aber auch von Augsburg weg, das von seiner günstigen Verkehrslage profitierte. Und der Dreizack, die fuggersche Handelsmarke, durchzog die Welt. Matthäus Schwarz, über mehrere Fuggergenerationen Buchhalter in der Augsburger Zentrale, protokollierte diese Geschäfte mustergültig und auf neuestem Stand der doppelten Buchführung.

Spektakuläre und viel erzählte Dimension erhielten die fuggerschen Mitwirkungen bei der Finanzabwicklung des St.-Peter-Ablasses und bei der Durchführung der Königswahl 1519. Jakob brachte rund 850.000 Gulden dafür auf, 543.585 aus den Kassen seines Bankhauses. Die „Handsalben" erleichterten den Kurfürsten ihre Entscheidung wohl beträchtlich, wenngleich Bestechungsvorwürfe aus heutiger Sicht fehl am Platze sind. Allein schon die ausstehenden Geldverpflichtungen mussten Jakobs Interesse an der Wahl eines Habsburgers fördern. Jedenfalls wurde Karl V. gewählt, elf Jahre später als letzter in einer Jahrhunderte langen Tradition vom Papst zum Kaiser gekrönt. Jubel und Freudensalven waren nicht nur in Augsburg zu hören. Die Bande zwischen Fuggern und Habsburg zogen sich nochmals enger. Und Jakob wusste um die Bedeutung seiner Tat: *Es ist auch wissentlich und liegt am Tag, dass Eure Kaiserliche Majestät die römische Krone ohne mein Zutun nicht hätten erlangen können,* schrieb er an Kaiser Karl V.

In einer Zeit, geprägt von einem kaum zu überschätzenden religiösen Hunger, zogen sich die Fugger etwa durch den scheinbar kaum noch religiös zu rechtfertigenden Ablassvertrieb, in dem sie schon längere Zeit – etwa für den Neubau der Augsburger Dominikanerkirche – tätig waren, den Zorn reformatorisch gesinnter Kreise zu. Luther tobte, und der in Augsburg zum poeta laureatus gekrönte Ulrich von Hutten zückte seine spitze Feder gegen den vermeintlich ungerechtfertigten Geldadel. Man tut Jakob unrecht, wenn man ihn an modernen Geschäftspraktiken misst. Genauso greift fehl, wenn man sein Handeln in spätmittelalterliche und neuzeitliche Schubladen einzuordnen versucht. Hier wird getrennt, was nach den Selbstzeugnissen Fuggers zusammengehörte.

Jakobs Weltbild verband Außen und Innen, Religiosität war keine Privatsache, sie legitimierte und verpflichtete zugleich. Aus den Geldgeschäften mit dem Kirchenstaat ergaben sich Synergieeffekte für den Handel, aber auch für die Kirchenkarriere von Familienmitgliedern. Mit der Finanzierung von 150 Schweizer Söldnern legten die Fugger einen Grundstein zur päpstlichen Privatarmee, der Schweizer Garde. Zeitgenossen sahen aber auch das Neue, das sich mit den Fuggern verband. Einige Jahre nachdem Jakob Fugger und Ambrosius Höchstetter den europäischen Kupferabsatzmarkt aufgeteilt und damit das erste Gebietskartell für Kupfer in der Wirtschaftsgeschichte errichtet hatten, entbrannte ein lebhafter Streit um die Zulässigkeit von Monopolen. Einige Klagen schlugen auch gegen die hohen Mauern des Fuggerpalasts, doch letztlich entschied Karl V. zugunsten der Handelshäuser.

Und die Fugger gaben an die Stadt zurück, von der sie vielfach profitierten. Die berühmte

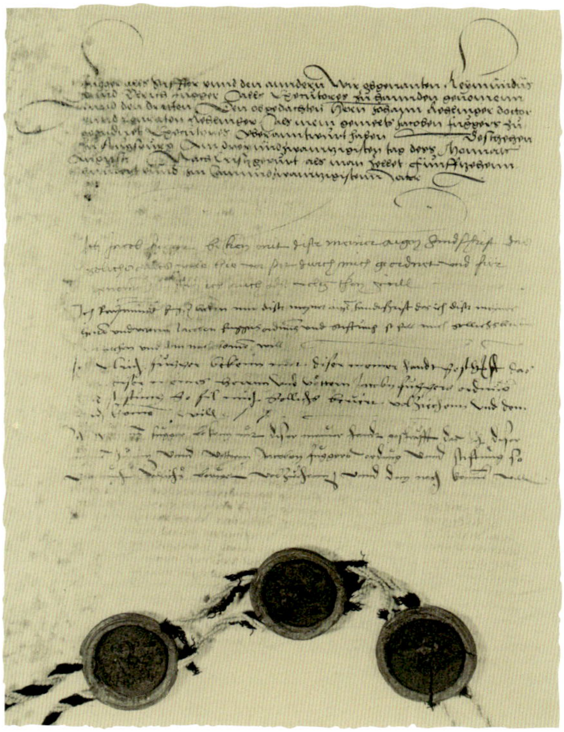

Fuggerei, älteste Sozialsiedlung der Welt, gegründet ab 1514, ist dem Gedanken der *memoria* auf zweifache Weise verpflichtet: einerseits in der Sorge ums eigene Seelenheil, andererseits im Bemühen, sich ein geistiges Erbe im vielfältigen Sozialgefüge der Zeit zu sichern. Und dies gelang ihnen. So schrieb der Dramatiker Barthold von Gadenstedt gegen Ende des 16. Jahrhunderts: *Die hern fuckarten haben auch den rhum, das sie den armen viel guts thun.* Der Stiftungsbrief Jakob Fuggers von 1521, heute im Fuggerarchiv/Dillingen aufbewahrt, sieht einen Zusammenhang zwischen der Fuggerei, bestimmt den *armen Taglönern und Handwerkern zur Hilf,* und der Kapelle im Karmeliterkloster St. Anna. *Got zu lob und danckparkait für den in unserm Handel mit zeytlichen Guetern* erwiesenen Erfolg, so beginnt der Stiftungsbrief.

Besucher der Fuggerei sehen über dem Ochsentor eine lateinische Inschrift, die unter der Jahreszahl 1519 den sozialen Aspekt der Fuggereistiftung unterstreicht. *Bono reipublicae,* zum Heil des Augsburger Gemeinwesens, sei diese Siedlung mit ihren 106 Behausungen begründet worden. Im Stiftungsbrief wird die Gebetsleistung festgelegt, die die Bewohner der Fuggerei bis zum heutigen Tage den Stiftern und Wohltätern zu erbringen haben: *Ain patter noster* (Vater unser), *aue Maria* (Gegrüßt seiest Du, Maria) *und ain glouben* (Glaubensbekenntnis). Als Jahresmiete veranschlagte der Stiftungsbrief einen Rheinischen Gulden, zu begleichen in zwei Jahresraten. Heute zahlen die rund 150 Fuggereibewohner eine Kaltmiete von 88 Cent jährlich, in symbolischer Umrechnung der Gulden-Mark Umstellung (lange Zeit 1,72 DM). Doch ist zu erwähnen, dass ein Rheinischer Gulden zu Zeiten Jakob Fuggers des Reichen einen deutlich höheren Wert hatte und in etwa dem Wochensalär eines Taglöhners entsprach.

Die Fuggerei, die auch heute noch keine staatlichen oder kirchlichen Subventionen erhält, wuchs im Laufe ihrer Geschichte auf insgesamt 67 Häuser mit 140 Wohnungen. 1580 bis 1582 wurde das Markuskirchlein gebaut. Nach der teilweisen Zerstörung im Bombardement des Jahres 1944 folgten Wiederaufbau und Erweiterung. Das von Anton Fugger gestiftete Schneidhaus, in dem auch die berühmte Ärztefamilie Occo tätig war, war eine der frühesten privaten Chirurgien in Europa. Im Holzhaus wurden Syphiliskranke mit Guayakholzessenzen behandelt, welche die Fugger mit ihrem insgesamt vergleichsweise sporadisch betriebenen Überseehandel importierten. In einer der rund 60 m^2 großen Wohnungen lebte zwischen 1681 und 1693 Franz Mozart, der Großvater des Augsburgers Leopold Mozart und Urgroßvater von Wolfgang Amadeus.

Die andere Seite der Stiftungsmedaille, die Fuggerkapelle in St. Anna, geht auf das Jahr 1509 zurück. Eingeweiht wurde sie 1518 nachdem die besten Künstler der Zeit, Albrecht Dürer, Sebastian Loscher, Hans Daucher und Jörg Breu, an der Grabkapelle mitgewirkt hatten. Sie gilt als frühestes und zugleich erlesenstes Denkmal der deutschen Renaissance, in dem vielleicht Florentiner Vorbilder ihre eigenständig oberdeutsche Ausprägung erfuhren. Vielerorts tauchen die fuggerschen Lilien auf, am Boden oder in der Deckenrosette mit dem die Gottesmutter zeigenden Schlussstein. An der Rückwand sind Epitaphien für die drei Brüder Ulrich, Georg und Jakob. Pracht und Reichtum wurden den Mitmenschen vor Augen geführt, aber auch vor Gott gerechtfertigt.

Weltberühmt: die Fuggerei. Der Stiftungsbrief legte das Fundament für die älteste Sozialsiedlung der Welt.

Jene drei Brüder hatten 1494 einen zunächst auf sechs Jahre laufenden Gesellschaftsvertrag geschlossen, mit dem sie den Verbleib des Kapitals sowie der erwirtschafteten Gewinne bei der Firma vereinbarten. Nach dem Tod Georgs 1506 und des ältesten der drei Brüder, Ulrich, war Jakob ab 1510 zur alleinigen Geschäftsfortführung berechtigt. Jakobs Neffen verpflichteten sich für den Fall der Kinderlosigkeit ihres Onkels, die tatsächlich eintrat, zu Gehorsam und zum Verbleib ihres Vermögens bei der Gesellschaft. Und dieses wuchs und wuchs. 1516 konnte Jakob mit der Stadt Augsburg einen Vertrag schließen, der ihn zur Zahlung einer Steuerpauschale verpflichtete, doch der Pflicht enthob, den Steuermeistern die genaue Höhe seines Vermögens anzugeben.

Das Dürerporträt Jakobs in der Staatsgalerie Augsburg, Leinwand auf Nadelholz, zeigt den Firmenchef in Pelzschaube und mit venezianischer Haube, Erinnerung an Ausbildung und Tätigkeit Jakobs, der in Zeiten der brüderlichen Firmenleitung für die Achse Augsburg – Innsbruck – Venedig zuständig war. Sein Blick geht ins Weite. Ähnlich machte die alte Forschung Jakob zu einem wirtschaftlichen Visionär mit außerordentlichem Sinn für das geschäftlich Machbare und Lukrative. Neuere Untersuchungen entlichteten etwas dieses verklärende Bild, indem sie die Zeitumstände und vergleichbare Karrieren stärker betonten. Doch bleibt der durchaus beeindruckende Weitblick Jakobs, neben einer Sache, die nie bzw. nur selten thematisiert wurde, dem Glück der Fugger.

Jakob, bei dessen Tod Chronisten vielsagende Himmelserscheinungen beobachtet haben wollen, übertrug per Testament das Vermögen seinem Neffen Anton, dem Sohn seines Bruders Georg. Es gelang Anton, der wie sein Onkel die

Firma als Regierer alleinmaßgebend leitete, die Schlüsselposition des Unternehmens zu festigen. Noch trug die wirtschaftlich-politische Achse Fugger – Habsburg. Für die Königswahl Ferdinands I. 1531, dem die Augsburger zuvor schon zur Krone von Ungarn und Böhmen verholfen hatten, trieben die Fugger erneut hohe Summen auf. Die Geschichte Augsburgs wurde nun immer mehr zur Geschichte der Reformation und erfasste auch das Haus Fugger. Die Witwe Jakobs, Sybilla Fugger, geborene Arzt, hatte nach dem Tod ihres ersten Mannes den evangelischen Patrizier Konrad Rehlinger geheiratet und war konvertiert, was einigen Staub aufwirbelte. Die Fugger indes blieben weitestgehend der alten Kirche treu, auch in einer Zeit, in der Augsburg größtenteils evangelisch war.

Antons Bruder Raymund, dessen Nachkommen die so genannte Raymundlinie bilden, musste 1538 klammheimlich in der Fuggerkapelle bestattet werden. Viel Zornesfalten auf die Stirn der evangelischen Augsburger getrieben hatte fünf Jahre zuvor ein Ereignis in der fuggerschen Patronatskirche St. Moritz. St. Moritz bildete mit der Fuggerei und der Grabkapelle die fuggersche Stiftungsdreiheit. Am Himmelfahrtstage nämlich hatte Anton, einem alten Brauch folgend, gegen den Willen der Gemeinde symbolisch eine Christusfigur das Kircheninnere hochziehen lassen. Nach dem Weggang der fuggerschen Familie wurde die Figur dann donnernd auf den Kirchenboden hinabgestürzt. Der Streit sollte noch weite Kreise ziehen.

In der großen religiösen Auseinandersetzung des Schmalkaldischen Kriegs 1546 und 1547 kämpfte die Reichsstadt Augsburg im evangelischen Bündnis gegen das Reichsoberhaupt, Karl V., der von Anton Fugger finanziell unterstützt wurde. Es war das Jahr, in dem das fuggersche Vermögen seinen Hauptstand erreichte, allerdings auch im hohen Maß aus noch nicht eingelösten Schuldforderungen bestand. Der Habsburger konnte den Krieg für sich entscheiden. Eine Augsburger Delegation musste in Ulm den Kniefall vor dem Kaiser vollziehen, unter ihnen auch Anton Fugger. Der geschäftlich-politische Spagat mit einem Fuß beim Kaiser, den anderen in der Reichsstadt zeigte sich auf symbolische Weise. Karl V. kam im Triumph nach Augsburg, wohnte im Fuggerpalast, wo Tizian seine berühmten Porträts malte. Doch begann das kunstvolle fuggersche Netz an einigen Stellen zu reißen. Anton strukturierte um.

In weiser Voraussicht erwarb Anton, den der Florentiner, zeitweise in Antwerpen tätige, Lodovico Guicciardini später „wahrlich den Fürsten unter den anderen Kaufleuten“ *(principe veramente degl'altri mercatanti)* nannte, eine Reihe von Liegenschaften: 1538 Babenhausen, 1551 Kirchheim, beide im heutigen Landkreis Unterallgäu. Die dunklen Wolken am ehemals so strahlenden Fuggerhimmel begannen sich zu verdichten. Die ungarischen Besitzungen litten seit längerem unter rückläufigen Erträgen, aber auch unter der politischen Situation, Unruhen und osmanischen Einfällen. Eine wirtschaftliche Verunsicherung begann sich zu verbreiten. Der Staatsbankrott des Hauses Habsburg 1557 zog das Fugger-Unternehmen schwer in Mitleidenschaft, zerstörte es aber nicht. Ohnedies war König Philipp von Spanien, der Sohn Karls V., zur Rückzahlung der Schulden nicht zu bewegen. So verwundert es nicht, dass Anton seinen Nachfolgern den Abschied aus den Handelsgeschäften nahe legte. Doch dieser sollte noch rund ein Jahrhundert dauern.

Anton selbst, der in seinem Testament auch Hausknechte und Küchenmägde bedachte, fand seine letzte Ruhestätte nicht im mittlerweile evangelischen Gotteshaus St. Anna an der Seite seines großen Onkels in der bis heute als Privatgrund katholischen Fuggerkapelle, sondern wünschte eine Bestattung in der Andreaskirche seines Landsitzes Babenhausen. Auch Antons Nachfolger und Verwandte ließen sich nicht mehr in St. Anna beerdigen. Einige ruhen in den insgesamt fünf fuggerschen Grabkapellen der ehemaligen Benediktinerkirche St. Ulrich und Afra in Augsburg, wo die erweiterte Fuggerorgel an das musikalische Mäzenatentum der Familie erinnert. Meister wie Giovanni Gabrieli, Hans Leo Hassler oder Orlando di Lasso widmeten Werke der Augsburger Familie. In der Georgskapelle gedenkt ein Seitenepitaph des 1575 verstorbenen Johann Jakob Fugger, des Sohnes von Antons Bruder Raymund, einem Politiker, Humanisten und Kunstsammler, der 1571 seine berühmte Bibliothek an den Bayernherzog Albrecht V. verkaufen musste. Heute bildet dieses geistige Erbe zwischen Buchdeckeln einen wertvollen Grundstock der Bayerischen Staatsbibliothek. An Johann Jakob erinnert auch das einzige Monument für ein Mitglied des Hauses Fugger in Augsburg, gestiftet 1857 vom zurückgetretenen Bayernkönig Ludwig I. Andere wertvolle Bestände aus Fuggerbibliotheken finden sich heute in Wien oder Rom.

Weitreichende Bedeutung erhielt die von den Fuggern maßgeblich betriebene Ansiedlung der Jesuiten in Augsburg um 1580, die dort das hochbedeutsame Kolleg St. Salvator und eine ebensolche Schule errichteten. An das Wirken der Societas Jesu in Augsburg erinnern noch die Jesuitengasse und der Kleine Goldene Saal. Nach und nach schritten die Fugger auf dem von Anton eingeschlagenen Weg fort. Als Landadlige waren sie besonders auf ihren schwäbischen Gütern noch einige Jahrzehnte als durchaus erfolgreiche Kaufleute tätig. Auf keinen Fall ist von einem kontinuierlichen Niedergang zu sprechen. Einigen Nachkommen gelangen weltliche und kirchliche Karrieren. Vor allem im Zuge des Dreißigjährigen Kriegs (1618–1648) zogen sich die Fugger immer mehr aus einem unsicheren Geschäftsbetrieb zurück, dem zahlreiche Augsburger Handelsfamilien seit dem 16. Jahrhundert zum Opfer gefallen waren. 1647 endete die Maestrazgopacht. 1658 kamen die traditionsreichen Tiroler Bergwerke an den Landesherrn. Die Familie Fugger existiert bis heute fort, in den Linien der Grafen Fugger-Kirchberg, der Fürsten Fugger von Glött und der Fürsten Fugger-Babenhausen.

Der Blick ging und geht nach oben. Die Fuggerkapelle in St. Anna – kostbares Zeugnis für die Glaubenshoffnung der Augsburger Familie.

Ein Wahrzeichen Augsburgs:
der Dom mit seinen beiden
weithin sichtbaren Türmen.

DAS DOMVIERTEL

Augsburgs Domviertel ist ein städtebauliches und historisches Kleinod. Es vereint auf engstem Raum zahlreiche für die alte, traditionsreiche Stadt am Lech so charakteristische, ganz eigentümliche und liebenswerte Eigenschaften. Alteingesessene Bürger und Kenner Augsburgs schätzen diesen lebenswerten und geschichtlich so bedeutungsvollen Teil der Stadt rund um den stolz aufragenden Dom, weil er so anders ist, als das unmittelbar angrenzende Zentrum mit seinen Einkaufsstraßen und der dort überall vorherrschenden Betriebsamkeit.

Das Domviertel, geprägt vor allem durch seine Jahrhunderte alte kirchliche Tradition als Bischofssitz und den rein weltlichen Dingen eher reserviert, nicht aber abgewandt gegenüberstehend, strahlt eine besondere Ruhe aus. Hofgarten und Fronhof zwischen dem Dom und den Gebäuden der ehemaligen fürstbischöflichen Residenz, dem heutigen Sitz der bayerischen Regierung von Schwaben, bieten dem geplagten Büromenschen zur Mittagszeit wie dem ermüdeten Touristen, dem Liebespaar wie der Mutter mit ihrem lebendigen Nachwuchs, ein Refugium inmitten eines historischen Terrains und architektonischen Ensembles, das seines Gleichen sucht. Hier verweilen zu dürfen, ist ein besonderes Privileg der Augsburger und der eingeweihten unter den Besuchern der Stadt.

Die Atmosphäre in den Straßen und den schmalen Gassen im Schatten des mächtigen Gotteshauses mit seinen über 60 Meter hohen himmelragenden Türmen wird bis auf den heutigen Tag maßgeblich bestimmt von seiner Funktion als Sitz des Bischofs von Augsburg. Wer die Stadt in ihrer Besonderheit kennen lernen möchte, sollte es nicht versäumen, dem Domviertel und vor allem jenem Bauwerk, dem das Viertel seinen Namen verdankt, einen guten Teil seiner Aufmerksamkeit zuteil werden zu lassen. Der Einheimische, wie der fremde Besucher, der mit Muße durch das Domviertel streift und sich für den genus loci, die besondere Stimmung des Ortes, öffnet, wird immer wieder aufs Neue reich belohnt. Ihm erschließt sich ein kleiner Mikrokosmos, der das Erbe eines der ältesten Stadtteile Augsburgs und seine unverwechselbare Eigentümlichkeit spürbar macht.

Die wenigen breiten Straßen mit ihren beeindruckenden Häusern, deren repräsentative Fassaden vom Selbst- und Sendungsbewusstsein ihrer Erbauer künden, die engen, verwinkelten Gassen, in denen zunächst die Geistlichkeit, später Handwerk und bayerisch-schwäbischer Gewerbefleiß ihre Heimstatt fanden und vor allem auch die kirchlichen Bauten und Anlagen, die ihre Distanz zum weltlichen Teil der Stadt bewahren, machen die architektonische Vielfalt des Viertels aus. Sie laden ein, sich zu Fuß von seiner Neugierde mal hierhin mal dorthin treiben zu lassen, um den besonderen Reiz des Ortes aufzunehmen. Wer die Karolinenstraße zum Hohen Weg hinauf dem Dom zustrebt, wird bereits auf der Höhe von Obstmarkt und Schmiedberg das Gefühl haben, das Zentrum der Stadt hinter sich gelassen zu haben. Dieser Eindruck verstärkt sich, lenkt man seine Schritte von der Frauentorstraße in eines jener vielen Gässchen, deren Namen schon vom Stand ihrer früheren Bewohner kündet: Pfaffengässchen, Karmelitengasse, Jesuitengasse.

Hier ließen sich die Domgeistlichen nieder, nachdem sie etwa um die Mitte des 11. Jahrhunderts ihre Lebensform im Konvent aufzugeben begannen, und bauten die nach ihnen benannten Domherrenhäuser. Als typisch kann das Anwesen Kustosgässchen 5 gelten, dessen Bausubstanz auf das 16. Jahrhundert zurückgeht, oder die ehemalige Domdekanei Hoher Weg 22/24.

In den Straßen in unmittelbarer Nähe von Dom und Residenz befindet man sich im Zentrum der mittelalterlichen Bischofsstadt, der späteren „Domstadt“. Ihr in der südlichen Römerstadt gelegenes Oval ist auch heute noch deutlich am Straßenverlauf des Stadtgrundrisses zu erkennen. Die von der Jesuitengasse her sichtbare Nordmauer erstreckte sich westlich und östlich zwischen Äußerem und Mittlerem Pfaffengässchen und dem Frauentor, das erst Ende des 19. Jahrhunderts abgebrochen wurde, woran eine Gedenktafel am Haus Frauentorstraße 7/9 erinnert. Im Westen und Süden verlief die mittelalterliche Stadtmauer auf den Grundmauern der alten Römermauer am Häuserzug beim Thäle, Hafnerberg und Obstmarkt entlang über den Mauerberg hin, wo sie vom Ostabhang des Lechtals begrenzt wurde. Das Burgtor am südlichen Ende des Hohen Wegs wurde schon im Spätmittelalter abgebrochen.

Doch wenden wir unsere Aufmerksamkeit nun auf jenes Bauwerk, das nicht nur wegen seiner herausragenden Größe und architektonischen Pracht, sondern vor allem auch aufgrund seiner historischen Bedeutung und Strahlkraft dem Viertel seinen Namen verleiht.

Allein eine Beschreibung, die den Anspruch erheben wollte, auch nur annähernd alle Sehenswürdigkeiten des Augsburger Doms aufzuführen, würde mehrere Bücher füllen. Und so sei das Augenmerk des Besuchers – wohl wissend um die Subjektivität dieser Auswahl – zunächst auf einige ganz herausragende Objekte gelenkt, die vielleicht etwas mehr als andere Aufschluss über das Gebäude, das Viertel, die Stadt und seine reiche Geschichte geben.

Da ist zunächst das Gotteshaus selbst, dessen prachtvolles, reich verziertes Südportal (um 1356) sich als Schaufassade der bürgerlichen Reichsstadt zuwendet. Errichtet

Der Kreuzgang aus dem 15. Jahrhundert, heute erreichbar über das Diözesanmuseum (unten). Im Innern des Doms mit Blick auf den prachtvollen Ostchor (rechts).

wurde der Dom, anders als St. Ulrich und Afra, die berühmte und ähnlich bedeutende Basilika am gegenüberliegenden Ende der Augsburger Magistrale, innerhalb der einstigen Stadtmauern der ehemaligen römischen Provinzhauptstadt Augusta Vindelicum. Ein Umstand, der Experten zufolge eine Herleitung aus einer frühen Märtyrermemorie eher als unwahrscheinlich erscheinen lässt. In mehreren Aus- und Wiederaufbaustufen wurde der Dom über die Jahrhunderte hinweg zu dem, was sich uns heute darbietet.

Mit Bischof Simpert im 8. Jahrhundert setzen die ersten sicheren und historisch belastbaren Nachrichten über den Bau ein, der 805 oder 807 geweiht wurde. Zuvor stand wohl schon in vorkarolingischer Zeit ein größerer Kirchenbau an dieser Stelle. Der älteste Teil des heutigen Doms dürfte die Krypta unter dem Westchor sein, angelegt im 10. Jahrhundert. Während der Ungarnstürme gegen Ende des ersten Jahrtausends nach Christus kam es zu größeren Beschädigungen des Bauwerks. Der berühmte und für die Stadt wie die Reichsgeschichte so wichtige Bischof Ulrich (wohl 890–973) ließ den Dom wieder instand setzen, befestigte Augsburg durch einen Mauerring und trug durch die umsichtige Verteidigung der Stadt gegen die Bayern und Schwaben verheerenden Ungarn zum epochalen Sieg König Ottos I. in der Lechfeldschlacht (955) bei. Otto I. erhielt in der Folge eine kaisergleiche Stellung. Die geschlagenen Ungarn ließen sich ihrerseits endgültig in der pannonischen Tiefebene nieder und öffneten sich der Mission der römischen Kirche.

Vor dem Dom verweist ein Brunnen aus Granit mit den lebensgroßen Bronzefiguren des Bildhauers Josef Henselmann seit 1986 auf die Bedeutung des Bischofs Ulrich für den Dom. Der Bischof wird zu Pferde erhöht in dynamisch nach vorn drängender Haltung das Kreuz in seiner erhobenen Rechten dargestellt, in Erinnerung an seine Rolle in der Schlacht auf dem Lechfeld. Ihm beigestellt ist die Märtyrerin Afra im Gedenken an ihren Feuertod an einen Baum gefesselt, an dem die Flammen bereits emporschlagen. Neben diesen Figuren findet sich Bischof Simpert, der mit einem Kind und einem Wolf dargestellt wird.

Der Legende nach soll der Bischof ein kleines Kind vor einem reißenden Wolf gerettet haben. Wer aufmerksam durch das Augsburger Maximilianmuseum geht, wird diesem Motiv auf alten Gemälden häufiger begegnen. Doch auch noch heute ist die Legende lebendig: Der Bund

Die zahlreichen Grabplatten im Kreuzgang sind anschauliche Zeugnisse für den Glauben ihrer Zeit (links). Die ehemalige fürstbischöfliche Residenz mit dem Pfalzturm, heute Sitz der bayerischen Regierung von Schwaben (unten).

der Katholischen Jugend des Diözesanverbands Augsburg verleiht seit einigen Jahren den „Bischof-Simpert-Preis" an Jugendliche, die sich in besonderer Weise für die Belange von Kindern einsetzen. Anders als vielleicht zu erwarten wäre, befinden sich die Grabstätten der Bistumsheiligen jedoch nicht hier im Dom, sondern in der Basilika St. Ulrich und Afra.

Die alte Bronzetür des Augsburger Doms, die heute aus konservatorischen Gründen im Diözesanmuseum in unmittelbarer Nähe untergebracht wurde und die zu den Prunkstücken des Museums zählt, ist eines von zwölf bedeutenden romanischen Bronzeportalen Europas und zählt neben denen des Doms in Hildesheim zu den besten Zeugnissen mittelalterlicher Gießkunst nördlich der Alpen. Die ungleich großen Türflügel sind mit 35 gegossenen Bronzereliefs geschmückt, deren Bedeutung aufgrund fehlender Teile nur schwer deutbar ist. Am ehesten erschließt sich der Sinn vor dem Hintergrund christlicher Symbolik: die Kirchentür als Grenze zwischen irdischer Welt und himmlischem Paradies. Die Platten stellen den Kampf zwischen Sünde und Erlösung dar. Das Augsburger Bronzeportal wurde für den 1065 geweihten ottonischen Dom geschaffen. Ursprünglicher Standort war vermutlich die Ostseite, da sich hier ein großer Vorhof befand. An Stelle der romanischen Tür erhielt die Domsüdseite im Jahre 2000 eine neue Portaltüre. Der Bildhauer Max Faller schuf sie mit 28 Bronzereliefs biblischer Verkündigung. Thema ist Gottes Schöpfung, die durch die Leben spendende Wirkung des Heiligen Geistes vollendet wird. Die Reliefs bilden in ihrer Gesamtheit eine Bilderbibel in der Tradition der biblia pauperum.

Im Innern der Kirche findet der Besucher eine Fülle kunstgeschichtlicher Schätze. Ein besonderes Juwel sakraler Baukunst und Glasmalerei hält der Dom für den Besucher im westlichen Querhaus bereit. In einer sieben Fensterbahnen übergreifenden Architekturkomposition wird die theologische Deutung Marias als Thron des wahren Salomo dargestellt. Das Kunstwerk nimmt nahezu die gesamte südliche Wand des Querhauses ein. Die heutige Lage des Querhauses innerhalb des Doms und der Zustand nach mehreren Restaurationen, die mehr oder weniger empfindlich in die Komposition eingegriffen haben, machen es nicht leicht, die ursprüngliche bedeutende Position zu erkennen, die dem Fenster von ihren Schöpfern einmal zugedacht war. Seine Pracht und erzählerische Kraft wirken jedoch bis auf den heutigen Tag und schlagen jeden aufmerksamen Betrachter in ihren Bann.

Der nach pyramidalem Schema aufgebaute Fensterspiegel ist streng symmetrisch auf die mittlere der sieben Fensterbahnen hin aufgebaut. Die Komposition der Tugendfiguren Patientia, Iustitia, Temperantia aufsteigend zur Linken des Betrachters und Bonitas, Castitias und Pietas zur Rechten ist auf die Darstellung Marias mit dem Kinde im oberen Geschoss hin angeordnet. Eine ähnlich zentrale Position im unteren Geschoss nehmen die dort thronenden Könige David, Salomo und Josias ein. Flankiert wird dieser Aufbau von verschiedenen Prophetenfiguren. Die vergleichsweise monumentalen Ausmaße dieses Fensters sowie die Aufwändigkeit des Programms, die alle übrigen ikonographischen Beispiele aus der Glasmalerei des 14. Jahrhunderts weit übertreffen, setzen gerade auch Kenner und Liebhaber dieser Kunstform in Erstaunen. Bemerkenswert ist die Wiederholung der Komposition durch die Skulpturen über dem Nordportal, die rund zwanzig Jahre nach dem Querschifffenster geschaffen wurden.

Von ähnlicher Bedeutung und Schönheit sind die fünf Glasfenster in der südlichen Hochwand des Mittelschiffs. Über den Köpfen hängen dort die in prachtvollen Farben dargestellten Propheten Jonas, Daniel, Hosea, David und Moses. Geschaffen wohl um 1100 oder im 12. Jahrhundert von einem unbekannten Künstler, zählen sie zum ältesten bekannten Glasmalereizyklus der Welt, der ursprünglich 22 Fenster umfasste.

Ein weiterer Blickfang im südlichen Querhaus ist die Darstellung des heiligen Christophorus an der Westwand, die noch im 15. Jahrhundert entstand. Auch die Tafelbilder aus der Hand Hans Holbeins dem Älteren, die die vier östlichen Pfeiler des Langhauses zieren, verdienen die Aufmerksamkeit des Besuchers. Die Tafeln waren ursprünglich wohl als Flügel eines Altars für das Kloster Weingarten vorgesehen. Dargestellt sind das Opfer Joachims, die Geburt und der Tempelgang Mariä sowie die Beschneidung Christi.

Unweit des Domes befindet sich die ehemalige fürstbischöfliche Residenz. Heute ist sie Sitz der bayerischen Regierung von Schwaben. Während bei allen übrigen Gebäuden das ehemalige Innere zu schmucklosen Amtsstuben umgebaut wurde, hat es sich im Osttrakt noch weitgehend erhalten. Er schließt sich in West-Ost-Richtung an den mittelalterlichen Pfalzturm, dem Dreh- und Angelpunkt der gesamten Anlage, an. In seinen Mauern beherbergt dieser Flügel den Rokoko-Festsaal zu dem ein freskengeschmückter Prunkaufgang hinführt. An seinen Seitenwänden sind die drei Hauptflüsse des Bistums Augsburg von der Hand Johann Georg Bergmüllers (1688–1762) dargestellt: die Donau, der Lech und die Wertach. Zwischen den Fenstern befindet sich ein Medaillon mit dem Konterfei des römischen Kaisers Augustus.

Giebel und Details aus dem Umkreis der bischöflichen Residenz: ein harmonisches Miteinander verschiedener architektonischer Ausdrucksformen.
Unten rechts das Mozarthaus mit Gedenkstätte, Geburtshaus von Leopold Mozart in der Frauentorstraße.

Der Kleine Goldene Saal in der Jesuitengasse mit dem Deckenfresko (1765) von Matthäus Günther.

Über einen kleinen Vorraum, der sich unter dem rund 30 Meter hohen Pfalzturm befindet, gelangt man in den rund 180 Quadratmeter großen Saal, der von dem vorwiegend in München tätigen Künstler Jakob Gerstens 1752 mit Holzschnitzereien des Rokoko verkleidet wurde. Die Stuckdecke mit Ölmalereien, die die vier Erdteile darstellten, fielen den Bombenangriffen des zweiten Weltkrieges zum Opfer.

Am Ort dieses Festsaales befand sich im Vorgängerbau der Kapitelsaal der früheren Augsburger Bischöfe. In ihm wurde am 25. Juni 1530 die Confessio Augustana, das Augsburgische Bekenntnis der lutherischen Protestanten, verfasst von Philipp Melanchthon, vor Kaiser Karl V. und den Mitgliedern des Reichstags verlesen. Aus Anlass des 450-jährigen Gedenkens an die Confessio wurde 1980 an der Außenwand des Pfalzgebäudes zum Fronhof hin unterhalb des Pfalzturmes eine Gedenktafel angebracht.

Die Augsburger Bischofsresidenz gehört Fachleuten zufolge wohl nicht zu den bedeutendsten Schöpfungen des Barocks. Doch kommt ihr andererseits kein geringer Rang zu. Als historisches und künstlerisches Denkmal erinnert sie an eine Fülle geschichtlicher Ereignisse von europäischer Dimension und ist gleichzeitig ein Wahrzeichen für die Stadtgeschichte Augsburgs und Landesgeschichte Schwabens.

Wem der Sinn mehr nach frischer Luft und Natur steht, findet in den Grünanlagen des Domviertels sicher sein Genügen. Es mag übertrieben sein, den Fronhof als Park zu bezeichnen, gleichwohl bietet er mit seinen Rasen- und Blumenflächen, seinem alten Baumbestand vor der Kulisse der Residenz und des Doms, im Süden begrenzt durch die Peutingerstraße, einen eindrucksvollen Ort der Erholung. Benannt ist der Fronhof nach dem ehemals bischöflichen Fronhof.

Eher am Rande des Fronhofs, südlich des Doms errichteten die Augsburger 1954 die so genannte Römermauer und brachten an ihr zahlreiche Römische Inschriften, Bildwerke und Fragmente an. Neben Architekturbruchstücken und Grabinschriften sind ein römisches Pfeilergrabmal und eine Weiheinschrift aus der Zeit um 215 nach Christus hervorzuheben. Mitte der 90er Jahre begann man aus konservatorischen Gründen die Steindenkmäler ins Römische Museum zu verbringen und sie an der Römermauer durch Kopien zu ersetzen.

Ein weiteres Idyll im Domviertel harrt noch der Erwähnung: der Hofgarten. Er zählt zu den Lieblingsorten der Augsburger, die über seine versteckte Lage sicher nicht ganz unglücklich sind, müssen sie sich die Anlage daher mit nur wenigen Touristen teilen, die meist eher der Zufall als zielsichere Ortskenntnis hierher finden lässt. Der Hofgarten erinnert mit seinen streng geschnittenen Buchshecken und der symmetrischen Anlage noch heute an die Gartenbaukunst des Barock. Das Ensemble der fünf steinernen Barockzwerge, die um 1720 entstanden, war ursprünglich sicher umfänglicher. Es dürfte sich bei den Groteskfiguren wie in anderen Zwergengärten – etwa in Salzburg – um zwölf oder mehr Figuren gehandelt haben.

Ebenfalls im Domviertel gelegen, befindet sich in der Frauentorstraße, im Haus Nummer 30, die Augsburger Mozart-Gedenkstätte im Mozarthaus. Dort, in einem Handwerkerhaus, wurde 1719 der Komponist Johann Georg Leopold Mozart geboren, der Vater des weit berühmteren Sohnes Wolfgang Amadeus Mozart. Es beherbergt eine ständige Ausstellung zu Leben und Werk Leopold Mozarts und ist Sitz der Deutschen Mozart-Gesellschaft.

Etwas am Rande des Domviertels und ein wenig versteckt in einer Nische der so genannten „Schwedenmauer", einer Verbindungsmauer mit Treppenanlage zwischen der oberen Stadtbefestigung bei St. Stephan und dem Unteren Graben, steht die Bildsäule des „Steinernen Mannes" – ein Wahrzeichen Augsburgs. Mit dieser Figur ist eine in der ersten Hälfte des 19. Jahrhunderts entstandene Sage verbunden, nach der sie den Bäcker Konrad Hacker darstellen soll. Hacker, der die Stadt im Dreißigjährigen Krieg vor den sie belagernden Schweden retten wollte, nutzte die mit dem letzten Mehl gebackenen Brotlaibe und zeigte sich mit ihnen auf der Stadtmauer. Die Schweden sollten sehen, dass Augsburg noch keinen Hunger litte. Daraufhin zerschießen ihm die Belagerer den Arm, woran der Bäcker kurze Zeit später stirbt.

Der weltberühmte Dichter Bertolt Brecht, selbst ein Sohn der Stadt, dessen Schulweg ihn täglich am „Steinernen Mann“ vorbeiführte, hat ihn möglicherweise in der Gestalt der stummen Kattrin im Stück „Mutter Courage und ihre Kinder“ zum modernen Bühnenleben erweckt. Kattrin die, gleichfalls im Dreißigjährigen Krieg, in durchaus ähnlicher Situation, eine Stadt rettet, wird dabei ebenfalls erschossen. Von ihr, die als Kind bei einem Überfall ihre Stimme verloren hat, heißt es in der entscheidenden Szene des Stückes in der Überschrift: „Der Stein beginnt zu reden.“

Und in der Tat! Augsburgs Steine reden unentwegt. Doch nicht nur sie, die Kunstwerke, die Gärten und Anlagen tun es, die Menschen, die Museen ebenso wie die reichhaltigen Bibliotheken und Sammlungen, die Spezialitäten – sie alle erzählen über das Leben in dieser herrlichen Stadt über die Jahrhunderte hinweg. Allein, man muss ihre Sprache verstehen lernen und auf sie hören. Das Domviertel ist ein ausgezeichneter Ort, damit zu beginnen.

❶ Dom

Die Domgeschichte lässt sich bis in das Jahr 823 urkundlich zurückgehend rekonstruieren. Ältester Teil dürfte die Krypta unter dem Westchor sein, angelegt im 10. Jh. unter Bischof Ulrich. Fresken aus romanischer und gotischer Zeit, schöne Gewölbemalereien, vier Tafelbilder von Hans Holbein d. Ä., Prophetenfenster Jonas, Daniel, Hosea, Mose gehören zu den ältesten figürlichen Glasmalereien Deutschlands (vermutlich Mitte 12. Jh.), Bronzetür (um 1356) mit 35 Relieftafeln mit Szenen aus dem Alten Testament. Auf dem Vorplatz die Fundamentreste der Johanniskirche (10. Jh.) und Funde aus dem römischen Augsburg.

❷ Ehemalige Bischöfliche Residenz am Fronhof

Erbaut zwischen 1743 und 1752/1777 anstelle der Pfalzbauten. Von den mittelalterlichen Gebäuden steht noch der Turm (erhöht 1507/08). Im damaligen Kapitelsaal wurde am 25. 6. 1530 die „Confessio Augustana“ verkündet. Heute ist die Residenz Sitz der Regierung von Schwaben.

❸ Hofgarten

Ehemaliger Residenzgarten der Bischofsresidenz (erbaut um 1740). Aufgelockert durch Rokokozwerge, Figurinen, Büsten.

❹ Kleiner Goldener Saal

Jesuitengasse 12. Der ehemalige Kongregationssaal des früheren Jesuitenkollegs mit Stuck von Johann Michael Feichtmayr (1756), Deckengemälde von Matthäus Günther, wird heute als Konzertsaal genutzt. Zugänglich nur bei Veranstaltungen.

❺ Peutingerhaus

Peutingerstraße 11. Wohnhaus des Humanisten und „Stadtschreibers“ Konrad Peutinger aus dem 16. Jh. mit feingliedriger Rokokofassade von 1763.

❻ Heilig-Kreuz-Kirchen

Katholische Kirche: Kirche des ehemaligen Augustiner-Chorherrenstifts von 1195. Gotischer Kirchenbau 15./16. Jh., durch Jakob Herkommer 1719 barockisiert. Nach Kriegszerstörung wurde 1949 das schlichte spätgotische Raumbild wieder hergestellt. Gemälde von Rubens, Vermiglio, Kager; Kruzifix des Augsburgers Georg Petel. Evangelische Kirche: typische evangelische Predigtkirche, anstelle der Ottmarskapelle 1650 bis 1653 erbaut. Gemälde von Tintoretto und Schönfeld.

❼ Burgkmairhaus

Mauerberg 31. Ehemaliges Wohnhaus des Augsburger Malers Hans Burgkmair, Anfang 16. Jh.

❽ Gollwitzerhäuser

Volkhartstr. 10–16. Gründerzeit-Architekt Albert Gollwitzer erbaute 1885 bis 1895 die Häuser im „maurischen“ Stil.

❾ Mozarthaus

Frauentorstraße 30. Bürgerhaus aus dem 16./17. Jh. mit geschweiftem Giebel. Geburtshaus von Mozart-Vater Leopold. Heute Mozart-Gedenkstätte. Geöffnet Mittwoch bis Sonntag von 10.00–16.00 Uhr.

❿ St. Gallus

Gallusplatz 7. Kern 11. Jahrhundert, 1589 durchgreifend umgestaltet. Reizvolle Innendekoration. Heute Gotteshaus der russisch-orthodoxen Gemeinde. Schwer zugänglich.

⓫ Schwedenstiege – Steinerner Mann

Verbindungsmauer mit Treppenanlage zwischen der oberen Stadtbefestigung bei St. Stephan und dem Unteren Graben aus dem 15. Jh. Venezianischer Wandbrunnen (16. Jh.) im unteren Teil. In einer Turmnische eine Sagengestalt des Dreißigjährigen Krieges, der „Steinerne Mann“.

⓬ Bastion „Lueginsland“

Teil der ehemaligen Stadtbefestigung, entstanden 1430 bis 1540.

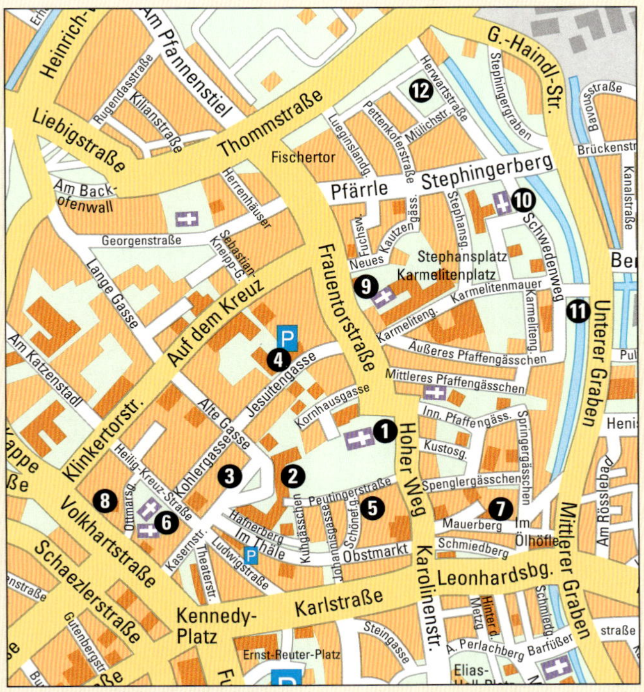

Auf dem Rathausplatz lagern die Schüler in Gruppen und genießen den Tag. Zwischen ihnen rennen die Leute zur Straßenbahn, die vor dem Rathaus hält. In der Filiale der Stadtsparkasse an der Ecke ist reger Betrieb, schnell muss noch Bargeld abgehoben werden für den Stadtbummel. Die Cafétische unter den Schirmen sind jetzt zur Mittagszeit voll besetzt, man trifft sich mit Freunden, mit Kollegen, die Touristen falten ihre Stadtpläne zusammen und trinken Cappuccino. Der Augustus auf seinem Brunnen, vor der Kulisse des Neuen Baus, weist mit Herrschergeste nach Süden, in die Maximilianstraße hinein, während unten auf den Stufen, zu Füßen der Flussgötter, der eine oder andere Romantiker in seinem Gedichtband liest. Das gesamte bunte Leben auf dem Platz aber wird beherrscht von der Renaissancefassade des Augsburger Rathauses und der Eleganz des Perlachturmes daneben.

DAS HERZ DER STADT

Ob einer von denen, deren Blick immer wieder magnetisch zu dem weltberühmten Ensemble hingezogen wird, sich vorstellen kann, dass die Ostseite des Rathausplatzes einmal ganz anders ausgesehen hat? Dass die Menschen vor vierhundert Jahren auf ein viel kleineres Rathaus schauten, auf ein Bauwerk im gotischen Stil? Dass es auch den weiten Blick über den Platz zu früheren Zeiten gar nicht gegeben hat, weil er bis auf einen Freiraum um den Augustusbrunnen zugebaut war. Ob den Betrachtern heute bewusst ist, dass dieser Anblick nur eine Momentaufnahme darstellt, dass sich das Herz der Stadt verändert und wir mit ihm?

Es können Katastrophen sein, die eine solche Veränderung hervorrufen, wie die Zerstörungen in der Bombennacht vom 25. auf den 26. Februar 1944, die die Gebäude auf dem Platz dem Erdboden gleichmachte und vom Rathaus nur die rußgeschwärzte Fassade übrig ließ. Oder der Bürgerwille, der in der Folge dann durchsetzte, dass der Goldene Saal des Rathauses in seiner alten Pracht originalgetreu wieder auferstand. Den Rathausplatz selber aber wollte man ganz unhistorisch freihalten. Eine bereits ausgeho-

BELLI
INSTRV
MENTO

1985, zum 2000-jährigen Stadtjubiläum, wurde der Goldene Saal im Rathaus – 1944 nach einem Fliegerangriff ausgebrannt – nach alten Entwürfen wieder rekonstruiert.

Die Michaelsgruppe von Hans Reichle (1605–07) über dem mächtigen Eingangsportal an der Ostfassade des Zeughauses.

Der Augustusbrunnen, erster Augsburger Prachtbrunnen, modelliert von Hubert Gerhard, um 1594.

bene Baugrube mußte nach einem Bürgerentscheid „Freier Rathausplatz" wieder zugeschüttet werden. Es ist nicht gleichgültig, wie das Herz der Stadt aussieht und wie es sich verändert. Hier entsteht das Bild, das die Besucher mit nach Hause nehmen, hier formt sich die Identität, in der sich die Stadtgesellschaft wiedererkennt. Und wer die Chance hat, das Herz der Stadt neu zu gestalten, der gestaltet gleich das Selbstverständnis der Gesellschaft mit.

Wenn Augsburg Stadt der Renaissance genannt wird, so ist dies Elias Holl zu verdanken, dem „Stadtwerkmeister", der Augsburg zu Beginn des 17. Jahrhunderts eine neue Gestalt gab. Es war ein Stadtumbau großen Stils der das heutige Bild immer noch entscheidend prägt. Elias Holl hat die Stadt aus mittelalterlicher Enge in die Großzügigkeit und Eleganz der Renaissance geführt, und die in der Stadt gerne gehörte Behauptung, Augsburg sei die nördlichste Stadt Italiens, mag auch damit zusammen hängen, dass Elias Holl sich auf einer Venedigreise für seine Bauwerke inspirieren ließ.

Und wie machte man das damals, zu Beginn der Neuzeit, wenn man die Stadt neu denken und vor allem ein Rathaus bauen wollte, das den bisher üblichen Rahmen sprengte? Zunächst brauchte man damals – nicht anders als heute – eine gute Ausgangslage, und die hatte Elias Holl: die Ratsherren waren offen für seine Ideen, sein städtebauliches Programm entsprach ihren Wünschen. Zudem gab es eine wohlgefüllte Stadtkasse und gleichzeitig Handwerksbetriebe, die händeringend nach Arbeit suchten. So baute der Stadtwerkmeister in wenigen Jahren mehr als hundert Bauwerke, Zweckbauten, Befestigungen, aber auch viel Repräsentatives. Am besten bekannt und auch heute noch zu bewundern sind die Wasser- und Befestigungstürme wie das Rote Tor, dann das Zeughaus, die Stadtmetzg, Gymnasium und Turm von St. Anna, der Neue Bau am Rathausplatz und die Aufstockung des Perlachturmes zum ratsglockentragenden Campanile.

Sein Hauptwerk aber war das Rathaus, und um dieses durchzusetzen, war, wie Holl in seiner Chronik erzählt, ein Mittagessen mit dem seinerzeitigen Stadtpfleger Remboldt sehr hilfreich. Bei dieser Gelegenheit überzeugte er den hohen Herrn von seinem Plan, das alte Rathaus abzubrechen und an seiner Stelle ein „schönes, neues, wohlproportioniertes Rathaus" zu bauen, und ließ auch gleich einfließen, er hätte „große Lust dazu", dieses selbst zu errichten. Die Modelle seiner Entwürfe sind heute im Maximilianmuseum zu sehen. Vom Denkmalschutz war damals offenbar noch nicht die Rede. Ganz so einfach sind die Entscheidungsprozesse heute nicht mehr, wenn sich auch immer noch ein Mittagessen mit den richtigen Leuten zum richtigen Zeitpunkt empfiehlt.

Elias Holls neues Rathaus wurde tatsächlich ein großartiges Bauwerk, und so beherrscht es auch heute noch den Rathausplatz – äußerst eigenwillig mit seinen ebenso majestätischen wie originellen Türmen und mit keinem anderen Gebäude vergleichbar, ein riesiger Kubus an den Hang gebaut, von unten, vom Elias-Holl-Platz aus, noch gewaltiger aufragend in den Himmel, einer der bedeutendsten Profanbauten der europäischen Renaissance, von großer Eleganz und voll Vertrauen auf die Wirkung der Klarheit seiner Architektur. Holls Rathaus ist auch heute noch das politische Herz der Stadt. Hier haben die Fraktionen des Stadtrats ihre Räume, hier tagen die städtischen Gremien. Der prachtvolle Goldene Saal allerdings dient heute ausschließlich festlichen Zwecken. Und der Besucher, beeindruckt von den außergewöhnlichen Dimensionen des Saales und von den geradezu imperialen Anspruch ausstrahlenden Kaiserbildnissen an seinen Wänden, staunt angesichts des Repräsentationswillens einer Freien Reichsstadt, eines Selbstbewusstseins, das sich draußen auf dem Platz fortsetzt, wo auf dem Brunnen über den Stadtflüssen kein anderer stehen darf als Kaiser Augustus selber.

Vielleicht sollte es ja etwas bewirken, dieses Rathaus mit seinem Glanz, mit seinem Bildprogramm, das sich auf die Antike beruft, auf Kaiser und Reich und auf die über alle Weltanschauungen erhabenen Tugenden des guten Regierens. Vielleicht sollte es damals festigend auf die Stadtgesellschaft einwirken, wie eine Beschwörung säkularer politischer Ordnungsmacht angesichts der religiösen Spannungen, die sich latent in der Stadt selbst wie auch in ganz Europa aufbauten und im Dreißigjährigen Krieg entluden, noch vor Vollendung des Hollschen Rathauses. Dieser Krieg traf die Stadt dann mit all seinen Schrecken, wechselnden Besatzern, Pest und Hungersnot. Nur ein Drittel der Bevölkerung überlebte die entsetzlichen Jahre. Der große und vielgerühmte und um die Stadt höchst verdiente Stadtwerkmeister Elias

Holl wurde, weil er zur falschen Zeit evangelisch war, seines Amtes enthoben.

So wie die frühneuzeitliche Öffnung für den Geist der Renaissance haben auch die Glaubenskriege und Konflikte um die richtige Lehre das Herz der Stadt gestaltet und bis heute geprägt. Augsburg ist eine Lutherstadt. Wesentliche Ereignisse der Reformation und ihrer Wirkungsgeschichte haben sich in Augsburg zugetragen, der Stadt der großen Reichstage, die auch Bischofssitz war, mit stattlichem Dom. Das berühmte Verhör von 1518, in dem Luther vor Kardinal Cajetan den Widerruf seiner Lehre verweigerte, fand in den Fuggerhäusern an der Maximilianstraße statt. Damals wohnte Martin Luther für knapp zwei Wochen im Karmelitenkloster bei St. Anna. Im gleichen Jahr wurde im Westchor der Kirche die Fuggerkapelle geweiht, das erste deutsche Renaissancebauwerk, die Grablege der katholischen Fugger, die schon wegen ihrer Nähe zu den Habsburgern entschiedene Hüter des alten Glaubens waren.

Nirgendwo kann man die wechselvolle und widersprüchliche Geschichte dieser Zeit so intensiv nachempfinden wie in St. Anna. Als die Goldschmiedekapelle mit ihren großartigen Fresken 1420 gestiftet wurde, war die Einheit der Kirche noch nicht in Frage gestellt. 1525 war es hier in St. Anna, dass erstmals in Augsburg das Abendmahl „in beiderlei Gestalt" gefeiert wurde, und noch die heutige Kirche atmet den Geist der Reformation und ist voll von Zeugnissen dieser bewegten Zeit. Im Ostchor, gegenüber der katholischen Fuggerkapelle, ist der Reformator selbst zu sehen, von Lucas Cranach gemalt. Das kleine Museum der „Lutherstiege" erzählt von der Confessio Augustana, die auf dem Augsburger Reichstag von 1530 vor Kaiser Karl V. im Kapitelsaal der bischöflichen Pfalz verlesen wurde (heute Fronhof), vom „Geharnischten Reichstag" 1548, als der Kaiser den Weg der Reformation noch einmal unter Verweis auf seine Herrschergewalt aufhalten wollte, und vom Augsburger Religionsfrieden, der 1555 im Rathaus, das noch das alte gotische war, ebenfalls auf einem Reichstag unterzeichnet wurde. Mit diesem Frieden war erstmals das gleichberechtigte Nebeneinander verschiedener Konfessionen durch Reichsgesetz garantiert und geschützt.

Was mag sich alles auf dem Rathausplatz abgespielt haben, in der Zeit der großen Reichstage! Da war dieser Platz nicht nur Zentrum der Stadt, sondern Mittelpunkt des Reiches. „Allenweil Augspurg gestanden ist, ist nie sovil fremdes volck, aus so vil nationen zusamen komen", erzählt ein Zeitgenosse. Die Fürsten waren angereist mit ihren Delegationen, zum „Geharnischten Reichstag" blieb der Kaiser selbst ein ganzes Jahr. Geistliche und Juristen mischten sich mit Hofstaat und Landsknechten, und das ganze Reich schaute auf diese Stadt, in der damals Weltgeschichte geschrieben wurde. Hier ging es um die Einheit dieses Reiches, um Macht und Einfluss der Fürsten und der Fugger, um Glaubens- und Gewissensnot, um Krieg und Frieden. Und was dann am Ende beschlossen wurde, griff ein in das Leben jedes einzelnen Bürgers und Handwerkers und Tagelöhners. „Cuius regio, eius religio," bestimmte der Augsburger Religionsfrieden, der Landesherr entschied über die Religion auf seinem Territorium. Wer sich dem nicht beugen wollte, konnte gehen. In der Freien Reichsstadt Augsburg aber konnte der Bürger wählen zwischen den beiden Konfessionen.

Der Augsburger Religionsfrieden konnte zwar nicht verhindern, dass zwei Generationen später doch der mit religiösen Konflikten aufgeladene Dreißigjährige Krieg ausbrach. Aber danach war dann endgültig die Parität in Augsburg gesichert, die durch alle Bereiche der Stadt organisierte Gleichberechtigung der Konfessionen. Und auch die Parität hat die Stadt gestaltet, hat ihr ein ganz unverwechselbares Gesicht gegeben mit den beiden Zwillingskirchen St. Ulrich und Heilig Kreuz. Von dem großen Fest, mit dem die Evangelischen 1650 die Rückgabe ihrer Kirchen feierten, ist kein Bauwerk geblieben, aber ein Feiertag: das Hohe Friedensfest am 8. August, ein eigener Feiertag nur für die Friedensstadt Augsburg. Heute feiert man diesen Tag auf dem großen Rathausplatz, wo sonst, zu Füßen des Augustus, mit Blick auf den Perlachturm und im Angesicht des Rathauses, das so viel von den Schrecken des Krieges weiß, im Herzen dieser von religiösen Konflikten gestalteten Stadt, deren Geschichte so viel erzählt von der Notwendigkeit und auch Möglichkeit des friedlichen Zusammenlebens von Menschen unterschiedlicher Herkunft und Religion. Man feiert mit einer großen Friedenstafel. Hier, an diesem geschichtsträchtigen Ort, nimmt die ganze vielkulturelle Stadtgesellschaft Platz und speist zusammen, nachdem die Friedensbotschaften der Religionen verlesen sind.

Das 1952–1956 umgestaltete Stadttheater. Davor auf dem Kennedyplatz die stählerne Plastik „Ostern" von Matschinsky-Denninghoff.

Rechts daneben die neubarocke Staatsbibliothek, in den Jahren 1892–1893 errichtet.

Stattliche Häuser der Gründerzeit und blühende Kastanien verleihen der Konrad-Adenauer-Allee ein besonderes Flair.

Johannes

Der stille Kreuzgang mit den Sterbetafeln der wohlhabenden und wohltätigen Bürger der freien Reichsstadt Augsburg.

Westliche Verlängerung des Mittelschiffs der evangelisch-lutheranischen Pfarrkirche St. Anna mit Blick auf die von Jakob Fugger 1509 gestiftete Kapelle.

Goldschmiedekapelle, an der Nordwand des Chors angebaut, mit sorgsam restaurierten spätgotischen Fresken.

Der Religionsfrieden von 1555 galt nur für Katholiken und Protestanten. Die Friedenstafel von heute weist eine große Vielfalt aller Glaubensrichtungen auf. Rund dreißig Prozent der Stadtbewohner haben eine Zuwanderungsgeschichte. Grund genug, auch in dieser Hinsicht die Stadt neu zu denken. Die Muslime mit ihren unterschiedlichen Richtungen und Vereinen haben sich zahlreiche Moscheen und Versammlungshäuser eingerichtet, die allerdings nicht nach außen wirken. Es gibt aber eine große Synagoge in der Stadt, erbaut 1914–1917 von dem Architekten Landauer im „syrischen“ Stil, mit einer prachtvollen Kuppel und einer insgesamt sehr repräsentativen Anlage an der Halderstraße. Damit gab die jüdische Gemeinde seinerzeit das klare Signal: wir gehören dazu, wir sind Teil dieser Stadt. Leider unterscheidet sich das Schicksal der Juden während der Nazizeit in Augsburg nicht von dem in anderen Städten. Die Synagoge wurde geschändet, zum Glück aber nicht in Brand gesteckt, so dass sie erhalten blieb und nach ihrer Renovierung 1984 nun wieder einer wachsenden Gemeinde Heimat gibt. Sie steht auch dem Besucher offen und beeindruckt mit ihrer Jugendstilschönheit. 2006 wurde im gleichen Gebäude das Jüdische Kulturmuseum Augsburg Schwaben neu eingerichtet. Es zeigt die Geschichte der Juden als Teil der Geschichte dieser Stadt.

Die Synagoge an der Halderstraße, die zum Bahnhof führt, liegt nicht mehr innerhalb der alten Stadtmauern. Ab Mitte des 19. Jahrhunderts wurde es den Augsburgern zu eng in den alten Festungswällen, die auch keine Funktion mehr hatten. Längst war die Freie Reichsstadt ins Königreich Bayern eingegliedert und wurde ein Motor der Industrialisierung. Um dafür Raum zu schaffen, wurde ein Stadtumbau vollzogen, ähnlich tiefgreifend wie zur Zeit Elias Holls. Die westliche Befestigung wurde eingeebnet und die Stadt geöffnet zum Bahnhof hin, dem Symbol des Aufbruchs in eine neue Zeit. An großzügigen Straßen entfaltete sich das gründerzeitliche Augsburg, stattliche Häuser für reich und einflußreich gewordene Bürger, die sich dann, zum krönenden Abschluss der neu entstandenen und mit üppigen Alleen gesäumten Fuggerstraße, 1877 ein Theater hinbauten, im Stil der Neorenaissance, einem Symbol bürgerlicher Kultur und neuen Selbstbewusstseins. Man holte sich für dieses Bauwerk die Architekten Helmer und Selmer, die damals sehr in Mode waren und ganz Europa mit repräsentativen Musentempeln bedienten. Inzwischen ist dieses Theater die wichtigste Kultureinrichtung der Stadt und offen für alle, und es ist auch schon einmal vorgekommen, dass, von Muezzinrufen aus den Kulissen angekündigt, auf seiner Bühne Tanzende Derwische ihr Ritual vollzogen.

Unweit des Theaters entstand am Ende des 19. Jahrhunderts ein weiterer repräsentativer Kulturbau: die damalige Stadtbibliothek (heute Staats- und Stadtbibliothek). Die in massiven Eisenkonstruktionen erfahrene Maschinenfabrik Augsburg-Nürnberg, die als MAN noch heute einer der wichtigsten Arbeitgeber in der Stadt ist, erhielt den Zuschlag für das Projekt. Damit das Gebäude dem Gewicht der Bücher gewachsen war, wurden 166 Tonnen Eisen verbaut, in vorausschauender Klugheit. Die Konstruktion ist stark genug, den gegenwärtig geplanten Dachausbau für die wachsenden Bestände zu tragen. Mit ihren mittelalterlichen Handschriften, ihren grafischen Blättern und Sammelschwerpunkten Mozart und Brecht ist dieses Haus ein kostbares Gedächtnis der Stadt, und seine Bestände helfen uns, die Stadt auch in der ständigen Verwandlung ihrer Gestalt als unverwechselbare Identität zu begreifen.

Will man von der Bibliothek zurück ins Herz der Stadt, bietet sich der Weg über ihren Bauch an, den Stadtmarkt. Und damit sind wir wieder ganz in der Gegenwart, der Gegenwart einer vitalen lebensfrohen Stadt, die es sich, Geschichte hin, Geschichte her, gerne wohl sein lässt. Der Stadtmarkt ist nicht nur zum Einkaufen da, sondern auch Treffpunkt und Informationsbörse. Beim Schnellimbiss in der Käsehalle kann man mittags alle möglichen Leute antreffen aus den umliegenden Ämtern und Büros, ein bisschen plaudern und die eine oder andere Angelegenheit auf den Weg bringen. Es muss ja nicht gleich ein neues Rathaus vereinbart werden. Die Waren sind in Gassen und Hallen geordnet – Gemüsegasse, Fleischhalle, Fisch- und Brotgasse. So waren auch früher die Märkte spezialisiert, die ums Rathaus herum und entlang der Maximilianstraße aufgereiht waren. Straßennamen – Eiermarkt, Fischmarkt – erinnern an die Zeit, als das Angebot noch nicht im Stadtmarkt zusammengefasst war. Die Fülle ist überwältigend. An den glänzenden Auberginen und Tomaten und in Büscheln hängenden Kräutern isst sich schon das Auge satt, lange bevor daheim der Topf auf den Herd kommt. Köche finden hier alles, was das Herz begehrt – von erlesenen

THORA-VORLESUNG
II BM-KAP-
PROPHETENABSCHNITT
JEREMIA-KAP
LIED

Die jüdische Synagoge in Augsburg, erbaut 1914–1917. Details des prächtigen Innenraums und der Kuppel im „syrischen Stil".

Thora-Mantel (Jüdisches Kulturmuseum Augsburg-Schwaben)

Schinken und
Salami

Der Bauernmarkt und der Stadtmarkt, zwischen Fuggerstraße und Annastraße, mit einem reichen Angebot an regionalen und überregionalen Delikatessen.

Fischen über seltenes Wild bis zu den ausgefallensten Gewürzen. Die Kundschaft drängt sich um Exotisches und Biologisches, Waren aus der Region, aber auch vom anderen Ende der Welt. Besonders farbenfroh ist der Markt am Vormittag, wenn die Gemüsebauern aus der Umgebung ihr Selbstgezogenes anbieten und die bunten Blumensträuße aus den Dorfgärten den Gurken und Radieschen die Schau stehlen. Hier, unter dem Turm von St. Anna, den Elias Holl gebaut hat, lässt sich die Vielfalt der Kulturen leibhaftig sehen und schmecken. Zurück zum Rathaus sind es nur ein paar Schritte durch die Fußgängerzone. Am Ende einer schmalen Passage tut sich der Platz auf in seiner ganzen Weite, von der Caféməblierung abgesehen frei und unbebaut. Links der von Jugendlichen umlagerte Augustusbrunnen, dahinter die Campanileneleganz des Perlachturmes, und dann das Rathaus, immer wieder überraschend in seiner schieren Größe und Originalität. Diese Türme an den Ecken, diese quadratische Kraft, dieser hochgezogene, mit dem Reichsadler geschmückte, von einer Zirbelnuss gekrönte Giebel! Diese breite Fassade, auf dem Platz gegründet für die Ewigkeit. Nein, auch wenn Umbau und Neugestaltung zum Wesen der Stadt gehört – hier etwas zu verändern wird so schnell keiner wagen, auch nach drei Mittagessen nicht. Es sei denn, er sei größer als Elias Holl…

13 Augustusbrunnen

Anlässlich der 1600-Jahr-Feier der Stadt wurde zu Ehren des römischen Stadtgründers der Augustusbrunnen vor dem Rathaus nach Entwürfen von Hubert Gerhard 1594 errichtet. Die vier Brunnenfiguren sind Sinnbilder der Wasserkraft der Stadt und stellen die vier Flüsse dar: Den Lech mit dem Ruder, die Wertach mit dem Getrieberad, die Singold mit dem Füllhorn und den Brunnenbach mit dem Fischernetz.

14 Rathaus

Erbaut von Stadtwerkmeister Elias Holl zwischen 1615 und 1620. Gilt als bedeutendster Profanbau der Renaissance nördlich der Alpen. Ausdruck des Selbstbewusstseins der ehemals Freien Reichsstadt. 1944 nach Fliegerangriff bis auf die Pfeilerhalle (Unterer Fletz) ausgebrannt, nach dem Krieg Wiederherstellung der Außenfassade, Innenausbau 1962 abgeschlossen. 1985 saniert, Goldener Saal mit Portalen, Kassettendecke und Wandmalereien. Besichtigung täglich 10–18 Uhr, außer bei geschlossenen Veranstaltungen. Auskunft über Telefon: (08 21) 324 21 20.

15 Perlachturm

Perlachturm und Rathaus sind die Wahrzeichen der Stadt. Der Turm erhebt sich über der Westempore der Stiftskirche St. Peter am Perlach, erbaut 1182, umgestaltet im 18. Jh. Sockelbau des Stadtturms 11./12. Jh. Glockenlaterne und Haube von Elias Holl 1614, Höhe 70,40 m, sehr schöne Aussicht. Geöffnet Mai bis Mitte Oktober, 10–18 Uhr; zusätzlich an Ostern und im Advent.

16 Maximilianmuseum

und Galerie im Welserhof Philippine-Welser-Straße 24. Traufseitiges Bürgerhaus von 1546. Architekturbemalung der Fassade nach alten Ansichten rekonstruiert. Stadtgeschichtliche Sammlung Augsburger Kunsthandwerks.

17 Fugger-Denkmal

Gestiftet von König Ludwig I. von Bayern 1857 zu Ehren von Hans Jakob Fugger, der zu einem niedrigen Preis seine wertvolle Bibliothek an den bayerischen Herzog verkaufte. Diese bildet heute den Grundstock der Bayerischen Staatsbibliothek in München.

18 St. Anna

Von Karmelitermönchen als Kloster und Kirche 1321 gegründet, Ende 15. Jh. erweitert. Goldschmiedekapelle (1420/1496 gotische Wandmalerei) angebaut. Umwandlung in eine evangelische Kirche. Innenraum mit Grabkapelle der Fugger, die als frühestes deutsches Renaissancebauwerk gilt. Zwischen 1747 und 1749 wurde die Kirche umgestaltet. Sie enthält wertvolle Gemälde, u.a. von Lukas Cranach und Jörg Breu, Turm von Elias Holl (1607). Lutherstiege: Dokumentation zu den Anfängen der Reformation in Augsburg. Montag geschlossen.

19 Stadttheater

Kennedyplatz. Erbaut 1876 bis 1877 nach Plänen der Wiener Theaterarchitekten Fellner und Helmer. Nach Kriegszerstörung 1956 wieder hergestellt.

20 Staats- und Stadtbibliothek

Schaezlerstr. 25. 1892/93 von Fritz Steinhäuser und Martin Dülfer erbaut. Architektonische Sehenswürdigkeit der Jahrhundertwende.

21 Prinzregentenbrunnen

Prinzregentenplatz. Figur des bayerischen Prinzregenten Luitpold, errichtet 1903.

22 Hauptbahnhof

Ältestes noch heute betriebenes Bahnhofsgebäude einer Großstadt (1845). Erweitert 1869 von Friedrich Bürklein im spätklassizistischen Stil.

23 Synagoge

Halderstraße 8. 1914 bis 1917 von F. Landauer und H. Lömpel erbaut. Kuppelbau mit Jugendstilausstattung. 1984 restauriert. Jüdisches Kulturmuseum Schwaben-Augsburg: Kult-, Ritualgegenstände. Di. bis Fr. 9–16 Uhr, So. 10–17 Uhr.

24 St. Georg

Spätgotischer Bau von 1490 bis 1505, Zwiebelturm von 1681. 1944 schwer beschädigt.

25 St. Jakob

Chor von 1355, Langhaus im 18. Jh. umgebaut. Turm von 1533.

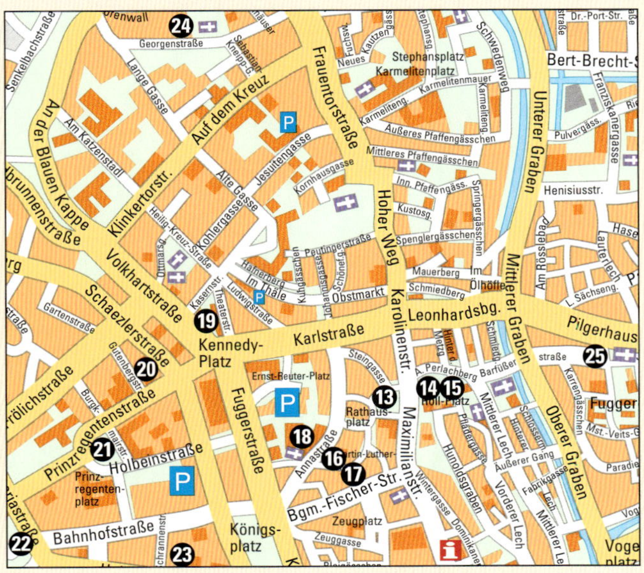

MAXIMILIANSTRASSE

Für die einen ist die Maximilianstraße der schönste Straßenzug in Süddeutschland, für die anderen in ganz Deutschland, und wieder andere versehen die Maximilianstraße mit dem Attribut „schönste Renaissancestraße in Europa“. Wie man sie auch immer emotional werten möchte: Fest steht, dass sie kulturgeschichtlich eine europäische Dimension hat.

Eine Frage, die im Zusammenhang mit der Maximilianstraße immer wieder diskutiert wird, lautet: Wie gehen wir mit dieser Prachtmeile in Zukunft um? Wie gestalten wir diese geschichtsträchtige Straße zwischen dem Dom und den Ulrichskirchen? Doch bevor wir uns damit auseinandersetzen, möchte ich auf die „europäische Dimension“ dieser Straße eingehen. Sie lässt sich für mich an zwei Komponenten aufzeigen. Die eine Komponente bilden die geschichtlichen Ereignisse entlang der Prachtmeile, die andere natürlich ihre architektonischen Glanzpunkte.

Machen Sie sich mit mir auf einen Spaziergang durch den faszinierenden Straßenzug. Beginnen wir mit der imposanten Basilika St. Ulrich und Afra, die die Maximilianstraße in Richtung Süden würdig begrenzt. Die katholische Kirche, der zweitgrößte Sakralbau Augsburgs, zeigt zusammen mit der weit kleineren evangelischen Ulrichskirche das konfessionelle Miteinander in dieser Stadt.

Dies war nicht immer so. Erst durch den Augsburger Religionsfrieden von 1555 wurde das friedliche Nebeneinander der Religionen möglich. Ein Vertrag, der – abgeschlossen kurz nach dem Schmalkaldischen Krieg sowie dem Fürstenaufstand – über mehr als 60 Jahre weiteres Blutvergießen verhinderte. Aus dem Friedensschluss von 1648, dem „Westfälischen Frieden", entwickelte sich fast hundert Jahre später die „Augsburger Parität". Sie hatte zur Folge, dass bis ins beginnende 19. Jahrhundert alle öffentlichen Ämter der Reichsstadt doppelt oder im Wechselrhythmus besetzt werden mussten, vom Stadtpfleger bis zum Nachtwächter. Das Prinzip „doppeltes Besetzen" zeigt sich eben auch in der Augsburger Kirchenlandschaft.

Zu erwähnen ist in diesem Kontext auch die „Confessio Augustana", das „Augsburger Bekenntnis". Die Verkündigung dieser Forderungen der Protestanten auf dem Reichstag 1530 vor Kaiser Karl V. kann ohne Zweifel als ein Ereignis von europäischer Tragweite bezeichnet werden. Es ereignete sich am nördlichen Ende der Maximilianstraße, nämlich im Domviertel. Eine Gebäude-Inschrift im Fronhof erinnert an den mutigen Auftritt von Melanchthon und den Kurfürsten.

Zurück zum Südende der Straße: Gehen wir von den beiden Ulrichskirchen auf den Ulrichsplatz und von dort auf die Westseite. Dort sehen wir nach wenigen Schritten das Haus des bekannten Klavier- und Orgelbauers Johann Andreas Stein (Ulrichsplatz 10). Stein war mit den Mozarts befreundet, Wolfgang Amadé Mozart schwärmte von seinen Instrumenten. 1777 besuchte ihn Mozart mit seiner Mutter und seinem geliebten „Bäsle". Dieses „Bäsle" war auch der Grund, warum er Augsburg in jenem Jahr nicht gleich wieder verlassen hat. Verärgert über eine doch sehr spät zustande gekommene „Akademie" bzw. über das knauserige Verhalten der Augsburger Patrizier anlässlich einer privaten Akademie in der Geschlechterstube, schreibt er an seinen Vater in Salzburg: „mich reüet er recht, dass ich hieher gereiset bin. Ich hätte meine lebtage nicht geglaubt, dass, da noch Augsburg die vatterstadt meines Papa ist, dass man hier seinen sohn so affrontiren würde". Und weiter schreibt er im gleichen Brief: „das kann ich sagen, wenn nicht Ein so brafer H:Vetter und base, und so liebs bäsle da wäre, so reüete es mich so viell als ich haar im kopf habe, dass ich nach augsburg bin. Nun muß ich vom meinen lieben jungf:bäsle etwas schreiben. Das sparr ich mir aber auf morgen, dann man muß ganz aufgeheitert seyn, wenn man sie recht loben will, wie sie es verdient."

Der Merkurbrunnen (oben rechts) und der Herkulesbrunnen (unten links), beide von Adriaen de Vries gestaltet.

Der Vater war allerdings nicht so begeistert von dieser Beziehung und ahnte, dass die „Liebelei“ nicht gut ausgehen würde. In seinem Antwortbrief vom 12. Oktober 1777, in dem er sich ausführlich mit den Augsburger Verhältnissen beschäftigte, schrieb er: „Nur scheint es mir, sie habe zu viel bekanntschaft mit Pfaffen. wenn ich mich betriege so will ich ihrs vor lauter freuden Kniefällig abbitten. dann ich sage nur: es scheint mir; und der Schein betrüegt, absonderlich so weit – – von Augsp: bis Salzburg, absonderlich itzt, wo die Nebl fallen, dass man nicht auf 30 Schritte durchsehen kann. – Nun mögt ihr lachen wie ihr wollt! Es ist schon recht, dass sie schlimm ist: aber die geistlichen Herrn sind oft noch weit schlimmer.“ Obgleich es Wolfgang nicht wahrhaben wollte, trafen die Befürchtungen des Vaters zu. Maria Anna Thekla Mozart hatte 1784 mit einem unehelichen Kind für einen handfesten Familienskandal gesorgt. Der anonyme Vater war mit großer Wahrscheinlichkeit ein Augsburger Domherr. Gegenüber dem Stein-Haus liegt das Haus Nummer 87 an der Maximilianstraße. Auch dieser Bau beherbergte Menschen, die Geschichte – in diesem Fall das Leben der österreichischen Kaiserin Elisabeth – nachhaltig beeinflusst haben. Die Tochter des Bruders von Elisabeth, Herzog Ludwig, wurde hier geboren. Marie Louise Elisabeth, die spätere Gräfin Larisch-Wallersee, war lange die Lieblingsnichte Elisabeths. Doch dann brachte die gebürtige Augsburgerin Kaiserin Elisabeths einzigen Sohn Rudolf mit dessen Geliebter Mary Vetseras zusammen. Marie Louise Gräfin Larisch-Wallersee hat so die Tragödie von Mayerling, bei der Elisabeths einziger Sohn Rudolf Selbstmord beging, mitverursacht. Sie wurde deshalb vom Hof verbannt und ging nach Amerika. Nach einem abenteuerlichen Leben und völlig verarmt, kam sie in ihre Heimatstadt zurück, wo sie 1940 starb.

Gehen wir nach diesem traurigen Ereignis lieber an einen Ort, an dem das Glück zu Hause war. Zumindest für eine Nacht: Anlässlich der Eröffnung des traumhaften Rokokosaals im Schaezlerpalais tanzte am 28. April 1770 die damals fünfzehnjährige Marie Antoinette im Schein von 365 Kerzen. Der bürgerliche Bauherr, Benedikt Adam Liebert von Liebenhofen, war hochentzückt vom hohen Besuch. Der Aufwand für das fürstliche Palais und die glanzvollen Festspiele – sie sollten den gesellschaftlichen Aufstieg des Augsburger Bankiers und Silberhändlers manifestieren – hatten ihn verschiedentlich an den Rand des Ruins gebracht. Dafür war dann auch das Töchterchen aus „gutem Hause“ – die Mama war keine Geringere als Maria

Theresia – vom Saal tief beeindruckt. Der Aufwand, den Liebert dafür betrieben hatte, war wahrhaft königlich gewesen. Der Hausherr hatte Künstler der ersten Riege engagiert: als Architekten den Münchner Hofbaumeister Carl Albrecht von Lespilliez, als Stuckateure Franz Xaver und Simpert Feichtmayr, und für die Fresken war der Römer Gregorio Guglielmo zuständig. Letzterer bemalte die Decke des Festsaals mit einer Allegorie des weltweiten Handels.

Mit Handel, genauer gesagt mit dem Geldhandel, hatte auch der spätere Eigentümer und Namensgeber zu tun. Dr. jur. Wolfgang Freiherr von Schaezler übermachte 1960 das Schaezlerpalais an die Stadt Augsburg mit der Auflage, dieses Juwel des Rokoko als Museum zu nutzen. Heute befinden sich die „Deutsche Barockgalerie", die grafische Sammlung mit über fünfzigtausend Blättern, Werke der Stiftung Karl und Magdalena Haberstock sowie die Staatsgalerie „Altdeutsche Meister" im Palais. Aufgrund dieser Bestände ist ein Besuch im Schaezlerpalais ein „must" für jeden Besucher dieser Stadt. Denn wer möchte sich schon einen Peter Paul Rubens, Van Dyck oder Tiepolo entgehen lassen. In der benachbarten Staatsgalerie „Altdeutsche Meister" finden Sie beeindruckende Werke von Albrecht Dürer (wenn nicht mal wieder die Münchner ihn sich ausgeliehen haben), Hans Holbein d. Ä. und Hans Burgkmair d. Ä. Und sicherlich hat Doris Lieb auch an dieses beeindruckende Museum gedacht, als sie in ihrem Buch „Ein Gang durch Augsburg" schrieb: „Hier tut sich eine Tür zur Weltkunst auf."

Aber nun zu jener Familie, die Augsburg in der Frühen Neuzeit zum führenden Finanzhandelsplatz Europas gemacht hat. Auch die reichen Fugger haben ihr repräsentatives Domizil in dieser Prachtmeile gebaut. Nachdem der fast 40-jährige Jakob Fugger 1498 die 18-jährige Sybilla Arzt geheiratet hatte, benötigte das Finanzgenie der Renaissance eine adäquate Bleibe. Jakob Fugger erwarb mehrere Häuser am Weinmarkt und ließ sie abreißen. An ihrer Stelle entstand zwischen 1512 und 1515 ein neues Fuggerhaus. Es bestand aus Fürstenhalle, Innenhöfen im Stil der Renaissance wie z. B. der beeindruckende Damenhof und aus Prunkräumen, in denen die Kaiser Maximilian I. und Karl V., aber auch Tizian oder (als ungebetener Gast) der schwedische König Gustav II. Adolf logierten. Martin Luther wurde hier 1519 von Kardinal Cajetan verhört: Er sollte seine Thesen widerlegen, was er bekanntlich nicht tat. Er zog es vor, die Stadt heimlich zu verlassen und seine Kritik an

Prächtige Innenhöfe mit Rundbogenarkaden und toskanischen Piniensäulen im Stil der italienischen Renaissance: Damenhof (oben) und Serenadenhof (rechts); Innenhof des Höhmannhauses (links).

der Kirche und an den Fuggern – auch wegen des Ablasshandels, den diese im Auftrag des Papstes abwickelten – andernorts fortzuführen. 1777 musizierte Mozart im fuggerschen Konzertsaal. Die 68 Meter lange Fassade war Trägerin eines imposanten Freskos, das Szenen aus der Geschichte der Fugger zeigte. Auch diese reich geschmückte farbige Schaufassade des fuggerschen Stadtpalasts fiel den Zerstörungen der Bombennacht vom 25. auf den 26. Februar 1944 zum Opfer. Bei diesem Angriff flogen britische Bomberverbände zwei Angriffswellen, nachdem 200 amerikanische Bomber bereits in den Nachmittagsstunden die Messerschmitt-Werke angegriffen hatten. 248 britische Bomber setzten die Stadt einem 40-minütigen Inferno aus, eine Stunde später gefolgt von 290 weiteren britischen Bombern. Unersetzliche Kulturdenkmäler versanken für immer in Schutt und Asche.

Das imponierende Fuggerpalais, eine glanzvolle Mischung aus oberdeutschem Stadthaus und italienischem Palast, war und ist nach dem Wiederaufbau bis heute ein steingewordener Zeuge der wirtschaftlichen Macht der Fugger und der freien Reichsstadt Augsburg. Eine Demonstration von Macht und Stärke ist auch in den Prachtbrunnen der Maximilianstraße zu finden. Diese Brunnen wurden in den Jahren 1588 bis 1602 erstellt und müssen als Kunstwerke von europäischem Rang bezeichnet werden. Der älteste der Brunnen ist der Augustusbrunnen, der nach Modellen des Niederländers Hubert Gerhart entstand. Die Brunnenfigur auf dem Pfeiler stellt den etwa 50-jährigen Stadtgründer Augustus in der Pose einer Ansprache an das Heer dar. Symbolfiguren charakterisieren die vier Flussgötter auf dem Beckenrand. Der Lech mit Fichtenzapfen, Wolfsfell und Ruder, die Wertach mit Ährenkrone und einem Zahnradviertel als Hinweis auf die Mühlwerke. Den beiden kleineren Flüssen Singold und Brunnenbach sind Attribute wie Füllhorn und Kanne beziehungsweise Fischernetz und Eichenlaubkranz zugewiesen.

Die anderen beiden Prachtbrunnen wurden von Adriaen de Vries entworfen und vom Augsburger Wolfgang Neidhart gegossen. Der Merkurbrunnen (entstanden bis 1599) mit dem antiken Schutzgott der Kaufleute und Händler symbolisiert den Aufstieg der Stadt durch die großen Kaufmannsfamilien. Der Herkulesbrunnen (fertiggestellt 1602) ist dem Handwerk zugeordnet. Er soll die Beherrschung des Wassers in Augsburg versinnbildlichen. Die Nutzbarmachung des Wassers durch die Lechkanäle stellt den Aufstieg der Zunft dar und ist für die Entwicklung der Stadt von größter Bedeutung.

An die Fuggerhäuser angrenzend, als „fürstliche Herberge“ im 18. Jahrhundert errichtet, blickt das heutige Steigenberger-Drei-Mohren-Hotel auf eine lange und noble Vergangenheit zurück. Die Gästebücher des Hauses sind Besonderheiten. Als erster hoch gestellter Übernachtungsgast ist der preußische Soldatenkönig Friedrich Wilhelm I. anno 1730 eingetragen, gefolgt von Wolfgang Amadeus Mozart (1763 und 1766), Goethe (1790), Zar Nikolaus I. (1838) oder Franklin Roosevelt (1905), der Augsburg auf seiner Hochzeitsreise besucht hat.

Zum Abschluss unseres Rundganges möchte ich Ihnen natürlich noch einen Besuch in unserer neuen Tourist-Information empfehlen. Sie befindet sich im sehr engagiert gestalteten Antoniushof, dem ehemaligen Limbächerhaus (Maximilianstraße 57). In dem einstigen Patrizierpalast sind noch Teile des Erdgeschoßgewölbes und Reste von Fresken im sehr schön renovierten Innenhof erhalten. Das Haus wurde an den damals einflussreichsten Kaufmann von Augsburg verpachtet. Peter von Argon (1413–1452) amtierte acht Mal als Stadtpfleger, seit 1428 galt er als reichster Bürger von Augsburg. In seinem Handels- und Wohnhaus beherbergte er 1431 König Sigismund und 1442 Kaiser Friedrich III. Heute empfängt die Regio Augsburg Tourismus GmbH in diesem anspruchsvollen Ambiente auch „Königinnen“ und „Könige“ – nämlich „König Kunde“: die Gäste aus der ganzen Welt. Sie alle sind beeindruckt von dieser geschichtsträchtigen Straße. Und als Referenz erhielt dieser Straßenzug auch die Bezeichnung „Kaisermeile“.

Aber wie soll in Zukunft diese „Kaisermeile“ gestaltet werden? Darüber diskutieren nicht nur die Augsburger schon seit einigen Jahren sehr intensiv. Fest steht, dass bei einer entsprechenden Aufwertung wichtige Impulse auch für den Tourismus ausgelöst werden können. In dem von der Stadt ausgeschriebenen Ideenwettbewerb „Kaisermeile – Neugestaltung der Maximilianstraße in Augsburg“ gibt es bereits interessante Aspekte, auf die ich unter touristischen Gesichtspunkten näher eingehen möchte. Im Laufe der Jahre hat sich herauskristallisiert, dass die Gestaltung und Aufwertung des Ulrichplatzes eine der zentralen Maßnahmen sein muss. Und dies zu Recht! Stellen Sie sich vor, Sie hören an einem lauschigen Sommerabend Werke unseres sehr guten philharmonischen Orchesters und blicken dabei auf die illuminierten Ulrichskirchen. Das Blau des Himmels wird immer satter und kündigt damit den Ausklang der „Blauen Stunde“ an. Der Mond kommt peu à peu stärker

Lesestoff und Modisches unter historischen Kreuzgratgewölben (oben); das Kathanhaus, Kapuzinergasse 10 (unten).

zur Geltung und beginnt die Szenerie zu dominieren. Wunderbar!

Das „Kaisermeilen-Konzept" sieht auch die Verbesserung der gastronomischen Qualität vor. Hier hat man sicherlich mit der Erweiterung der Außengastronomie und der Vereinheitlichung der Möblierung wichtige Schritte in die richtige Richtung unternommen. Allerdings sollte die Gitterzaun-Abgrenzung der Freiflächen nur als Provisorium angesehen werden. Denn wenn die angedachte Verkehrsberuhigung kommt, muss die Atmosphäre der Außengastronomie dem hohen Anspruch der Kaisermeile noch gerechter werden. Auch die Moderne dürfte nach meiner Meinung etwas stärker Einzug in die Kaisermeile halten. Aber was auch immer geschieht, man muss sich im Klaren sein, dass es sich bei der Maximilianstraße um die „Repräsentationsmeile" von Augsburg handelt. Deshalb darf es für diese Prachtstraße nur eine Gestaltungsrichtlinie geben: eine Gestaltung von höchster Qualität in einer europäischen Dimension.

26 Merkurbrunnen

Errichtet 1599 nach Modell des Niederländers Adriaen de Vries, gegossen von Wolfgang Neidhart. Bronzestandbild des Götterboten Merkur als Sinnbild des Handels, zu seinen Füßen ein Putto.

27 Weberhaus

Rekonstruktion des Zunfthauses der Weber, das für die Straßenverbreiterung Ende des 19. Jh. abgebrochen wurde. Die Fassadenmalerei aus den 50er Jahren verwendet die Motive der Bemalung des ehemaligen Weberhauses mit Darstellungen aus der Geschichte der Augsburger Weberzunft.

28 Zeughaus

Ehemaliges Waffenarsenal, 1607 von Elias Holl erbaut. Prunkfassade im Stil des Manierismus von Joseph Heintz. Michaelsgruppe von Hans Reichle, gegossen von Wolfgang Neidhart. 1806 kam das Zeughaus in Besitz des Königreichs Bayern, 1895 zurückgekauft, später als Hauptfeuerwache genutzt. Seit der Renovierung (1978 bis 1980) Bildungs- und Begegnungszentrum mit Volkshochschule, Stadtkino, Ausstellungen in der Toskanischen Säulenhalle.

29 St. Moritz

Das Chorherrenstift St. Moritz wurde 1021 von Bischof Bruno gegründet. Heute Pfarrkirche. 1946 bis 1950 nach Kriegszerstörung von Dominikus Böhm wieder aufgebaut. Von der einstigen Barockausstattung sind noch Holzfiguren von Georg Petel und Ehrgott Bernhard Bendl und zwei Gemälde von Georg Bergmüller erhalten.

30 Fuggerhäuser

Maximilianstraße 36 + 38. Wohn- und Handelshaus von Jakob Fugger, 1512 bis 1515 durch Zusammenführung mehrerer Bürgerhäuser entstanden. Reizvolle Innenhöfe mit Rundbogenarkaden im Stil der italienischen Renaissance. Damenhof mit Marmorsäulen und Malereien von Jörg Breu d. Ä. Nach Kriegsbeschädigung 1951 wieder errichtet.

31 Herkulesbrunnen

Entworfen vom Niederländer Adriaen de Vries, gegossen vom Augsburger Wolfgang Neidhart, aufgestellt 1602. Größter der drei Monumentalbrunnen. Herkules im Kampf mit der siebenköpfigen Hydra, auf Zwischengesims drei badende Najaden. Brunnenaufbau symbolisiert Ursprung, die weltweiten Handelsbeziehungen und den Wasserreichtum der Stadt.

32 Schaezler-Palais

mit Neuer Galerie im Höhmann-Haus. (Wechselausstellungen) Maximilianstraße 36. Rokokopalais des Bankiers Liebert von Liebenhofen nach Plänen von Lespilliez 1765 bis 1770 erbaut. Gilt als eindrucksvollste Bauleistung des Rokoko in Augsburg. Prunkstück ist der 23 m lange Rokoko-Festsaal mit Schnitzdekorationen, Stuckaturen, Wandspiegeln und dem Deckengemälde von Guglielmi. Es beherbergt heute die Deutsche Barockgalerie und die Staatsgalerie. Geöffnet Mittwoch bis Sonntag von 10.00–16.00 Uhr.

33 Kathanhaus

Kapuzinergasse 10. Beispiel für die im 18. Jh. in Augsburg typische Fassadenmalerei.

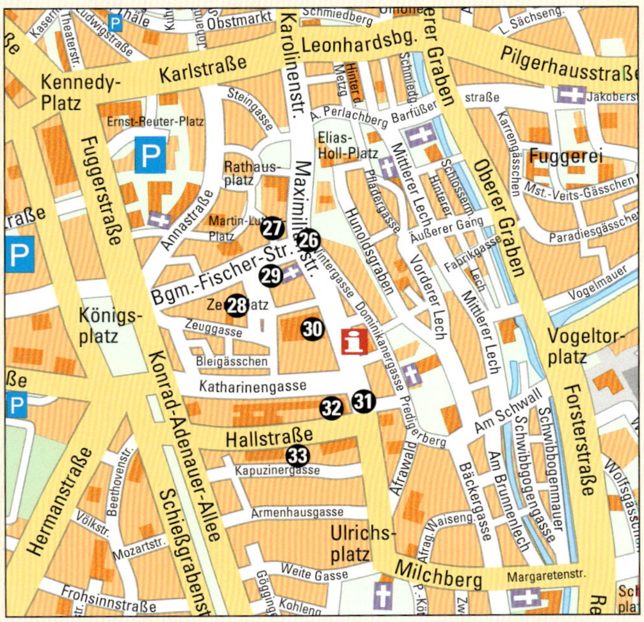

Seit dem Mittelalter eng zusammen gedrängt, mit einer vielgestaltigen Dachlandschaft und markanten Türmen – so liegt das Ulrichsviertel am Südrand der Augsburger Altstadt.

DAS ULRICHS-VIERTEL

Oh, ist das hoch! Wer durch die Peter-Kötzer-Gasse von der Augsburger Oberstadt hinunter geht ins Ulrichsviertel und sich umschaut, dessen Blicke werden unwillkürlich nach oben gezogen. Hart über dem Fußgänger ragt der Turm der Ulrichsbasilika auf, so hoch, dass der Mensch sich klein und unscheinbar fühlt unterhalb dieser Baumassen. Herrschaftsarchitektur, möchte man denken, deren Zweck es ist, die Macht von Kirche und Religion spürbar zu machen.

Hier, am südlichen Rand der Altstadt, ist sie ja quasi zu Hause, die christliche Religion in Augsburg, hier überlieferte die Geschichte ihre ersten Spuren. Ab dem sechsten Jahrhundert verehrten die Menschen eine Heilige namens Afra. Eine Dirne in der Römerstadt soll sie gewesen sein, zum Christentum bekehrt und wegen ihres Glaubens verbrannt. So sagt es die Legende. Der römische Geschichtsschreiber Venantius Fortunatus berichtete im Jahr 565 von der Afra-Verehrung. Ein christliches Gräberfeld nahe der Basilika wurde zur frühen Pilgerstätte; eine erste über Afras Grab errichtete Kirche stand da; im 7. Jahrhundert ließen sich dort Kleriker und Würdenträger beisetzen. Auch der Augsburger Bischof Ulrich wählte hier sein Grab.

Dieser Ulrich ist noch mehr als Afra eine für Augsburg identitätsstiftende Figur, zudem historisch belegt. Um 890 in einer adligen Familie geboren, muss er ein gebildeter, mutiger und machtbewusster Mann gewesen sein. Er baute die Stadtbefestigung aus, die Augsburg vor den Ungarn schützen sollte, und gegen das ungarische Heer kämpfte er, Seite an Seite mit seinen Rittern, in der legendären Schlacht auf dem Lechfeld des Jahres 955. Mit dem Sieg half Ulrich König Otto zur Kaiserwürde; Augsburgs Bedeutung für das Heilige Römische Reich wurde gefestigt und die Bischofsstadt konnte wirtschaftliche Kraft und Glanz entfalten.

Bischof Ulrich lebte zwar in seiner Pfalz beim Dom im Norden der frühmittelalterlichen Stadt; aber an deren südlichem Ende baute er die Kirche über Afras Grab und das seit dem 8. Jahrhundert bestehende Kloster aus. Nach der Jahrtausendwende zogen dort Benediktinermönche ein.

Von diesem Kloster, das dem ganzen Viertel seinen Namen gab, sehen wir heute kaum noch etwas; als Teil des Hochstifts St. Ulrich und Afra wurde es nach der Säkularisation 1803 zeitweilig als königlich-bayerische Kaserne genutzt, 1944 durch Kriegsbomben zerstört. Doch die Kirche des 1643 zur Reichsabtei erhobenen Stifts besteht weiter; die „basilica minor“ ist als katholische Stadtpfarrkirche eines der prächtigsten Gotteshäuser Augsburgs. Lichterfüllt und hochgewölbt, mit farbig und golden gefasstem Schnitzwerk, mit riesigen Altären und acht Kapellen empfängt der Kirchenraum die Besucher mit einer gegenreformatorisch kalkulierten, quasi überirdisch strahlenden Pracht. Der Hochaltar von Johann Degler und Elias Greither d. Ä. zeigt in seiner zentralen plastischen Gruppe die Geburt des Christkinds mitsamt Engeln und anbetenden Hirten. Andere Altäre berichten von Kreuzigung (mit Bronzefiguren des Schongauer Meisters Hans Reichle), von Auferstehung und Pfingstwunder, so dass die Kirche quasi zur ganzjährigen Bühne für das Kirchenjahr wird.

Mit ihrer hochgereckten Gestalt bildet die Ulrichsbasilika das städtebauliche Gegenstück zum Dom im Norden der Augsburger Altstadt und zugleich den südlichen Abschluss der reichsstädtischen Magistrale, der Maximilianstraße. Doch vor die imposante Silhouette der

Glänzender Abschluss der Maximilianstraße und Zeichen der Augsburger Religionsparität: Die katholische Ulrichsbasilika und die davor liegende kleine evangelische Ulrichskirche.

Basilika schiebt sich eine weitere Kirche gleichen Namens. Die evangelische Ulrichskirche, von den Augsburgern „der kleine Ulrich" genannt, war wohl ursprünglich eine Vorhalle der Klosterkirche und wurde nach der Reformation für den protestantischen Gottesdienst eingerichtet. Mit ihren bescheidenen Ausmaßen orientiert sich die Kirche eher an den umstehenden Bürgerhäusern als an der großen Basilika. Der üppig geschwungene Volutengiebel ähnelt der Evangelischen Hl. Kreuzkirche im Domviertel, und wie diese weist auch die evangelische Ulrichskirche als protestantischer Zwilling eines katholischen Gotteshauses auf die religiöse Parität hin, die Gleichberechtigung der beiden großen christlichen Konfessionen. Die wurde als Augsburger Religionsfriede auf dem Reichstag von 1555 beschlossen, um einen jahrzehntelangen Religionsstreit zu beenden (der freilich sechs Jahrzehnte später mit dem Dreißigjährigen Krieg wieder blutig aufbrandete).

Nun besteht das Ulrichsviertel aber keineswegs nur aus Kirchen. Kleine Leute lebten hier – freilich vom Kloster und dessen Bautätigkeit angezogen: Müller, Bäcker, Weber, Schmiede, Metzger. Unterhalb der großen städtischen Märkte entlang der Maximilianstraße betrieben sie ihre Geschäfte, in eng zusammengedrängten mehrstöckigen Häusern mit winzigen Läden zu ebener Erde, mit Abseiten und kleinen Höfen. Das soziale Gefüge Augsburgs war auch topografisch genau unterschieden: In der Oberstadt lebten die wohlhabenden Kaufleute und die Patrizier, in der Unterstadt die Handwerker und kleinen Händler, die gemeinen Leute und Habenichtse. Auch Tagelöhner waren in den beengten Zinshäusern daheim, in denen viele Menschen zur Miete wohnten. Licht kam nur durch kleine Fenster oder auch mal durch den typischen Augsburger Flacherker herein; die Werkstätten befanden sich oft im Keller. Eng und dunkel muss es gewesen sein in den schmalen mittelalterlichen Gassen, deren geringes Maß nach einer ebenso gründlichen wie behutsamen Sanierung des Viertels in den 1980er Jahren bis heute besteht. Das Obergeschoß ragt vor und nimmt nochmals Licht weg; hier und da sind noch offene Altanen zu sehen mit den Holzgestellen, auf die man gegerbtes Leder oder gefärbte Stoffbahnen zum Trocknen hängte.

Seit Jahrhunderten wohnt man hier in der Zwerchgasse, im Saurengreinswinkel und der

Lichterfüllt, gotisch hochgewölbt und später mit barocker Pracht ausgestattet: der Innenraum der nach dem legendären Bischof Ulrich und der Märtyrerin Afra benannten Basilika.

Kirchgasse, am Milchberg oder am Schwibbogen. Die Namen führen ins 14. Jahrhundert zurück, als die Wagenhals-Vorstadt in die Stadtbefestigung einbezogen wurde. Der Wagenhals war der Galgen („Wag den Hals"), es handelte sich also um ein wenig reputierliches Areal, dessen Bebauung einfach abgerissen wurde, als man die Stadt erweitern wollte. Innerhalb der nun größer gefassten Stadtmauer wurde schon mal eine Gasse „zwerch", also quer angelegt. Am abschüssigen Weg von St. Ulrich herunter genehmigte der Rat der Stadt den Milchverkauf – so wurde der Weg zum Milchberg. Ob der Saurengreinswinkel nach einem Augsburger Bürger diesen Namens heißt, oder deshalb, weil hier der Boden schlecht, der Gries oder Grein also sauer war, darüber streiten sich die Experten. Die Wohnbebauung des Ulrichsviertels führt indes noch weiter zurück: Aus dem 12. Jahrhundert stammt Augsburgs ältestes erhaltenes Haus Am Eser 17. Wahrscheinlich hausten hier die Wachsoldaten, die beim Roten Tor Dienst taten. Man kann sich förmlich vorstellen, wie sie aus der kleinen Luke heraus Ausschau hielten.

Durch seine Lage am südlichen Stadtrand war das Ulrichsviertel bis ins 19. Jahrhundert scharf begrenzt von der Stadtmauer, und durch die führten das große Rote Tor (so benannt nach der Farbgebung des Turmes) und das kleine Schwibbogen-Tor, das nach seinen Gewölbebögen so hieß. Dieses Törlein gibt es seit 1867 nicht mehr, als die Augsburger Stadtbefestigung geschleift wurde, aber das Rote Tor steht noch da in seiner imposanten Gestalt, mit Bastei und Brücke, Mauer und Turm. Der Verkehr von und nach Italien lief durch dieses südliche Stadttor, es war also von eminenter Bedeutung für die Handelsstadt Augsburg. 1622 gestaltete Augsburgs großer Stadtbaumeister der Renaissance, Elias Holl (1573–1646), den Torturm. Es war die Zeit des Dreißigjährigen Kriegs, und die Reichsstadt investierte in ihre militärischen Schutzbauten, ließ Stadtmauer und Tore verstärken. Holl gab dem Turmbau abgerundete Ecken, an denen feindliche Geschosse abgleiten sollten und sorgte mit kräftiger Putzgliederung durch hellfarbene Pilaster und Rustikabänder für ein wehrhaftes Aussehen. Er selber hatte jedoch nicht nur Wehr, sondern auch Schmuck für die Stadt im Sinn – er habe den Turm „zierlich" verputzen lassen, schrieb der Baumeister. Tatsächlich bezieht sich das Bauwerk mit Rot und dem hellen Steinton auf die Farben des Stadtwappens, und es steht da als ein Respekt gebietender Wächter über die Stadt sowie als eindrucksvolles Empfangsbauwerk für Fremde.

Da, wo die Brücke der Bastion sich über den ehemaligen Stadtgraben zieht, befindet sich seit 1929 die Freilichtbühne – eine Open-Air-Arena, natürlich kleiner und weniger mit Starauftritten gesegnet als die berühmte Arena von Verona, aber immerhin eines der ersten Freilufttheater in Süddeutschland. Früher führte man bei sommerlichen Festspielen viel italienische Oper auf. Heute wird von Ende Juni bis Ende Juli ein Werk aus Musical, Oper oder Operette gegeben, jedes Mal wieder eindrucksvoll vor der spektakulären Kulisse aus Stadtmauer, Rotem Tor und den Wassertürmen.

Diese drei Wassertürme – der große, der kleine und der Kastenturm – erzählen eine Geschichte von High Tech im 16. und 17. Jahrhundert, von der europaweit berühmten „Augsburger Wasserkunst": Weil Augsburg höher liegt als seine beiden Flüsse Lech und Wertach, baute man schon im Mittelalter Wasserhebeanlagen – Brunnenwerke, die die „Röhrenbrunnen" der Oberstadt versorgten. Die Pumpen des im 15. Jahrhundert gebauten Haupt-Brunnenwerks am Roten Tor drückten das Wasser in die Hochreservoirs der Türme. Von dort floss es in die städtischen Leitungen – und versorgte auch die an der Maximilianstraße aufgereihten Prachtbrunnen, die dem starken Herkules, dem Götterboten Merkur und dem römischen Kaiser Augustus als Stadtgründer gewidmet sind. Der Brunnenmeister Caspar Walter (1701–1769) brachte Augsburgs Wassertechnik auf ihren höchsten Stand, und die reichsstädtischen Brunnen waren zu seiner Zeit eine in ganz Europa berühmte Sehenswürdigkeit. Von Walter, dem gelernten Zimmermann, stammt die wunderbar geschnitzte, doppelläufige Wendeltreppe im Kastenturm.

Des Brunnenmeisters Amtswohnung befand sich in einem Haus, das sich – am vorbeifließenden Lochbach gelegen – an die Wassertürme gleichsam anschmiegt. Als „Haus bei den Fischen" hat es seinen Namen vom wasserspeienden Getier neben der Haustüre. Werkstatt und Lagergebäude war das größere Brunnenmeisterhaus, in dem sich heute das Schwäbische Handwerkermuseum befindet. Hier kann man anhand historischer Werkzeuge und Werkstatteinrichtungen sowie exemplarischer Produkte der Vielfalt historischen Handwerks nachspü-

Aus dem Kräutergärtlein am Roten Tor (oben) holen sich die Bewohner ihr Suppengewürz. Menschliches Maß prägt das gesamte Viertel – auch die Spitalgasse.

Handwerkermuseum

Bauschönheiten finden sich auf Schritt und Tritt – an der Schwibbogengasse, am Wollmarkt, in der Peter-Kötzer-Gasse.

ren, mit dem sich bis zur Industrialisierung die Bewohner des Ulrichsviertels ihren Lebensunterhalt verdienten. Da treten der Bader und der Posamentierer auf, der Gürtler und der Stellmacher, die Putzmacherin und der Buchbinder. Ein bisschen erinnert noch die Bäckergasse an das historische Handwerk im Ulrichsviertel. Hier findet man Schmuckdesigner oder Bilderrahmenmacher, kleine Galerien und Künstlerateliers, Obst- und Gemüsehändler, Bäcker und Metzger, die Modeboutique, den Spielzeugladen, das Fahrradgeschäft – kleine, unverwechselbare Läden, die noch nicht von den großen Handelsketten beherrscht werden.

Die Bäckergasse und ihre Umgebung mit Kirchgasse, Waisengasse, Brunnenlech oder Schwibbogengasse – das ist so etwas wie Augsburgs alternative Einkaufsmeile geworden, geschätzt bei allen, die das Besondere suchen. Und weil es zu den Geschäften auch einige hübsche Cafés, Bars und Restaurants gibt (nicht zu viele, so dass die normalen Bewohner nicht durch nächtlichen Kneipenlärm vertrieben wurden), schätzen die Augsburger ihr Ulrichsviertel sehr. Da sitzt man im Sommer vor dem Annapam, dem Striese oder dem Café Rufus bei seinem Milchkaffee und schaut zu, wie Schulkinder nach Hause gehen, wie alte Leute einen kurzen Gang machen, wie der Glaser an der Ecke sein zerbrechliches Gut auf den Lieferwagen lädt. Diese Vielfalt, kombiniert mit dem Flair des Unspektakulären, des ganz Normalen, Alltäglichen, macht das Ulrichsviertel so gemütlich – es ist ein Stadtviertel, das man eben richtig bewohnen kann.

Große Bedeutung für Handel und Wandel der Freien Reichsstadt hatte das Rote Tor, dem Baumeister Elias Holl einen wehrhaften Turm aufsetzte.

Zur Lebensqualität im Ulrichsviertel gehört ganz gewiss sein Grün. Der Stadtgraben außerhalb der ehemaligen Mauer, die Wallanlagen sind der Park des Ulrichsviertels geworden – durchzogen von einem der vielen Augsburger Lechkanäle, bestanden von alten großen Bäumen. Ein schöner Spaziergang führt über Brücken und Treppen hinauf auf den Hügel hinter der Rote-Tor-Bastion. Da blühen im Frühling die Blausterne, und der Blick über die Baumwipfel zu den Türmen des Tors, des Wasserwerks und der Ulrichsbasilika gehört wohl zu den schönsten Aussichten, die Augsburg zu bieten hat – ein innerstädtisches Kleinod, das man nur beim Spazierengehen, nicht im Vorüberfahren entdeckt. Auf den Wiesen der Wallanlagen finden sich die Augsburger alle drei Jahre bei ihrem Bürgerfest zu Ritterturnieren und Historienspiel ein. In normalen Zeiten gehören die Wiesen Kindern und Jugendlichen zum Fußballspielen, zum Plantschen (in heißen Sommern wird ein großes Wasserbecken befüllt) und auch zum Schlittschuhlaufen, wenn im Winter bei Dauerfrost die Wiesen geflutet und zur Eisbahn gemacht werden. Weil der Schwabe ein praktisch denkender Mensch ist, erwartet er vom Grün auch Nährwert. Das mag der Grund sein, warum das städtische Gartenamt im nördlichen Teil des Stadtgrabens – nach dem Muster eines Klostergartens und damit erinnernd an das frühere Ulrichskloster – ein Kräutergärtlein anlegte. Salbei, Pimpinelle, Minze oder Basilikum können sich hier alle Bürger abzupfen, die ein Gewürz für den häuslichen Kochtopf brauchen. Die gemeinsame Nutzung funktioniert seit langem ohne Verwüstung der Beete.

Die Menschen, die hier leben, fühlen sich offenbar verantwortlich für ihr Quartier. Viele Jahre lang feierten sie es mit einem Stadtteilfest im Juli. Da waren quer über die schmale Kirchgasse Wäscheleinen gespannt und mit Fähnchen und allerlei Firlefanz behängt. Die Gasse stand voll mit Tischen und Bänken, jeder der Anwohner brachte irgendwelche Schmankerl mit, und aus der ganzen Stadt kamen Gäste, weil sie wussten: Im Ulrichsviertel gibt es internationale Leckereien, spannende Musik und gute Stimmung. Bis spät in die Nacht wurde geplaudert, getanzt, gesungen, getrunken. Ab den 1960er Jahren zogen in die Augsburger Altstadt (die zunächst noch nicht saniert war, also noch billige, wenn auch wenig komfortable Wohnungen bot) Menschen aus Italien, Spanien, der Türkei. Die Gastarbeiter brachten viele Kinder und ein wenig mediterranen Lebensstil in die schwäbische Stadt – Mütter saßen auch mal auf einem Stuhl draußen auf der Gasse und beaufsichtigten da ihre spielenden Kinder; Männer flanierten zu zweit oder dritt diskutierend um die Häuser.

Viel wurde in dem Stadtquartier in den vergangenen Jahren für alte Menschen getan mit dem Ausbau und der Modernisierung des Altenheims St. Margareth und mit Betreutem Wohnen im Heilig-Geist-Spital. Das ist der demografischen Entwicklung geschuldet, hat aber auch gerade im Ulrichsviertel lange Tradition. Unweit des Roten Tors ließ die Stadt von ihrem Baumeister Elias Holl zwischen 1625 und 1631 das Heilig-Geist-Spital neu erbauen. Die Heimstatt für Alte, Schwache und Kranke betrieb das Almosenamt schon länger, nun sollte Holl an-

Die Freilichtbühne gehört mit der Augsburger Puppenkiste und den historischen Wassertürmen zum Kulturpark am Roten Tor.

stelle des zu klein und marode gewordenen Altbaus ein Haus für 340 Insassen errichten. Das Spital war neben Siechen- und Seelhäusern oder dem weiter nördlich gelegenen Pilgerhaus Teil der sozialen Infrastruktur in der Freien Reichsstadt. „Unsinnige" und Kranke kamen hierher, und auch alte Menschen konnten hier ihren Lebensabend verbringen. Holl baute das neue Spital für damalige Zeiten hochmodern mit Badstube und Krankensaal, mit Öfen, Aborten und Waschplatz, auch mit einer Totenkammer und einer Kapelle. Der Architekt gestaltete sein letztes Bauwerk als mächtige Vierflügelanlage mit einem von Pfeilerarkaden und mehreren Stockwerken gesäumten Hof sowie einer dreischiffigen Halle auf der Westseite. Deren Außenfront an der Spitalgasse ziert ein Portal mit Voluten und Gebälk, doch sonst ist nicht viel Bauzier vorhanden. Gleichwohl ist das Heilig-Geist-Spital ein überaus imposanter Bau, ein regelrechter städtebaulicher Markstein am Südrand der Altstadt. Die 13 Fensterachsen der Westfront, die riesige steil aufragende Dachfläche mit ihren Gauben herrschen gewissermaßen über die kleinteilige Wohnbebauung und bieten optisch der großen Ulrichsbasilika Paroli.

In den oberen Stockwerken des Spitals wurden in den vergangenen Jahren Appartements des Betreuten Wohnens eingerichtet, verbunden durch eine gläserne Brücke mit dem modernisierten Altenheim St. Margareth. Dieses Haus ist sozusagen ein Erbe des Margarethenklosters, und damit sind wir wieder bei der Kirche als der Basis des Ulrichsviertels. Im 13. Jahrhundert wurde das Dominikanerinnenkloster St. Margareth im Osten des Ulricher Pfarrbezirks gegründet, drei Jahrhunderte später, weil das Kloster selber zu wenig Einkünfte erwirtschaftete, dem Heilig-Geist-Spital zugeschlagen. Die im 18. Jahrhundert barockisierte und reich ausgestattete Kirche bildet mit ihrem sechseckigen Türmchen einen markanten Blickfang an der Ecke Spitalgasse/Margarethenstraße und ist bis heute katholische Spitalkirche.

Doch nicht nur die christliche Religion hat im Ulrichsviertel ihre Spuren hinterlassen. Neben dem Heilig-Geist-Spital heißt die Adresse „Beim Rabenbad". Hier haben aber weder Raben noch Rappen gebadet; die Bezeichnung soll auf ein nach 1290 errichtetes Badehaus der Augsburger jüdischen Gemeinde zurückgehen. Man sprach vom „Rabbinerbad", und das wurde wohl nach der Vertreibung der Juden aus der Reichsstadt im 15. Jahrhundert nach und nach zum Rabenbad verballhornt – ein interessantes Beispiel dafür, wie durch Sprache Erinnerung getilgt wird.

Noch nicht aus dem Gedächtnis der Ulrichsviertel-Bewohner verschwunden sind die Menschen, die bis vor einigen Jahren in der – inzwischen aufgelösten – städtischen Obdachlosen-Unterkunft beim Rabenbad lebten. Sie gehörten wie die etablierten Bürger oder die Künstler auch zum Viertel, und der Wirt vom „Schwarzen Ross“ gegenüber wie auch der Obsthändler an der Ecke sorgten dafür, dass das, was eigentlich als sozialer Brennpunkt galt, gut ins Viertel integriert war.

Heute steht im Umfeld des Heilig-Geist-Spitals die Kultur im Vordergrund. Aus den Wassertürmen und den Wallanlagen soll ein „Kulturpark Rotes Tor“ werden, mit den Türmen als begehbarem Monument der Wasserkunst und den Grünanlagen als einer Erlebniszone, wo von Spaziergehen bis Freiluft-Konzerten vielerlei möglich ist. Und im Spital selbst ist die bekannteste Kultureinrichtung Augsburgs zu Hause, die Augsburger Puppenkiste, die von Walter Oehmichen gegründete Marionettenbühne, die man in ganz Deutschland mit dem Namen Augsburg in Verbindung bringt. Jim Knopf und Lukas den Lokomotivführer, Urmel aus dem Eis und der Kleine König Kalle Wirsch, Kater Mikesch und das Sams mit dem Herrn Taschenbier sind hier daheim. Die Stars an Fäden ziehen das ganze Jahr über Kinder mit ihren Eltern oder Großeltern in den schicken Theaterraum, der im ehemaligen Krankensaal des Spitals, der dreischiffigen Halle an der Spitalgasse, eingerichtet wurde. Karten sind schwer zu bekommen, auch für die Kabarettvorstellungen der Puppenkiste, bei denen Angela Merkel, Edmund Stoiber und andere Größen aus Politik oder Wirtschaft als geschnitzte Figuren die erwachsenen Zuschauer ergötzen.

Das Heilig-Geist-Spital ist eine richtige Touristenattraktion geworden, denn auch außerhalb der Vorstellungen kann man die berühmten Holzpuppen besuchen – in der „Kiste“ dem angeschlossenen Puppentheatermuseum. Diese verspielte Marionettenwelt gibt dem Ulrichsviertel eine heitere Note – ein schönes Gegengewicht zur Wehrhaftigkeit der Mauern und Tore, zur Würde der Kirchen.

34 St. Margareth und Wollmarkt

Kirche des ehemaligen Dominikanerinnenklosters von 1594, um 1720 barockisiert. Reiche Ausstattung aus dem 18. Jh. Östlich davon ehemaliger Klosterhof mit Klostergebäuden (16. Jh.) und Laubengang (Wollmarkt).

35 Heilig-Geist-Spital mit Brunnenmeisterhaus und Wassertürme

Das Heilig-Geist-Spital (1623–1631), war das letzte Werk von Elias Holl. Großartiger Innenhof mit hohen Pfeilerarkaden. Durchgang zum restaurierten Brunnenmeisterhaus (heute ist darin das Handwerksmuseum und die Handwerksgalerie untergebracht) und zu den drei Wassertürmen (16./17. Jh.), die der Wasserversorgung der Oberstadt und der öffentlichen Brunnen dienten.

36 Freilichtbühne und Kräutergärtlein

Im nördlichen Grabenbereich der Roten-Tor-Bastei angelegt, versorgt das Kräutergärtlein die Bewohner der Altstadt mit frischen Gewürzkräutern. Die Freilichtbühne wurde 1929 eröffnet. Sie ist im westlichen Wallgraben des Roten Tors angelegt, vor der Kulisse der alten Befestigungsbauten. Spielzeit: Juni/Juli (Oper, Operette, Musical).

37 Rotes Tor mit Wallanlage

Wichtigstes Tor der Reichsstadt, durch das die Straße nach Italien führte. Vortor von 1546, Torturm von Elias Holl umgestaltet. Zweigeschossige Brücke mit überwölbtem Wasserkanal im Untergeschoss. Die mächtige Wallbastei wurde 1611 aufgeschüttet, heute zur Parkanlage umgestaltet.

38 St. Ulrich und Afra

Mit dem Bau der Abteikirche des reichsunmittelbaren Benediktinerstifts wurde 1474 begonnen. Chor mit drei mächtigen Altären und dem Kreuzaltar, im 16./17. Jh. fertig gestellt. 93 m hoher Zwiebelturm.
Spätgotische Basilika mit wertvoller Ausstattung im Renaissance- und Barockstil; schmiedeeiserne Gitter, zahlreiche Kunstwerke, Grabstätten der Bistumsheiligen Afra, Ulrich und Simpert.

Evangelische Ulrichskirche
Ehem. Predigersaal des Klosters, 1525 in evangelische Pfarrkirche umgewandelt, 1709/10 im Barockstil umgebaut, reich verzierte Kanzel, schöne Stuckdecke und zahlreiche wertvolle Gemälde.

39 Schwäbisches Handwerkermuseum

Das schwäbische Handwerkermuseum im ehemaligen Brunnenmeisterhaus bietet einen umfassenden Überblick über rund 40 Handwerksberufe und deren historische Entwicklung. Einzigartige Exponate verschaffen dem Besucher ein lebendiges Bild über traditionelle Handwerksberufe.
Telefon (0821) 3259-270,
Mo.–Fr. 13–17 Uhr, Mo.+Di. 9–12 Uhr, Sonn- und Feiertage 10–17 Uhr.
Führung nach telefonischer Vereinbarung. Eintritt und Führung kostenlos!

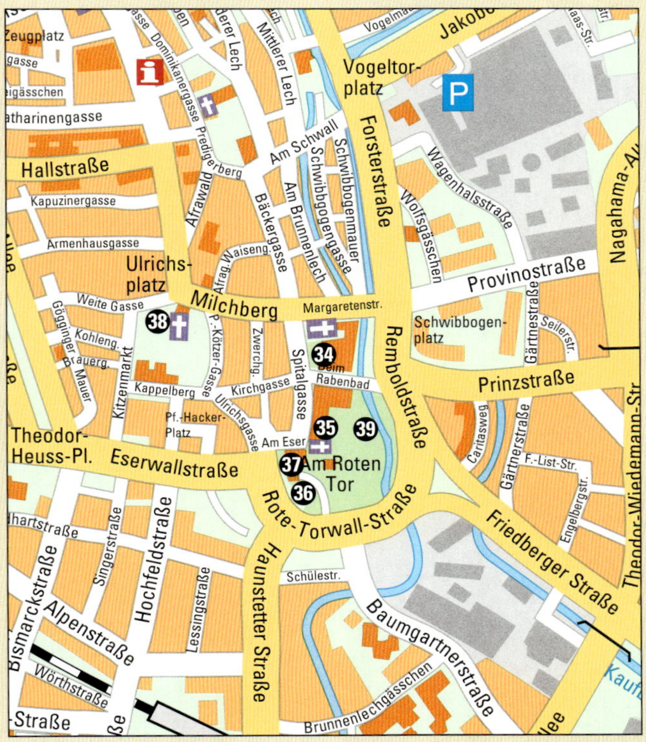

30
MAI JUNI JULI
SALE
HELSINKI BAR

LEBEN IM LECHVIERTEL

das ist für mich: ein täglich zu genießendes Privileg. Gegen Westen schaue ich durchs Fenster meines Schreibplatzes auf den schönsten Gingkobaum der Stadt. Der Gingkobaum stammt aus dem fernen China und beweist einmal mehr wie multikulti unser Lechviertel hier ist. Sein luxuriös anmutendes Fächerblattwerk grünt mir den Sommer hindurch den Blick auf die *Alte Silberschmiede* zu, um sich dann im Herbst zu schierem Gold zu färben und binnen einer Nacht schlagartig sämtliche Blätter auf die Pfladergasse und den kleinen Hof der Pfladermühle zu werfen. Mütter mit Kinderwagen sammeln sich die Einkaufstaschen voll mit dem Goldlaub. Auch ein alter Herr, aus dem benachbarten Antiquariat kommend, bückt sich nach solch schönen Lesezeichen.

Vor den Ostfenstern meiner Wohnung lässt die traurigste Trauerweide der Stadt ihre Trauerzweige zu Boden und übers rauschende Kanalgewässer hängen. Worum sie wohl so trauert? Ach, es gibt einige architektonische Sünden, eher Versäumnisse in der sonst so vorbildlich renovierten Altstadt. Mag auch sein, dass sie, die alte Weide, über den vielen Müll trauert, der noch häufig genug achtlos wohl kanalaufwärts in den Vorderen Lech geschmissen wird und das Mühlenwehr um die Ecke verstopft. Vielleicht trauert sie auch um den traurigen Zustand des Gignoux-Hauses weiter oben. Eine Rokoko-Perle, in der die *Komödie,* das Schauspielhaus des Stadttheaters, ein schon ewig provisorisches Leben fristet. Ja, dort habe ich zum ersten Mal in Augsburg Theater gespielt, vor ein paar Jahren durfte ich nochmals dort gastieren und feststellen, dass sich im Gebäude seit meinen Jugendjahren nahezu nichts verändert hatte. Damals waren die wohl schon zu Römerzeiten südlich der Stadt vom Lech abgezweigten Kanäle fast sämtlich zugedeckelt und weitgehend unsichtbar, aber wohl erstklassige Ratten- und Kakerlakenquartiere. Inzwischen sind die rasch durchflossenen Lech-Bäche fast überall wieder offen gelegt, mit schmuckem Eisengeländer und vielen Brückchen versehen und sorgen bei Sommerhitze für erfrischende Kühlung in den engen Gassen. Dass Augsburg allerdings mehr Brücken als Venedig habe, halte ich für ein Gerücht, man rechne denn jeden Bohlensteg zu einem Hauseingang mit. Früher waren die Kanäle lebensnotwendige Energieadern für die zahllosen Handwerksbetriebe, die ihre Schmiedehämmer, ihre Schleif-, Bohr-, oder Poliermaschinen von der herbeigeleiteten Urkraft des wilden Lech antreiben ließen. Auch die Gerber, wie die Papiermacher, brauchten viel frisches Wasser.

Die „Kresslesmühle" lockt mit Jazz, Finnischem Café, Kabaretttagen und Programmen für Immigrantenkinder.

Auch in Brechts Geburtshaus *Auf dem Rain 7,* direkt am Kanal gelegen, heute Gedenkstätte an den großen Dichter, schlugen zu seiner Babyzeit die Eisenhämmer einer Feilenhauerei ihren harten Takt. Mag mit ein Grund gewesen sein, dass die Brecht-Familie in die ruhigeren Gefilde einer MAN-Werkswohnung an der stillen *Kahnfahrt* umzog. Das Lechviertel jedenfalls, mein Viertel inzwischen, war durchaus des jungen BB und seiner Mitschüler Revier, mit der Stammkneipe *Gablers Taverne,* den Winkelgässchen voller Knutschecken und wilden Liedern zu Brechts Gitarre. *Beim Märzenbad* ist meine Adresse, eine Pferdeschwemme mag hier unten gewesen sein, wohin die unfreien Reichsstadtgäule zum Baden gebracht wurden und später dann die Badstube eines gewissen Herrn März. Dass hier eine Baderstochter names Agnes Bernauer tätig gewesen wäre, brauche ich mir nicht einzubilden. Doch romantischer als moderne Autowaschanlagen ist die Vorstellung einer Pferdeschwemme allemal.

Ich beschließe einen vormittäglichen Rundgang, damit ich nur ja nichts Wichtiges von meinem Viertel zu berichten vergesse. Also: aus dem kühlen Hauseingang unter der Trauerweide durch, rechts herum über den breiten gepflasterten Brückenboden und am Kanal entlang. Gleich links der neue Anbau der Nonnen von Sankt Margareth mit einem angeschrägten Glasübergang vom alten in das neue Haus. Oben haben sich die Schwestern eine hübsche Dachaltane bauen lassen, wo sie Blümchen pflegen und die Sonne genießen können. Das Haus nebenan ist auch über 400 Jahre alt und hat in seinem Erdgeschoss ein seltenes Kreuzgrat-Backsteingewölbe, ein Onkel des berühmten Stadtbaumeisters Elias Holl soll es erbaut haben.

Dann kommt eine halbsanierte Halbruine gegenüber. Am eisernen Bachgeländer sich festhaltend, zelebriert doch tatsächlich ein junges Paar veritable Qigong-Übungen, völlig losgelöst lächelnd. Die hübsche junge Frau scheint Asiatin, na wer sagt es denn, wir hier sind global multikulti. Und schon bin ich beim Wirtshaus *Zum Bauerntanz,* eine Uraltkneipe mit ein paar Außentischen. In meinen frühen Theaterjahren war das ein Etablissement von Breughelscher Deftigkeit, jetzt ist auch die Wirtsstube innen längst *modernisiert* wie vermutlich die Zubereitung der deftigen schwäbischen *Originalgerichte,* zu der Stadtführer gern ihre Besuchergruppen herführen. Doch lassen sich an Sommertagen dort noch immer trefflich Bier und recht kalorienreiche Brotzeiten im Freien genießen. Und Leute jeglicher Couleur und Profession beobachten. Wenn ich *Schoppenglück* habe wie neulich, schiebt gerade der stadt- und weltberühmte Jazzmusiker Wolfgang Lackerschmid, der im Viertel sein Tonstudio *Traumraum* betreibt, seinen Jüngsten im Kinderwagen vorbei und bleibt auf einen Schwatz stehen, oder die Eva-Maria Keller, Schauspieler-Urgestein der hiesigen Bühne winkt auf dem Weg nach oben zum Stadttheater einen Gruß herüber. Gerade fährt ein Trupp Touristen in den Bauerntanz ein, man kommt kaum vorbei. Menschen in Gruppen strahlen ein überhöhtes Selbstbewusstsein aus. Die Stadtführerin steuert die reservierten Plätze drinnen an, um dann die Geschichte zu erzählen, wie aus italienischen Canneloni die schwäbischen Maultaschen wurden. Ja, wir sind hier schon lang multikulti ...

Gleich da vorne steigt der *Judenberg* zum Moritzplatz und der Oberstadt hinauf, eingerahmt von den bunten Gebinden kleiner Blumenläden, deren zarte Düfte mit den heftigeren Gerüchen einer Kebabbude in einen ungleichen Wettbewerb geraten. Der Norbert ist einer der Blumenkünstler und gewinnt regelmäßig Schaufensterwettbewerbe. Zum Mozartjahr hat er eine komplette Partitur auf Posterformat vergrößert, hunderte von Noten handgezeichnet. Töpferwaren auf Boden und Gehsteig zwingen Augen und Füße zu Aufmerksamkeit, zumal gerade ein Biker tollkühn den Judenberg herunterdonnert. Aufmerksam sein, das ist die erste Genussregel in der Altstadt. Erst dann übersieht man nichts, entdeckt ständig Neues und Entdeckenswertes.

Die Pfladergasse ist wohl eine unserer typischsten im Quartier. Eng und schmal giebeln sich die Häuser nach oben. Die früheren Handwerkerbuden wurden in teils originelle Miniläden umgebaut: Edeltrödel findet sich ebenso wie zerlesene Bücher, Krimskrams, Handgestricktes aus Alpaka, Dritte-Welt-Püppchen, eine richtige Vinothek, erlesene Täschchen als Kunstobjekte, seltener Schmuck. Ein winziger Frisörsalon steckt eingeklemmt zwischen den Nachbarhäusern, zwei Figaros schnippeln und schneiden da bei geöffneter Glastür, und da ist auch schon wieder die *Alte Silberschmiede:* Mit einer Dependance speziell für Eheringe: *Die Eheringschmiede.* In der Adventszeit wird hier im Hof eifrig musiziert, fast täglich, und ich bin dort oben, im warmen Zimmer hinter meinem Fenster ein unentdeckter Schwarzhörer.

Schlussendlich, meinen Gingkobaum habe ich von der anderen Seite gegrüßt, lande ich auf dem Elias-Holl-Platz. Gewaltig ragt die mächtige Rückfront des Rathauses in den Himmel. Linker Hand schließt eine freundliche Häuserzeile spitzgiebelig den schönen freien Platz ab, ein Feinschmeckerlokal findet sich, die *Ecke-Stube.* Sie gehört der inzwischen hundertjährigen Künstlergemeinschaft *Die Ecke,* die auch eine Galerie für zeitgenössische Kunst in einem der Giebelhäuser betreibt. Beim Galeristen, dem Gottfried, seines Zeichens Uroberbajuware, Architekt und brillanter Aktzeichner, kriege ich im 1. Stock einen guten Espresso und Infos über neue Veranstaltungen in seiner zweiten Galerie, einer gut bestückten ‚Weinbar' an der Schlossermauer. Dort hat er mit viel Liebe und Aufwand ein ganz altes Herbergshaus zu Galerie und Wohnhaus ausgebaut, die steinernen Pferdetränken und die Ringe zum Anbinden der Viecher hat er im Erdgeschoss in der Wand belassen. Die Häuschen dort, an der Schlossermauer, auch nur 5 Gehminuten von hier, Rückwand zur breiten Verkehrsader *Oberer Graben,* bilden praktisch die Ostgrenze vom Lechviertel. Ich schweife ab. Aber ist das nicht das Schönste für den Altstadtbewohner, das Umherschweifen können. Ziele finden sich im Gehen, Neues ist immer zu entdecken und sei es nur ein neuer Blick in eine altbekannte Gasse. Jetzt aber bin ich hier, am Elias-Holl-Platz, etwa zweihundert Schritte von zuhause. Nochmals 35 Doppelschritte, an meinem Meisterfrisör *Matteo* vorbei, schon bin ich vor der *Kresslesmühle:* Eine Speisekarte auf dem Terrassentisch lockt mit finnischen Gerichten. Die ‚Mühle' liegt eingezwängt zwischen dem Vorderen Lech und dem Hinteren, hieß mal „Klessingesmul", was immer auch das bedeutet haben mag, finnisch ist es jedenfalls nicht. Es war eine Getreidemühle und ist

Mehr Brücken als in Venedig sollen sich in Augsburg über die Kanäle spannen ...

Rechts oben: Des großen Bert Brecht erstes Quartier.

Darunter: Fast Geheimtipp: das „Barfüßercafé".

Die herausgeputzte „Alte Silberschmiede", rechts im Bild ‚mein Gingko'.

Die Alte Silberschmiede

BÄCKEREI Schuster

Täglich auf Entdeckungsreise gehen im Lechviertel: Idyllen, große Baukunst, behaglich genießen, schmucke Lädchen.

heute ein Kultur- und Begegnungszentrum, die Integration von Immigrantenkindern ist ein Hauptziel der Macher. Und Bühnenkunst im Kleinformat. Ihr rühriger Chef, der *Hansi Ruile,* hat ihr einen guten Namen in der deutschen Kleinkunstszene verschafft. An den jährlichen Kabarett-Tagen gastiert hier im großen Saal alles aus der Szene. Aber auch (noch) unbekannte Einheimische bekommen im verwinkelten Theaterraum eine Plattform. Jazzer sind hier ebenfalls gerne zu Besuch. Der Hansi hatte auch über viele Jahre das Straßenfestival *La Piazza* gestemmt. Da standen auf allen Plätzen und Plätzchen unseres Viertels Zirkuszelte, Varietébuden oder einfache Podeste; Musikanten, Clowns, Pantomimen, Performancekünstler, Artisten aller Fraktionen zeigten ihre Künste und armenisch Gegrilltes gab es und afrikanische Klamotten und die Altstadt platzte aus allen Nähten vor lauter Menschen. Sogar die Leute von der Uni kamen in Scharen und grad schön war es und natürlich irre multikulti. Aus unerfindlichen Gründen ließ man städtischerseits dieses schöne Festival sterben. An dies alles muss ich denken, während ich vor der ‚Mühle' einen Saft schlürfe und die alte *Stadtmetzg* gegenüber betrachte, auch ein Baukunstwerk des großen Elias Holl. Nur vier steinerne Ochsenschädel an den Portalen erinnern noch an die frühere Bestimmung des Gebäudes. Der Vordere Lech rauschte wohl, nachdem er den Perlachberg unterquert hat, direkt und innen offen durch die Metzg durch, sorgte für Kühlung und nahm die Fleischabfälle mit. Heute, so liest man lapidar, sind in dem stolzen Renaissancegebäude mehrere städtische Dienststellen untergebracht. Meinem Blick zum Perlachturm hoch steht noch der Brunnen des Drachentöters Georg im Weg. An ihn, den bronzenen Heiligen, einem Nachguss, dessen Original schon mehrere Plätze in der Stadt bewohnt hat, traut sich nur ganz allmählich Patina ran. Die vier wasserspeienden Köpfe am Brunnenpfeiler seien zeitgenössischen Entscheidungsträgern nachempfunden, heißt es, sie wirken wesentlich antiker als der Heilige selbst. Hinter ihm steigt der Perlachberg hoch, auf halber Höhe liegt das *Café Euringer,* die beste Kuchenadresse der Stadt, heißt es. Jedenfalls backen sie dort einen vielgerühmten dünnen Bienenstich. Von der Spitze des Perlachturmes blitzt als güldene Wetterfahne die Heidengöttin Cisa herunter; so hat, recht genau in der Mitte zwischen Dom und Sankt Ulrich, noch etwas Heidnisches seinen Platz gefunden.

Nun wollte ich nur Kopfnotizen für diesen kleinen Viertelrundgang machen, schon sitze ich wieder fest. Ich zähle wieder Schritte, um dem geneigten Leser eine Vorstellung zu vermitteln, wie nah wir Lechviertler alles beieinander haben, also nach rechts um die Ecke: nach 35 Doppelschritten kann ich die Barfüßerkirche betreten. Im Vorraum der Kirche entdecke ich ein Brecht-Foto, wer hätte das gedacht! Zu oft nur vorbeimarschiert. Ein hohes, schlankes, fast ungeschmücktes Backsteinschiff. War weitgehend im Krieg zerstört worden, sehr streng, karg, pietistisch schier wieder aufgebaut. Franziskanische Armut und Bescheidenheit prägen das ruhige Gotteshaus an einer der meistbefahrenen Ausfallstraßen. Nur ein wuchtiges barockes Kunstschmiedegitter schafft Trennung zum Altarraum. Schön ist, dass man ein winziges Café *Zu den Barfüßern* in den Block eingebaut und nach draußen, direkt zum offenen Kanal fast versteckt hat. Neben dessen Eingang führt Iwan sein exklusives Blumengeschäft mit dekorativen Raritäten, vom bepflanzten Gummireifentrog bis zur Damwildgeweihkrone. Besonders schöne Blumen hat er natürlich auch.

Schräg vis à vis geht es zum Brechthaus. 35 Doppelschritte, aber ich habe recht kurze Beine. In meiner Theater-Jugendzeit wurde in der Stadt noch heftig diskutiert, ob man diesen „üblen Kommunistenknecht" denn überhaupt aufführen dürfe. Mein Kollege Gregor war nach seinem dortigen Studium frisch von Rom ins Engagement gekommen und traf den Nagel auf den Kopf: „In Rom hat man dem Brecht gerade einen Lehrstuhl gewidmet, ist man denn hier des Teufels...?" Das mit Brecht hat sich glücklicherweise gründlich geändert. Im BB-Haus ist Wissenswertes ästhetisch präsentiert.

Und jährlich gibt es diverse Brecht-Festivitäten. Genau gegenüber der Gedenkstätte hat sich eine Buchbinderei eingenistet. Die beiden Macherinnen können ihr Handwerk. Brecht liebte so was. Nur ein paar Schritte, das Zählen kommt mir allmählich doof vor, ich überquere den breiten Leonhardsberg und lande, wie mein unterirdischer Begleiter, der Lechkanal, am Alten Stadtbad. Dieses ehemalige Jugendstiljuwel ist vor nicht allzu vielen Jahren erst wieder renoviert und wiedereröffnet worden. Wenn ich flott marschiere und mich blitzartig umziehe, bin ich in fünf Minuten von meiner Wohnung im geheizten Wasserbecken – wenn das nicht Luxus ist?! Auf der Brücke neben dem Stadtbad ziehen sich zwei Jugendliche unter heftigem Gedankenaustausch Flaschenbier aus der Tankstelle rein. Ein paar Häuser weiter oben hab ich mal gewohnt vor dreißig Jahren. Am Schmiedberg. Ebenerdig das Wirtshaus *Zum Grünen Baum,* in den oberen Stockwerken hauste ich mit ein paar Kollegen vom Theater. Mein Zimmer hatte sogar einen hübschen alten Erker. Der Hausherr, Wirt und Koch, war auch ein Zauberkünstler. Stundenlang unterhielt er seine Gäste mit Taschenspielertricks. Kulinarisches gelang ihm weniger gut.

Bis in meine Bude unterm Dach oben roch das Treppenhaus nach altem mehrfach benutztem Eberfett. Zudem waren die Klohäuschen ebenfalls noch im Treppenhaus ... Heute hat im Lokal ein kleiner feiner Italiener das Sagen (und Kochen). Wir sind eben multikulti ... Den Rückweg nehme ich am Oberen Graben entlang, mit Blick auf die Hinterfrontenseiten der winzigen Häuschen, die ganz früher mal an der Rückseite der Stadtmauer geklebt haben. Beim Zigarrenhaus Mozart – das hat nichts mit dem gleichnamigen Tondichter zu tun, und Zigarren gibt es da auch nicht mehr – schlüpfe ich wieder in die Altstadt. Die engen Gässchen, immer wieder begleitet von einem der Lechbäche, mit unverhofften Einblicken in Höfchen oder Gärtchen backen sich zu einer wahren Kleinstadtidylle zusammen. Da bin ich schon an der *Lustküche;* einem kleinen Feinschmeckerlokal mit Freiterrasse. Vorzüglich kocht da ein junges Team um Chris, den ebenfalls jungen Chef: leicht, mediterran, auch süddeutsch, in jedem Fall fantasievoll, frisch und gekonnt. Und preiswert. Fast ein Geheimtipp. Geschätzte 70 Doppelschritte von meiner Tür entfernt.

Am Holbeinplatz – im gleichnamigen Haus findet sich die moderne Galerie des Kunstvereins – schlage ich den Weg nach Süden ein, dahin, wo die Kanäle herkommen, gehe also gegen die Strömung. Bedaure, dass ich nicht weiß, nicht messen kann, wie schnell die Lechbäche unser Viertel durcheilen. Zu Fuß käme ich jedenfalls nicht mit. Linker Hand ragt noch ein altes Gerberhaus hoch. Auf den luftigen offenen Dachgalerien wurden früher Tierhäute getrocknet.

Von den vielen Gerbereien ist nur noch eine übriggeblieben: die der Familie *Aigner.* Hier wird noch weitgehend altväterlich naturgegerbt. Und Ledernes genäht. Sämisch Leder und Wildfelle aller Art sind Spezialitäten des Hauses. Gegenüber ist der *Reste Maier,* das Eldorado aller Nadelprinzessinnen. Aber auch der Kostümbildner meiner Theaterzeit. Alles findet man dort zum Nähen, Füttern, Polstern, alles und preiswert. Um die Ecke zeigt ein Kunstschlosser seine Gitter, Gatter, Türen und Tore. Gefertigt werden die Kunst-Stücke allerdings in der Werkstatt weit weg in Lechhausen. Das war früher mal anders, als hier mehr Silberschmiede arbeiteten als in allen andern süddeutschen Städten. Augsburger Silber war begehrt an sämtlichen Fürstenhöfen und in allen Großkirchen Europas. Heute steht es in großen Museen der Welt. Nur einen Tag lang wollte ich zurückgebeamt werden können in solche Glanzzeiten, dann einen Rundgang machen dürfen wie heute!

Aufmerksam sein, das ist die erste Genussregel in der Altstadt. Erst dann übersieht man nichts, entdeckt ständig Neues und Entdeckenswertes.

Am Ufergeländer beim „Thing" sind jede Menge Fahrräder angekettet, die Studikerkneipe bewirtet im Hof einen großen kühlen Biergarten, überwacht von einem mächtigen Totempfahl, multikulti allerorten. Ich gehe bis zum *Schwall,* dort beginnt das Ulrichsviertel, bis zum Kanal, der aus den Anlagen ums Rote Tor bei der Freilichtbühne herfließt. Links herum stoße ich bald auf das Kloster St. Ursula, das eine große Mädchenschule betreibt. Grüppchenweise zwingen die Mädels den Autofahrer zum Schritttempo, recht haben sie. Schon bin ich wieder auf dem Holbeinplatz, hier ist alles ganz nah, das Viertel ist sozusagen handlich. Ein städtischer Wassertankwart befüllt die großen Pflanzkübel auf dem ruhigen Platz. Ich hocke mich auf eine steinerne Bank und ziehe Bilanz: was habe ich nicht erwähnt in meinem Bericht, was vergessen? Vieles bleibt ungenannt von meinem geliebten Stadtteil, sollte von jedem Besucher selbst und neu entdeckt werden. Geheimtipps? Vielleicht abgezählt nach den fünf Sinnen? Sehen? Schauen ist immer und überall hier angesagt, bei Tag und Nacht! Gerade fand ich in der Bäckerei am Judenberg einen Flyer, der zahlreiche Licht-Installationen an unsern Kanälen für das nächste Wochenende ankündigt, für die *Lange Nacht des Wassers.* Luxus direkt vor meiner Haustür. Sogar unter meiner Trauerweide wird es ein Konzert geben. Bin sehr gespannt. Noch ein Luxusgeschenk fällt mir ein, das die Stadt zuweilen bietet: Wenn im Goldenen Saal des Rathauses eine Abendveranstaltung stattfindet und du gehst nächtens über den Platz des großen Elias Holl, dann schimmert noch ein farbiger Goldschein durch die Scheiben auf den Nachtgeher nach unten. Solch Märchenhaftes entgeht den Touristenmassen,

ALPACA-STUDIO
AUGSBURG

KOMÖDIE

Rätskeller

Der Eisenberg führt am Rathaus entlang aus dem Lechviertel in die Oberstadt, die zugigste Treppe der Stadt.

klar. Oder wenn ich, wie neulich, den Hunoldsgraben entlang streunend, plötzlich stehen bleiben muss, weil samtige Saxophontöne aus einem Garten herstreichen und ich weiß, dass mein Freund, der wunderbare Jazzmusiker *Stefan Holstein* in seinem Garten hinter den Häusern für sein nächstes Konzert übt, da hab ich Genuss pur für die Ohren. Von Genüssen für den Geschmackssinn habe ich mehrfach erzählt. Für Düfte ist sicherlich das Gewürzhaus am Ende des Bauerntanzgäßchens zuständig. Ingredienzien aus aller Welt über dem frischen Geruch des vorbeischießenden Lechwassers. Zum Vergnügen des Tastsinnes stehen im Garten des Holbeinhauses haptisch erfahrbare Skulpturen bereit. Nebenan hat kürzlich eine kleine feine Chocolaterie eröffnet. Sie heißt, und das scheint mir witzig: *Bitter-Sweet.* Genau so wie der Brecht seine erste große Liebe, die Paula Banholzer, kosend benamt hat. Die charmante Schokoladenfrau behauptet von derlei Hintersinnigkeiten nichts geahnt zu haben bei der Namensgebung. Aber er passt trefflich in BBs frühes Revier.

Mein Heimweg führt mich am „Xangsstudio" von Katja Kessler vorbei und ich erinnere mich, dass einer ihrer besten Gesangsschüler blind ist und ich sehe den jungen Mann vor mir, wenn er, in breiten Halbkreisen über dem Pflaster Orientierung ertastend, flotten und sicheren Schrittes seinen Weg durch die Altstadt nach oben zur Musikhochschule (gibt es bald nicht mehr, leider) findet. Am *Bauerntanz* vorne sitzen zwei Männer in weißen Jacken in den Fenstern und lackieren, verträumt fast, zwei alte Wirtshausfenster. Hier war immer Leben, jahrhundertelang das alltägliche der zahllosen Handwerker und ihrer Gesellen, ihre Kunden drängten sich durch die Gassen, mehr Volk war da als an verkaufsoffenen Samstagen von der City-Galerie her kommend sich heute durchschiebt. Heute ist die Bevölkerung bunt gemischt, multikulti eben. Individualisten. Jeder auf seine Art.

40 Stadtmetzg

Ehemaliges Zunfthaus und zentrale Verkaufsstätte der Metzger. 1606 bis 1609 von Elias Holl nach damals modernsten Gesichtspunkten gebaut. Zwei unterirdische Lechkanäle dienten als Kühlung und zum Wegführen der Abfälle. Heute städtisches Verwaltungsgebäude.

41 Barfüßerkirche

Kirche des ehemaligen Franziskanerklosters, erstmals um 1243 erwähnt. Mit der Reformation übernahmen lutherische Prediger die Kirche, heute evang. Pfarrkirche. Gotischer Bau von 1398, im 18. Jh. barockisiert, im Krieg 1944 bis auf den Chor zerstört. Wertvolle Kunstwerke im Inneren, darunter das segnende Christuskind und ein großes Kruzifix von Georg Petel. Kreuzgang mit spätgotischem Sternennetzgewölbe.

42 Lechkanäle

Die wohl schon zur Römerzeit südlich von Augsburg abgezweigten Lechkanäle gaben dem »Lechviertel« seinen Namen, typischen Gassenverlauf und Charakter. Das reichlich fließende Wasser diente Handwerkern und Mühlen als Antriebskraft, aber auch zur Reinigung und Abfallbeseitigung im engen Altstadtquartier.

43 Alte Silberschmiede

Ehemalige Silberschmiede aus dem 15. Jh. Mit typischer Erschließung des Obergeschosses über eine hölzerne Außentreppe. Nach Sanierung wieder als Silberschmiede genutzt.

44 Handwerkerweg

Der Augsburger Handwerkerweg, bisher einmalig in dieser Art, führt durch die Augsburger Altstadt, einem der größten zusammenhängenden Altstadtbereiche Deutschlands, durchs Lechviertel zwischen Rathaus und Rotem Tor. Idyllische Kanäle durchziehen wie ein Netz, teils unterirdisch, teils aufgedeckt, die Lechvorstadt. Entlang dieser Lecharme siedelten sich seit dem Mittelalter Handwerker an, die die Wasserkraft als Energiequelle nutzten. Einige dieser Anwesen sind bis heute samt den handwerklichen Werkstätten erhalten geblieben.

45 Dominikanerkirche

Römisches Museum. Dominikanergasse 15. Zweischiffige Kirchenhalle des ehemaligen Klosters St. Magdalena mit Stuck der Gebrüder Feichtmayr (1720). Vorgeschichte, Römerzeit und Frühmittelalter. Geöffnet Mittwoch bis Sonntag von 10.00–16.00 Uhr.

Links: Augsburger Renaissancemedaillen mit Bildnissen Bartholomäus Welsers (1484–1561) und Jakob Fuggers des Reichen (1459–1525). Rechts: Der Viermetzhof mit den Brunnenfiguren von Hubert Gerhard und Adriaen de Vries.

MAXIMILIANMUSEUM

Neue Wege zur Geschichte Augsburgs

Trotz schwerer Kriegszerstörungen besitzt Augsburg als Kapitale Bayerisch-Schwabens bis heute historische Viertel, Plätze und Gebäude, die authentische Zeugnisse reichsstädtischen Glanzes dieser geschichtsträchtigen Bürgerstadt darstellen.

Diese Monumente hinterließen bei Stefan Zweig einen unvergesslichen Eindruck. Begeistert schrieb der Schriftsteller 1930 über einen frühmorgendlichen Spaziergang durch Augsburg: „…wie durch ein anderes Jahrhundert ging ich vorbei an den palastähnlichen Gebäuden, die unverstellt ihre kraftvoll wuchtige Schönheit in steigendem Licht erhellten. Was sonst die Stunde fühlen läßt und die Gegenwart, lag noch im Schlummer, nur das Vergangene war wach mit einer Eindringlichkeit und vornehmen Gewalt, wie ich sie kaum je an einer anderen deutschen Stadt gespürt habe. Nur die Brunnen sprachen, mit schönen Gestalten geschmückt, nur die bemalten Häuser boten Rede und Spruch."

Das im historischen Zentrum Augsburgs gelegene Maximilianmuseum zählt zu diesen wenigen, im Krieg glücklicherweise nicht zerstörten Augsburger Bürgerpalästen, die Zweig so tief beeindruckt hatten. Die Philippine-Welser-Straße, die von der prachtvollen Renaissancefassade des Maximilianmuseums beherrscht wird, war ursprünglich ein Platz und hieß Alter Heumarkt. Sie ist heute Teil einer weitläufigen Fußgängerzone mit zahlreichen Buchhandlungen, Einzelhandelsgeschäften und Kaufhäusern.

Auf den majestätischen Bürgerpalast machen Fahnen und eine sechs Meter lange Beton-Sitzbank mit dem charakteristischen Schriftzug MAXIMILIANMUSEUM aufmerksam. Das „Stadtmöbel" lädt inmitten der betriebsamen Einkaufsstadt zum Verweilen ein und weckt Neugier auf das zugehörige Alt-Augsburger Patrizierhaus, einen aus zwei Bürgerhäusern der Spätgotik und der Renaissance bestehenden Gebäudekomplex. Seine Bewohner haben Augsburger und europäische Geschichte geschrieben. Ein Blick in die Vergangenheit zeigt, dass die heutige Nutzung des Gebäudes als kunst- und kulturgeschichtliches Museum seiner historischen Bedeutung in idealer Weise gerecht wird.

Von 1515 bis 1519 wohnte der Augsburger Patrizier Bartholomäus Welser (1484–1561) im rückwärtigen Haus an der Annastraße, das ihm zu Ehren Welserhaus heißt. Seit 1519 war Bartholomäus Kopf der Welserschen Handelsgesellschaft. Zusammen mit Jakob Fugger dem Reichen hatte er die Wahl Karls V. zum römischen König finanziert – eine Entscheidung von weltgeschichtlicher Bedeutung für Europa, Deutschland und die Reichsstadt. Die markanten Porträts dieser beiden Repräsentanten des „goldenen Augsburgs" der Renaissance sind im Maximilianmuseum durch wertvolle zeitgenössische Bildnismedaillen überliefert. Zu den kühnsten Unternehmungen der Welserschen Handelsgesellschaft zählte die durch Privilegien Karls V. abgesicherte monopolartige Erschließung und gewaltsame Ausbeutung Venezuelas. Ihrer Rechte ging die Handelsgesellschaft 1556 mit der Abdankung Karls verlustig.

Das, um mit Zweig zu sprechen, „kraftvoll wuchtige" Hauptgebäude an der Philippine-Welser-Straße ließ zu Beginn der 1540er Jahre der Augsburger Handelsherr, Bankier und kaiserliche Rat Leonhard Beck von Beckenstein errichten. Damals war die Reichsstadt, die der Bekenntnisschrift der protestantischen Reichsstände, der auf dem Reichstag von 1530 verlesenen „Confessio Augustana", ihren Namen gegeben hatte, eine rein evangelische Stadt. Sie stand damit in Konfrontation zum altgläubi-

FASSADENMALEREI

gen Kaiser, ihrem obersten Schutzherrn. Der Katholik Beck von Beckenstein präsentierte sich nun mit diesem selbst für Augsburger Verhältnisse außergewöhnlich prachtvollen Bau als treuer Parteigänger des Kaisers. Der Fassadenschmuck zeigt in der Ende der 1970er Jahre wieder hergestellten Sgraffittomalerei einen Diamantquadersockel im Erdgeschoß mit darauf aufsetzender Pilastergliederung im ersten und zweiten Stock. Den plastischen Schmuck der beiden Erker bilden neben renaissancetypischen Motiven wie Putten und Ranken Porträtmedaillons römischer und Habsburger Kaiser, die von humanistischer Gelehrsamkeit ihres Erbauers zeugen. Den Höhepunkt des imperialen Bildprogramms markieren am rechten Erker der kaiserliche Doppeladler und die Devise Karls V., die Säulen des Herkules mit dem Sinnspruch „plus ultra" – „immer weiter".

Der gut 20.000 Gulden teure Prachtbau geriet Beck zum Fiasko. Er hatte sich dermaßen verschuldet, dass ihn nur sein Geschäftspartner, Jakob Herbrot (um 1493–1564), Augsburgs letzter zünftischer Bürgermeister, aus der Schuldenfalle befreien konnte. Herbrot war durch den Handel mit Luxuswaren und Kreditgeschäfte zu enormem Reichtum gelangt. Beck musste Herbrot das Gebäude überschreiben und als er sich weigerte, das gerade erst von ihm bezogene Haus wieder zu verlassen, wurde er 1547 von Herbrot wegen Nichterfüllung des Darlehnsvertrages beim Stadtgericht verklagt und zum Auszug verurteilt. Das war schon schlimm genug für Beck. Obendrein war Herbrot auch noch evangelisch. Als Augsburger Bürgermeister führte dieser die Reichsstadt in den Schmalkaldischen Krieg gegen den Kaiser. Nachdem Karl V. 1547 in der Schlacht bei Mühlberg die Protestanten besiegt hatte, hielt er 1548 in Augsburg auf dem „Geharnischten Reichstag" über sie Strafgericht. Damals hatte Herbrot sein neues Domizil am Alten Heumarkt, dessen Pracht auch die Teilnehmer des Reichstages beeindruckte, gerade erst bezogen. Zum Verdruss Becks unternahm Karl V. keine Anstalten, den „Staatsfeind" Herbrot aus seinem Haus zu vertreiben, geschweige denn – zu Becks noch größerem Bedauern – ihn zum Tode zu verurteilen. Stattdessen wurde dem reichen Augsburger Kaufmann ein exorbitantes Lösegeld auferlegt: Auf dem Reichstag munkelte man von 60.000 Gulden! Schon 1551 wurden Herbrots gute Kontakte zum Hause Habsburg belohnt mit seiner Ernennung zum königlichen Rat durch Karls Bruder König Ferdinand I. Herbrots Politik gegen Karl V. hatte maßgeblich dazu beigetragen, dass der Kaiser 1548 für Augsburg auch eine neue Verfassung verordnete, die bis 1806 gültige „Karolingische Regimentsordnung", die im Maximilianmuseum in einer großen, wie ein Organigramm aufgebauten, auf Pergament gemalten Wappentafel überliefert ist. Die neue Verfassung entmachtete die Zünfte und wies dem Patriziat die politische Führungsrolle zu. Die beiden nunmehr patrizischen Bürgermeister hießen fortan Stadtpfleger. Die Katholiken wurden nach Jahren des Exils wieder in ihre alten Rechte eingesetzt. Seitdem war Augsburg eine bikonfessionelle Stadt. Diesen Status bestätigte der Augsburger Religionsfrieden, der auf dem Reichstag von 1555 im alten gotischen Rathaus, von welchem im Maximilianmuseum ein kurz vor seinem Abriss 1615 entstandenes Erinnerungsmodell verwahrt wird, verkündet wurde. Mit dem Augsburger Religionsfrieden wurde endgültig die Augsburgische Konfession reichsrechtlich anerkannt und damit zugleich die kirchliche Spaltung des Reichs festgeschrieben.

Die Höhen und Tiefen des Zusammenlebens von Katholiken und Protestanten in der Reichsstadt Augsburg zeigt beispielhaft die Biographie des bedeutenden Augsburger Kunstagenten und Protestanten Philipp Hainhofer (1578–1647), der seine Kindheit im Haus am Alten Heumarkt verbracht hatte. Nach ihm heißt heute das Hauptgebäude des Maximilianmuseums Hainhoferhaus. Der auch als Diplomat tätige international agierende Hainhofer stand mit zahlreichen deutschen und europäischen Fürsten in Kontakt und vermittelte vielfach Kunstkammerobjekte, für deren Anfertigung die Reichsstadt eine der ersten Adressen war. Ein herausragendes Beispiel aus dieser Zeit ist Georg Petels außergewöhnlicher Elfenbeinhumpen von 1630 mit der Darstellung eines Bacchanals, dem sich der Tod in Gestalt des Sensenmanns hinzugesellt hat. Das inmitten des Dreißigjährigen Krieges entstandene Werk zählt zu den größten Kostbarkeiten des Museums. Hainhofer entwarf für den protestantischen Herzog Philipp von Pommern-Stettin den berühmten Pommerschen Kunstschrank, der im 2. Weltkrieg zerstört wurde. Zugleich aber genoß der Augsburger auch das Vertrauen des katholischen Herzogs Maximilian I. von Bayern, dem nach seinem Sieg über den calvinistischen „Winterkönig“ Friedrich V. von der Pfalz 1619 die Pfälzer Kurwürde zufiel. Im Zuge des von Kaiser Ferdinand II. 1629 erlassenen Restitutionsedikts wurde Hainhofer als evangelisches Ratsmitglied mit vielen anderen Protestanten in städtischen Diensten entlassen, da sie sich weigerten den katholischen Glauben anzunehmen. An die Folgen des Restitutionsedikts, das auch zur Entlassung aller evangelischen Prediger in Augsburg führte, erinnert bis heute das seit 1650 alljährlich gefeierte „Augsburger Hohe Friedensfest“, ein gesetzlicher Feiertag nur für die Stadt Augsburg. 1632 nahm König Gustav Adolf II. von Schweden die Reichsstadt in Besitz und ließ die Protestanten wieder in ihre Ämter und Rechte einsetzen,

Links: Blick in die Abteilung zur Stadtgeschichte mit Porträt König Gustav Adolfs und Stadtchronik. Rechts: Georg Petel, Elfenbeinhumpen mit Darstellung eines Bacchanals, Augsburg, um 1630.

während nun den Katholiken mit gleicher Münze zurückgezahlt wurde. Im gleichen Jahr fertigte der in Augsburg tätige kaiserliche Hofmaler Matthäus Gundelach für die protestantische Augsburger Patrizierfamilie Thenn das lebensgroße Porträt des Schwedenkönigs in Ganzfigur, eines der Glanzstücke der stadtgeschichtlichen Abteilung des Maximilianmuseums. Nach der Niederlage der Schweden in der Schlacht von Nördlingen wendete sich 1634 wieder das Blatt. Auf Belagerung und Hungersnot, an die im Maximilianmuseum ein silberner Zunftbecher der Kornmesser mit mahnenden Worten erinnert, folgte neuerliche Unterdrückung der evangelischen Bevölkerung durch kaiserliche Besatzungstruppen. Hainhofer erlebte das Ende der Verhandlungen von Münster und Osnabrück nicht mehr; er starb 1647 – ein Jahr, bevor mit dem Westfälischen Frieden von 1648 die Augsburger Protestanten wieder ihre Rechte und ihre Kirchen zurückerhielten, für deren Neuausstattung dann bei Augsburger Goldschmieden Altargerät in Auftrag gegeben wurde. Eindrückliche Zeugnisse dafür sind im Maximilianmuseum zwei Leihgaben der Evangelisch-Lutherischen Barfüßerkirche – ein Abendmahlskelch und eine Hostienschale von 1649. Mit dem Westfälischen Frieden galt für die Reichsstadt die Parität, die gleichberechtigte Besetzung aller städtischen Ämter bis hinauf zum Stadtpfleger mit je einem Katholiken und einem Protestanten.

Ende des 17. Jahrhunderts bewohnte das Haus am Alten Heumarkt der Augsburger Kupferstecher und Verleger Elias Christoph Heiß, Sohn des evangelischen Superintendenten Johann Georg und Großneffe des Malers Johann Heiß. Als einer der ersten Kupferstecher Süddeutschlands wendete er die neuartige, malerische Schabkunsttechnik an und schuf neben Porträtstichen insbesondere großformatige Thesenblätter. Der sehr erfolgreiche Augsburger Kunstverleger legte sich eine bedeutende Kunstsammlung zu. Die Galerie für seine Gemäldesammlung ließ er vom Tiroler Maler Melchior Steidl, Schüler des Münchner Hofmalers J. A. Gumpp, mit einem Deckenfresko ausstatten. Es zeigt Szenen aus der Aeneis des römischen Dichters Vergil. Jetzt befindet sich hier das Herz der Skulpturensammlung des Maximilianmuseums, die 1924 von der Stadt erworbene Sammlung des Münchner Hofrats Sigmund Röhrer mit barocken Kleinskulpturen und Entwurfsmodellen, sog. bozzetti, vornehmlich des süddeutschen Raums. Die Akquisition dieser bedeutenden Sammlung markiert die Geburtsstunde der Kunstsammlungen Augsburg. Der Katholik Steidl zählt zu den frühen süddeutschen Freskanten, die die hochbarocke, römische Quadratura-Malerei nach Süddeutschland verpflanzten. Zu seinen Hauptwerken gehört u. a. der Kaisersaal der Bamberger Residenz. Im 1. Obergeschoss des Maximilianmuseums schuf Steidl für Heiß' ehemaliges Schlafzimmer das Deckenfresko mit der Allegorie der Nacht. Dieser Raum gehört nun zur Abteilung der wissenschaftlichen Instrumente und enthält wertvolle astronomische Geräte aus der Werkstatt

Oben: Melchior Steidl, Deckenfresko mit Allegorie der Nacht, um 1700.
Mitte: In der Skulpturensammlung des Maximilianmuseums.
Rechts: Zunftbecher der Kornmesser, Silber, graviert, vergoldet, Augsburg, 1643.

des berühmten Augsburger Präzisionsmechanikers Georg Friedrich Brander (1713–1783), der ein hochgeachtetes Mitglied zahlreicher königlicher Akademien der Wissenschaften war. Steidls Meisterwerk ist schließlich das große Deckenfresko im Festsaal im 2. Obergeschoss, das den antiken Götterhimmel und die vier Erdteile zeigt. Hier befindet sich das Prunkstück der Museumssammlung: die Abteilung zur Augsburger Goldschmiedekunst, deren Einrichtung dem Augsburger Ehrenbürger Kurt F. Viermetz und seiner Frau Felicitas zu verdanken ist. Der nach der großen Mäzenin des Maximilianmuseums benannte Felicitassaal bietet den authentischen historischen Rahmen für eine glanzvolle Präsentation barocker Silbermöbel, Tafel- und Toiletteservice – Meisterwerke der für ihre Kunstfertigkeit berühmten Augsburger Goldschmiede.

Ab 1706 schließlich war der Gebäudekomplex des heutigen Maximilianmuseums für fast 150 Jahre Heimstatt des ehrwürdigen Evangelischen Armenkinderhauses. Als 1731/1732 Salzburger Emigranten zu tausenden nach Augsburg zogen, kamen einige von ihnen auch im Haus am Alten Heumarkt unter. Gegen Ende des 18. Jahrhunderts nahm der aus Küstrin stammende protestantische Silberhändler Johann Gottlieb Klaucke (1719–1805) als Nachbar lebhaften Anteil am Geschick des Armenkinderhauses, dem er ein riesiges Vermögen von über 400.000 Gulden vermachte. Als europaweit erfolgreich agierender Silberhändler hatte Klaucke um 1780 den Augsburger Gold- und Silberschmieden einen der sensationellsten Aufträge des 18. Jahrhunderts vermittelt, die Lieferung von insgesamt sechs Tafelservicen an die russische Zarin Katharina die Große. Sie waren für verschiedene neu errichtete Gouvernements ihres Riesenreiches bestimmt. Jedes Service war für 40 Personen berechnet, enthielt mehr als 1000 Teile und war à la mode ge-

arbeitet – im neuesten Geschmack des Klassizismus, den die Zarin favorisierte. Wenige Jahre vor dem Untergang des Ancien Régime und damit auch der Reichsstadt, die im 17. und 18. Jahrhundert die führende Goldschmiedemetropole Mitteleuropas war, wurden mit dem Großauftrag der Zarin noch einmal ihre einzigartigen Fähigkeiten und Qualitäten als Lieferantin der Höfe Europas unter Beweis gestellt. Wichtige Stücke konnten die Kunstsammlungen seit 1990 auf dem internationalen Kunstmarkt erwerben. Nachdem schließlich das in „Klauckehaus" umbenannte Armenkinderhaus im Norden der Stadt ein modernes und zeitgemäßes Domizil bezogen hatte, beschloss 1853 der Augsburger Magistrat den Ankauf des Gebäudes am Alten Heumarkt zur Einrichtung eines städtischen Museums. Es wurde 1855 eröffnet. Im darauf folgenden Jahr, fünfzig Jahre nach dem Ende der Reichsfreiheit, erteilte König Maximilian II. von Bayern der Stadt die Genehmigung, das Haus ihm zu Ehren „Maximilianmuseum" nennen zu dürfen.

Seit der Gründung des Stammhauses der Kunstsammlungen und Museen Augsburg haben sich sein Profil, seine Sammlungen und ihre Präsentation mehrfach und grundlegend geändert. Entscheidende Voraussetzung für die jüngst abgeschlossene Neukonzeption der Schauräume mit ca. 1700 m^2 Ausstellungsfläche war die umfassende bauliche Sanierung des Hauses zwischen 1998 und 2002. Das Museum

Oben: Augsburger Tafelsilber für die Höfe Europas im Felicitas-Saal.
Rechts: Die Modellkammer mit einzigartigen Architektur- und Technik-Modellen aus Renaissance und Barock.

erhielt eine völlig neue Infrastruktur mit Temperierungsanlage, neuer Sicherheitstechnik, Toiletten und barrierefreier Wegführung. Überfällig war zudem eine funktionale und bequeme Geschoßerschließung durch geräumige Treppenhäuser und einen Fahrstuhl. 2003 erhielt die noble Eingangshalle des Haupthauses einen modernen Servicebereich mit Kasse, Museumsshop und einladendem Lesecafé. Erstmals verfügt nun das Haus auch über einen Raum für Wechselausstellungen, die Welserhalle, mit Vortragssaal und einem Informationsbereich zur Hausgeschichte. Ein Glanzpunkt der Modernisierung des Maximilianmuseums ist das selbsttragende Glasdach des Innenhofes. Hier sind die in den 1990er Jahren aufwändig restaurierten Originalplastiken der Augsburger Prachtbrunnen aufgestellt.

Um 1600 im Auftrag der Stadt entstanden, gehören die von den berühmten Hofbildhauern Hubert Gerhard und Adriaen de Vries geschaffenen Figuren, die von Zweig bewunderten „schönen Gestalten", zu den größten Kostbarkeiten des Maximilianmuseums, das mit ihnen eine weltweit einzigartige Kollektion vorweisen kann. Das beziehungsreiche Figurenprogramm von Augustus-, Merkur- und Herkulesbrunnen verherrlicht Augsburg als römische Gründung, die damals bereits auf eine über 1600 Jahre alte Geschichte zurückblicken konnte, die als Freie Reichsstadt nur dem Kaiser untertan war und als Metropole des Handels und der Kunst zu den führenden Städten des Reiches, ja Europas zählte. Augsburgs Brunnenfiguren, die den Rang eines Weltkulturerbes beanspruchen können, sind ein einzigartiges Beispiel dafür, wie mittels der Kunst einer konfessionell gespaltenen Bürgerschaft gemeinsame, „ideologiefreie" Werte kommuniziert werden: Stolz auf Augsburgs römische Geschichte, auf seine Bedeutung als internationale Handelsmetropole und auf seine durch den Kaiser garantierte Souveränität als Freie Reichsstadt.

Die Restaurierung und Aufstellung dieser Brunnenfiguren war ein beispielloser gemeinsamer Kraftakt verschiedenster staatlicher und städtischer Ämter, privater Stiftungen und einzelner Bürger. Stellvertretend für das große Engagement aller Beteiligten stehen der Augsburger Ehrenbürger Kurt F. Viermetz und seine Frau Felicitas, welche beide durch eine private Spende von 1,5 Mio. DM die Errichtung des mehrfach preisgekrönten Hightech-Glasdaches ermöglichten. Ihnen zu Ehren heißt dieser im Wortsinn zentrale und allen Besuchern frei zugängliche Ort Viermetzhof. Als Visitenkarte und Aushängeschild des neuen Maximilianmuseums ist er zugleich wegweisend für die Neukonzeption und Neueinrichtung der herausragenden Sammlungen, denn die Besucher des Maximilianmuseums begeben sich in den 30 neu gestalteten Räumen mit insgesamt 1300 Exponaten auf eine Zeitreise in die Kunst-, Kultur- und Stadtgeschichte der Reichsstadt Augsburg. 200 Jahre nach ihrem Ende und ihren Übergang an Bayern steht Augsburg als Reichsstadt nun im Zentrum der Neukonzeption des Maximilianmuseums.

Wie die großartigen Prachtbronzen im Viermetzhof haben auch weitere wichtige Abteilungen des Maximilianmuseums reichsstädtische Wurzeln, die jetzt wieder erkennbar und erlebbar sind. Dazu zählt beispielsweise die in vier Jahrhunderten zusammengetragene einzigartige Modellkammer aus dem Rathaus, die heute auf der Liste des national wertvollen Kulturguts steht. Es gibt weltweit keine vergleichbare Sammlung von Architektur- und technischen Modellen dieser Qualität und Menge, darunter beispielsweise die berühmten Modelle des Stadtbaumeisters Elias Holl für den zwischen 1615 und 1620 realisierten Augsburger Rathausneubau. Kulturgeschichtlich wertvoll sind auch die Mühlen-, bautechnischen und mechanischen Modelle vornehmlich des 18. Jahrhunderts. Sie illustrieren u. a. den hohen technischen Stand der reichsstädtischen Wasserversorgung, für die die Reichsstadt einst so berühmt war. Ausgestellt werden aber auch Artefakte der Reichsstädtischen Kunstakademie, die im 18. Jahrhundert mit ihren bedeutenden Direktoren das Kunstschaffen Augsburgs und Süddeutschlands nachhaltig geprägt hatte. Die Abteilung wissenschaftlicher Instrumente mit der bedeutenden Sammlung des 1531 gegründeten Gymnasiums bei St. Anna und der seit 1537 bestehenden Stadtbibliothek enthält herausragende Werke berühmter Augsburger Uhr- und Kompassmacher bzw. „Mechanici". Bis zum Ende der Reichsfreiheit hatte Augsburg seinen exzellenten Ruf als „Schule aller Mechanicorum" (Leibniz) behaupten können. Hinzu kommen kleinere Sammlungsbestände wie z. B die aus dem ehemaligen Zeughaus.

Ein für Augsburg und das Maximilianmuseum typisches Merkmal verbindet die Bronzen im Viermetzhof und die weiteren, erstklassigen Sammlungen des Hauses. Es sind Werke der Kunst, die auf ihre ganz eigene Weise Augsburgs Geschichte vergegenwärtigen. Die Kunst hat diese Stadt ausgezeichnet und einzigartig gemacht. Augsburg war im 17. und 18. Jahrhundert die Produktionsstätte im Reich für Kunst und das Zentrum des Kunstexports mit Ausstrahlung nach Europa. Seine Besonderheit war die einzigartige Vielfalt der hier ausgeübten Kunstberufe. Wichtigstes Leithandwerk für viele der hier angesiedelten mehr als 60 Kunstberufe war die Gold- und Silberschmiedekunst. Die Reichsstadt verstand sich ganz wesentlich als eine Stadt der Künste. Dies belegt anschaulich die Abteilung zum Augsburger Kunsthandwerk, die in faszinierender Fülle kostbarste Erzeugnisse u. a. der Augsburger Hausmaler, Zinngießer, Stückgießer, Fayencefabrikanten, Kistler und Uhrmacher präsentiert. Die Begriffe „Reichsstadt" und „Kunst" waren für Augsburg untrennbar. Die Reichsstadt Augsburg, wie sie Stefan Zweig bei seinem morgendlichen Spaziergang in den Brunnen und Bauten noch erspürt hatte, ist heute keine Gegenwart mehr. Das neue Maximilianmuseum ist heute aber ein Ort, an dem die Erinnerung daran gegenwärtig ist und lebendig bleibt und dessen Besuch zu einem unvergesslichen Erlebnis werden kann. Das Ende 2006 vollständig wiedereröffnete Haus hat sich als eine der großen Attraktionen Augsburgs zu einem beliebten Treffpunkt für Einheimische und Auswärtige entwickelt. Hier trifft sich Augsburg und hier findet man Augsburg. ***Das Maximilianmuseum erhielt 2007 den Bayerischen Museumspreis.***

ANTRIEBSKRÄFTE FÜR AUGSBURG

Augsburg ist eine wasserreiche Stadt. Die Römer hatten vor über 2000 Jahren diesen Standort auf einem Geländesporn zwischen den aus den Bergen kommenden Flüssen Lech und Wertach gewählt. Diese vereinigen sich in Sichtweite der einstigen Römerstadt Augusta Vindelicum. Schon die Besatzer nutzten die beiden Flüsse als Transportweg. Ihr Wasser trug auch Jahrhunderte später, als Augsburg im Mittelalter eine Bischofs- und Reichsstadt geworden war, viele tausend Flöße. Sie brachten neben Holz vielfältige Frachten: Steine, Kalk, Gips, Holzkohle, Wollballen, Vieh, Wein und Viktualien aller Art.

Der Lech bildete einen wichtigen Transportweg und den leistungsfähigen Motor für eine blühende Wirtschaft. Die von ihm abgeleiteten Kanäle trieben die Wasserräder für Mühlen und Hammerwerke an. Wasser war seit dem Mittelalter der unverzichtbare Energielieferant für eine Vielzahl von Handwerkern und hatte einen erheblichen Anteil an Augsburgs Wohlstand. Die vor Jahrhunderten angelegten Wasserläufe durchziehen nach wie vor die einstigen Handwerker- und Fabrikviertel. Lange Strecken kann man ihnen folgen und sie auf einigen hundert Brücken überqueren, mal verschwinden sie unter Häusern und Straßen, verzweigen sich und vereinigen sich wieder. Eine Besonderheit sind Wasserkreuzungen. Dort überqueren sich Kanäle, ohne dass sich ihre Wasser vermischen.

Die Augsburger wussten stets um die Bedeutung des Wassers für ihre Stadt. Darum ließen sie Lech, Wertach, Singold und Brunnenbach am 1594 aufgestellten Augustusbrunnen Gestalt annehmen. Als weibliche und männliche Akte lagern die Flußallegorien auf dem Beckenrand. Während Lech und Wertach als Wasserstraßen der Flößerei dienten und zugleich die Stadtkanäle füllten, trieb die Singold zum Beispiel 1588 nicht weniger als 38 Mühlräder vor der Stadt an. Der mit einer Bronzefigur geehrte Brunnenbach hatte eine völlig andere, jedoch nicht weniger wichtige Aufgabe: Er versorgte über 400 Jahre lang Augsburg mit Trinkwasser und speiste ab 1599 die Fontänen am Augustusbrunnen, am Merkur- und am Herkulesbrunnen.

Seit 1412 „springende Wasser" aus Brunnen

Trinkwasser entnahm man in Augsburg bis 1412 aus Kurbel-, Zieh- oder Schöpfbrunnen. Nichts plätscherte an diesen Brunnen, die es damals an zahlreichen Stellen der Stadt gab. Zu Beginn des 15. Jahrhunderts wünschte sich der Rat „springende Wasser" aus einigen Brunnensäulen im Stadtzentrum. Dazu war Fließwasser nötig, das jedoch nur in den Handwerkervierteln unterhalb der Hochterrasse vorhanden war. Die Häuser der Wohlhabenden, das Rathaus, die Bischofspfalz und die Klöster lagen etliche Meter über dem Niveau der Kanäle und Bäche, also musste Wasser dort hinauf befördert werden. Das war vor 600 Jahren ein gewaltiges technisches Problem.

Der Augsburger Leopold Karg wagte es im Jahre 1412, Brunnen droben auf den vornehmsten Plätzen und Straßen plätschern zu lassen. Er baute am Stadtgraben vor dem Schwibbogentor ein von einem Wasserrad getriebenes Pumpwerk, das Wasser in einen Behälter auf einem Turm förderte. Aus diesem Hochbehälter stürzte es in einem Rohr wieder hinab und floss mit Eigendruck bergauf zu öffentlichen Brunnenkästen. Der erste wurde am Rathaus aufgestellt, der zweite vor dem Weberhaus. Leopold Karg hatte allerdings keine Erfahrung auf dem Gebiet der Wasserförderung. Die geschmiedeten Rohre erwiesen sich als zu eng. Augsburgs erste Wasserleitung funktionierte nicht zufriedenstellend. Zudem schienen der Reichsstadt die Kosten zu hoch. Sie geriet mit Leopold Karg in Streit. Doch man hatte Gefallen an Fließwasser-Brunnen gefunden und suchte nach einem erfahrenen Brunnenmeister.

Er fand sich Anno 1416 in dem in Nördlingen geborenen Hans Felber. Er baute eine neue Wasser-Förderanlage mit einem hölzernen Turm nahe dem Roten Tor. Die Eisenrohre wechselte

Der Lech hat als Transportweg ausgedient, zur Energieerzeugung ist sein Wasser begehrter denn je: Eine Vielzahl Generatoren produzieren „Lech-Strom".

er gegen ausgebohrte Föhrenstämme aus. Sein System zur Brunnenversorgung funktionierte. Ein Zeitgenosse bezeichnete es als „köstlich, nützlich und gut“. Die Reichsstädter waren stolz, vor vielen anderen bedeutenden Städten über „springende Wasser“ zu verfügen.

Das in die Brunnen fließende Trinkwasser kam aus lechnahen Wäldern und Auen im Süden weitab von der Stadt. Dort gab es zahlreiche Quellbäche. Der Brunnenbach wurde zum „Wassersammler“ ausgebaut und lieferte das relativ reine Wasser beim Roten Tor in die Saugbecken. Der nicht so saubere Lochbach wurde getrennt davon an gleicher Stelle in die Stadt geleitet. Er durfte die Pumpen antreiben, die das kostbare Trinkwasser in Behälter im obersten Geschoss von Brunnentürmen beförderten.

Der 1416 errichtete hölzerne Brunnenturm beim Roten Tor brannte 1464 ab und enthüllte die Abhängigkeit von einer einzigen Förderanlage. Deshalb erstand 1470 neben dem nun steinernen Neubau ein zweiter Turm. Zum Dreier-Ensemble wurde das Wasserwerk durch einen 1599 zum Brunnenturm umgebauten Stadtmauerturm. Er erhielt zur Erhöhung des Drucks zwei Geschosse aufgesetzt und belieferte den 1594 aufgestellten Augustusbrunnen, den ab 1599 installierten Merkurbrunnen und ließ ab 1602 die 21 Fontänen des Herkulesbrunnens plätschern. Zur Versorgung weiterer Stadtviertel mit Fließwasser wurde um 1450 ein überflüssig gewordener Wehrturm auf dem Mauerberg zum Brunnenturm umgebaut. 1609 erbaute Stadtwerkmeister Elias Holl zwei Wassertürme am Rande der Jakobervorstadt zwischen Jakobertor und Oblatterwall.

Die Wassertürme belieferten 80 Jahre lang ausschließlich öffentliche Brunnen. 1502 bekam der Fürstbischof den ersten Privatanschluss, im Jahr darauf die Benediktinerabtei St. Ulrich und Afra den zweiten. Ab 1545 wurden Anton, Hans Jakob und Georg Fugger wegen ihrer der Stadt erwiesenen vielfältigen Dienste mit kostenfreiem „Röhrwasser“ beliefert. Erst als 1558 die Wasserförderung bedeutend gesteigert worden war, konnte sich jedermann Fließwasser ins Haus leiten lassen – sofern er reich genug war, sich diesen besonderen Luxus leisten zu können. 200 Goldgulden als Einmalzahlung oder 10 Gulden jährlich kostete nämlich „ein Rohr“ Wasser (etwa 150 Liter pro Stunde) aus der städtischen Leitung.

Teures Quellwasser aus Bayern

Zum Leidwesen der Augsburger lag ihr Wassereinzugsgebiet außerhalb des Territoriums der Reichsstadt. Die Quellgebiete, aus denen noch heute ein Großteil des Trinkwassers kommt, gehörten zu Bayern. Bayern war bis 1806 nur selten freundlich gesinntes Ausland für die Freie Reichsstadt. Die meist an Geldnot leidenden bayerischen Herzöge und Kurfürsten wussten die Abhängigkeit der schwäbischen Reichsstadt zu nutzen und ließen sich die Wasserableitung aus ihrem Herrschaftsbereich hoch bezahlen. Das heißt im Klartext: Sie erpressten die Augsburger. Was blieb diesen anderes übrig als zu zahlen, um lebensnotwendiges sauberes Trinkwasser in die Stadt leiten zu dürfen?

Im Jahre 1602 hatte die Reichsstadt den heutigen Siebentischwald vom Bischof gegen stadtferneren Grundbesitz eintauschen können. Dieser stadtnahe, 260 Hektar große Forst war nur Durchleitungsgebiet für die noch weiter südlich entspringenden Quellbäche und den vom Lech abgeleiteten Lochbach. Die Eindämmung des Grenzflusses Lech, die Floßfahrt, die Ableitung von Lechwasser in Stadtkanäle und die Trink-

Die Fontänen am Herkulesbrunnen strömen seit dem Jahr 1602 aus kunstvollen bronzenen Wasserspeiern, geschaffen von Adriaen de Vries.

Auf dem Beckenrand des Augustusbrunnens erinnert die allegorische Figur der Singold daran, dass dieses Flüsschen in Augsburg viele Wasserräder in Drehung versetzte.

wassergewinnung führten oftmals zu Auseinandersetzungen mit den bayerischen Landesherren. Augsburg besaß zwar seit 1418 mehrere kaiserliche Freibriefe den Lech durch so viele Bäche wie nötig in die Stadt zu leiten. Das kümmerte die herrschenden Wittelsbacher in München wenig. Ihre Kassen waren chronisch leer. Sie suchten deshalb nach zusätzlichen Einnahmequellen und benutzten die wohlhabende kaiserliche Reichsstadt jenseits des Grenzflusses Lech allzu gerne als Geldgeber. 1470 vermittelten zwei Bischöfe in Wasserstreitigkeiten zwischen Herzog Albrecht IV. und Augsburg. 4000 Gulden in Gold flossen bei diesem Vergleich in die Residenzstadt München. 1516 einigte man sich wegen neuerlicher Verbauungen am Lech, 1558 gab es heftigen Ärger mit Bayern-Herzog Albrecht V. Die Reichsstadt hatte es unter anderem gewagt, ohne vorherige Absprache weitere Quellen in der Meringerau zu fassen. Für die „gnädige Einigung“ in den strittigen Wasserfragen musste Augsburg 50.000 Gulden bezahlen. Der Lech bildete eigentlich die Grenze zwischen Bayern und der Reichsstadt. Doch das quellenreiche Waldgebiet Meringerau war bayerisches Territorium auf der schwäbischen Seite des Grenzflusses. Der Grund dafür war die Verlagerung des Lechlaufes nach Osten. Um 300 nach Christus floss er noch ganz nahe an Haunstetten und an Augsburg vorbei. Nach extremen Trockenperioden oder Hochwassern verlegte er sprunghaft seinen Hauptarm nach Osten. Die Bayern beriefen sich bei ihren Gebietsansprüchen stets auf den alten Verlauf als rechtsgültige Grenze. Aus diesem Grund stand die Meringerau, die das Gebiet von Siebenbrunn und des Haunstetter Waldes umfasst, unter bayerischer Landeshoheit.

Die Reichsstadt hätte das Wald- und Auengebiet allzu gerne gekauft, doch Bayern war dazu nie bereit – schließlich wäre dann Augsburg nicht mehr erpressbar gewesen! So mussten 1623 mit Herzog Wilhelm und 1642 mit Kurfürst Maximilian die Verträge erneuert werden. Als Kurfürst Max Emanuel 1721 wieder einmal in argen Geldnöten war, verpfändete er die gesamte Meringerau „mit allen Wassern darin“ für ein Darlehen von 100.000 Gulden auf 40 Jahre an die Reichsstadt. 1763 musste Augsburg auf

die Darlehens-Rückzahlung verzichten und erneut 60.000 Gulden für die Weiterbenützung der Brunnenbäche in der Meringerau bezahlen. 1806 verlor Augsburg seine Reichsfreiheit und wurde dem von Napoleon geschaffenen neuen Königreich Bayern einverleibt. Seither darf die Stadt nach Belieben Flächen in ihrem Trinkwasser-Einzugsgebiet kaufen.

Wasserwerk als Juwel der Industriebaukunst

Die Probleme um die Beschaffung reinen Trinkwassers wurden ab 1806 dennoch nicht kleiner. Die Stadt sah sich in der ersten Hälfte des 19. Jahrhunderts aus hygienischen Gründen gezwungen auf Oberflächenwasser zu verzichten. Man legte Sammelbrunnen bei den Wassertürmen an und entnahm daraus das Trinkwasser. Bachwasser diente jetzt nur noch zum Antrieb der Pumpen. Trotz technischer Aufrüstung und Turbinen-Antrieb war es nicht möglich, die stark wachsende Stadt ausreichend zu versorgen. 1878 konnten die fünf Pumpwerke täglich nur 6000 Kubikmeter liefern. Dabei waren nur 877 von 3368 Augsburger Anwesen und 68 öffentliche Brunnen an das Rohrnetz angeschlossen. Dieses lieferte teils als „gut", teils als „schädlich infiltriert" beurteiltes Wasser. Fast 75 Prozent der damals 57.200 Einwohner versorgten sich aus 1265 Pumpbrunnen, die überwiegend „gräulich verunreinigt" waren, wie es in einem zeitgenössischen Bericht heißt. Die Folgen bei mehreren Cholera- und Typhus-Epidemien waren katastrophal. Viele Menschen starben. Es reifte bei allen Verantwortlichen die Erkenntnis, dass bakteriell unbelastetes Trinkwasser die wichtigste Voraussetzung für die Volksgesundheit darstellte. 1876 fiel nach langen Vorbereitungen der Beschluss für die teuerste, radikalste, aber weit in die Zukunft gerichtete Lösung in der Trinkwasserfrage: die Errichtung eines Wasserwerkes am Siebentischwald und die Wasserentnahme ausschließlich aus Brunnen in diesem stadteigenen Waldgebiet.

Augsburger Baumeister, Ingenieure und Unternehmen konzipierten und bauten beim Hochablasswehr ein Wasserwerk mit einer Vielzahl technischer Neuerungen. Das Revolutionäre war die „turmlose Förderung", der Verzicht auf ein Hochreservoir. Dieses ersetzten vier je zehn Meter hohe Druckwindkessel, in die aus drei gewaltigen Doppelpumpen das Wasser gepresst wurde. Drei von Lechwasser beschleunigte Turbinen mit zusammen 296 PS trieben die mächtigen Zwillings-Kolbenpumpen an. Ab Anfang Oktober 1879 schossen pro Tag zehn Millionen Liter kristallklares Wasser mit 5,5 bar Druck in die 55 Zentimeter starke Hauptleitung. Über ein 54 Kilometer langes Rohrnetz verteilte es sich über das Stadtgebiet. Jeder Grundstücksinhaber war nun verpflichtet sich anzuschließen. Die seit 1416 in Betrieb befindliche alte Wasserversorgung aus Brunnentürmen im Stadtbereich wurde stillgelegt. Nach einigen Jahren entfernte man daraus die technischen Einrichtungen.

Die 1879 in Betrieb genommenen Kolbenpumpen „made in Augsburg" liefen 94 Jahre lang mit Wasserantrieb. Der Lech lieferte die Energie für die Turbinen. Im Dezember 1973 wurden die mächtigen Pumpen stillgelegt. Elektromotoren und moderne Kreiselpumpen übernahmen endgültig die Aufgabe der überaus zuverlässigen, robusten Maschinerie, die nach ihrer Inbetriebnahme jahrzehntelang Fachleute aus aller Welt nach Augsburg gelockt hatte. Über 100 Jahre nach seiner Errichtung war das repräsentative Wasserwerk renovierungsbedürftig. Das Äußere des zweitürmigen „Wasserschlosses" wurde ab 1986 aufgefrischt, im Inneren jedoch präsentierte sich die 37 Meter lange,

Drei Brunnentürme beim Roten Tor lieferten bis 1879 Trinkwasser. Sie bilden zusammen mit dem Stadttor und der Bastion ein einzigartiges historisches Ensemble.

Ein Wasserrad dreht sich beim Vogeltor im Stadtgraben als Symbol für die immense Bedeutung der Wasserkraft für den Wohlstand in Augsburg.

17,5 Meter breite Halle in nüchternem Einheits-Grüngrau. Diese Farbgebung änderte sich erst, als 1990 bei der Abnahme von alten Rollos Reste farbkräftiger Malereien zum Vorschein kamen. Eine großflächige Befunduntersuchung brachte Gewissheit: Unter zwei Anstrichen lagen fantasievolle Dekorationsmalereien wie Friese und Meeresgetier sowie Palmettenmotive verborgen. Sie überzogen Teile der Wände und der Decke. Im Sommer 1993 begann deren Restaurierung. Quadratmeter um Quadratmeter wandelte sich die einst bunt gestaltete Halle des Nutzbaus wieder zum Schmuckstück. Ein hochrangiges technisches Museum stellte das Wasserwerk seit Stilllegung der alten, völlig erhaltenen Fördereinrichtungen bereits dar, nun wurde daraus ein spätklassizistisches Juwel der Industriebaukunst.

Tausende Flöße für Augsburg

Die Verwendung von Lechwasser zur Trinkwasserförderung war das jüngste und kürzeste Kapitel in der Nutzung des Lechs. An die traditionellen Aufgaben des in den Alpen entspringenden Flusses erinnern seit 1912 am Hochablasswehr zwei Steinskulpturen: eine „Spinnerin“

mit Spindel, Füllhorn und Turbine soll die Industrie symbolisieren, ein kräftiger Mann ist dank seiner Attribute Axt und Seil als Flößer erkennbar. Wasserkraft und Flößerei brachten seit Jahrhunderten der Stadt Wohlstand und der „hohe Ablass“ hatte seit alters zwei Zweckbestimmungen: Die wichtigste war die Ableitung von ausreichend Wasser in die Kanäle zum Antrieb von Wasserrädern. Man nennt die Wasserläufe noch heute „Leche“ (Vorderer, Mittlerer, Hinterer Lech, Schwalllech und Sparrenlech) und den von ihnen durchflossenen Stadtteil „Lechviertel“. Hier lagen die meisten Mühlen und Handwerksbetriebe, denen unterschlächtige Holzschaufelräder die Energie lieferten.

Die hygienische Bedeutung der teils rauschenden, an anderen Stellen lediglich plätschernden oder murmelnden, fließenden Wasser darf nicht unterschätzt werden: Darin landete jahrhundertelang aller Unrat vom Inhalt der Nachttöpfe bis zu den Schlachtresten der Metzger. Abwasserleitungen mündeten noch um 1900 in den Stadtkanälen und diese wieder in den Lech. Das Überwasser der ständig fließenden Trinkwasserleitung spülte die Abflüsse. Diese Art der Abfallentsorgung galt lange Zeit als vorbildlich. Augsburg wurde als saubere Stadt gerühmt.

Der Lech war schon im Mittelalter als Transportweg für Augsburg ebenso unverzichtbar wie als Energielieferant und Kloake. Deshalb war der „Hohe Ablass“ im Lech stets so konstruiert, dass dort Flöße in den Stadtbach einfahren und von diesem in den Kaufbach, den Herren- und Proviantbach abzweigen konnten. Daran lagen große Holzlagerplätze, Länden und Anlegestellen von Unternehmen. Nicht für Augsburg bestimmte Flöße passierten die Floßgasse.

Im Jahre 1580 hatten 2870 Flöße Augsburg zum Ziel, 1610 rund 3000. Das Jahr 1865 ging mit 4332 Wassergefährten als Höhepunkt in die Geschichte der Lechflößerei ein. Viele Flöße trugen Fracht: Bis zu 12 Rinder oder 60 Fässer Gips oder 100 Zentner Zink konnten geladen werden. Etwa die Hälfte der am Hochablass ankommenden Flöße fuhr an Augsburg vorbei weiter lech- und donauabwärts. Dass man von Augsburg bis um 1850 relativ bequem per „Ordinari-Floß“ fast fahrplanmäßig Wien erreichen konnte, sei nur am Rande erwähnt.

Zwischen 1880 und 1890 zählte man im Jahresschnitt noch über 1800 Flöße und Flitschen, wie Bretterflöße hießen. Anno 1900 kamen noch 1107, vier Jahre später 630 und 1908 lediglich 134, 1910 gar nur mehr 11 Flöße und 10 Flitschen. Das aus Holz gebaute Hochablasswehr hatte sich bei vielen Hochwassern bewährt. 1910 aber kam es zur Katastrophe. Schneeschmelze in den Bergen und Wolkenbrüche lösten ab 14. Juni eine gewaltige Hochwasserwelle aus, die Wehr, Kanalschleuse und Restaurationsgebäude wegriss. Die Kanäle lagen trocken. Ein völliger Neubau des Hochablasses war schnellstens nötig, die Stadt brauchte das Lechwasser. Die Arbeiten begannen im Februar 1911. Am 28. Juli 1912 konnten eine Wehranlage modernster Art samt einer zehn Meter breiten Floßgasse und ein ausgedehnter Floßhafen in Betrieb genommen werden. Am 8. November 1912 passierten die ersten beiden Fernflöße die neue Floßgasse auf der Fahrt von Lechbruck nach Regensburg. Die Flößerei hatte zu diesem Zeitpunkt jedoch keine Bedeutung mehr. Als am 9. Juni 1914 das bayerische Königspaar den neuen Hochablass besichtigte, ließ die Stadt eine „Schaufahrt" von zwei in Prem am Oberlauf des Lechs georderten Flößen veranstalten. Dieser Tag gilt als das Ende der Lech-Flößerei in Augsburg.

Wasser-Energie als Industrie-Motor

„Von ausschlaggebender Bedeutung für die Entstehung und Entwicklung der Augsburger Industrie seien die großen Wasserkräfte" gewesen, nennt eine Studie die Gründe für den wirtschaftlichen Aufschwung der Stadt ab 1835. Wasser trieb schon Anno 1276 die zehn damals namentlich genannten Getreidemühlen in der Stadt an, Wasser blieb bis etwa 1900 Augsburgs Energielieferant Nr. 1. Das verdeutlichen Statistiken: Im Jahre 1761 gab es an Kanälen und Bächen 78 Wasserwerke mit zusammen 163 Rädern. Die unterschlächtigen Schaufelräder nutzten die Antriebskräfte lediglich zu etwa 20 Prozent. Deshalb benötigten Getreidemühlen zwischen vier und acht Räder für die Mahlgänge. Wasserräder trieben die Stampfen in Papiermühlen und Tabakmanufakturen, die Maschinen von Drechslern, die Hämmer von Schmieden, die Walken von Färbern und Bleichern.

Während die relativ geringe Leistung von Wasserrädern für Handwerksbetriebe ausreichte, spielte die Wasserkraft in der frühindustriellen Entwicklung Augsburgs im ausgehenden 18.

Seit 1902 liefert das Elektrizitätswerk auf der Wolfzahnau mit Lechwasser umweltfreundlich erzeugten Strom. Es genießt längst hohes Ansehen als „arbeitendes Industriedenkmal".

und beginnenden 19. Jahrhundert eine untergeordnete Rolle. Der Grund: Die wenig effektiven alten Räder lieferten nicht genügend Energie. Das änderte sich schlagartig mit Erfindung der Turbine (die ersten kamen ab 1830 aus Frankreich). Nun zog Augsburgs Reichtum an Fließwasser die Aufmerksamkeit vieler Textil-Großunternehmer auf sich.

Im Jahre 1840 bedienten sich in der Stadt 126 Werke mit 230 Rädern beziehungsweise Turbinen der Wasserenergie. Das war die absolute Höchstzahl. Proviantbach, Hanreibach, Fichtelbach, Sparrenlech, Stadtbach und Schäfflerbach wurden zu „Industriekanälen" ausgebaut. Ab 1830 war der Wasserreichtum Augsburgs entscheidend für Fabrikneubauten. Die Übersiedlung der Kammgarnspinnerei von Nürnberg nach Augsburg im Jahre 1836 erfolgte nur aufgrund der hier vorhandenen Wasserenergie. Weitere Fabrikgründungen an den großen Kanälen folgten.

Verbesserte Technik ermöglichte von Jahr zu Jahr höhere Nutzungsgrade. 1850 erzeugten 203 Wasserräder bzw. Turbinen 2557 „dynamische Pferdestärken", innerhalb von 15 Jahren verdoppelte sich die Ausbeute auf fast 5200 PS. 1902 lagen an den Lechkanälen nur mehr 69 Triebwerke, die jetzt aber 10.680 PS lieferten.

Um 1890 begann in Augsburg die Nutzung von Lech- und Kanalwasser zur Erzeugung elektrischer Energie. Die in der Stadt reichlich vorhandene natürliche Kraft-Ressource Wasser, Augsburgs Lebenselixier und Garant für Wohlstand seit vielen Jahrhunderten, bekam eine neue nachhaltige Aufgabe. Heute erzeugt Wasser im Stadtbereich mehr Elektrizität denn je, und die Zahl von Stromgeneratoren nimmt weiter zu.

Die Erinnerung an die Uralt-Technik halten Wasserrad-Nachbauten beim Vogeltor und an der Schwibbogengasse aufrecht. Die „Leche" rauschen nach wie vor entlang den Häusern in den Altstadtgassen. Die Zeugen der frühen Trinkwasser-Geschichte sind unübersehbar. Es sind fünf einstige Brunnentürme: drei beim Roten Tor, ein Viereckturm über dem Unteren Graben (in dessen einstigem Pumpenhaus bei den sieben Kindeln befindet sich jetzt ein Kino) und der „Untere Jakober-Brunnenturm" am Stadtgraben beim Oblatterwall.

Rechts:
Rokoko-Festsaal
im Schaezlerpalais.
Foto: Achim Bunz

Das Schaezlerpalais und die Staatsgalerie Alte Meister in der Katharinenkirche – Glanzlichter der Kunstsammlungen und Museen Augsburg

Die *Kunstsammlungen und Museen Augsburg* fassen sieben Museen unterschiedlicher Ausrichtung unter einem Dach zusammen: das Römische Museum in der Dominikanerkirche, das Naturmuseum in den Augusta-Arkaden, die Deutsche Barockgalerie sowie Karl-und-Magdalene-Haberstock-Stiftung im Schaezlerpalais mit der angegliederten Staatsgalerie Alte Meister in der Katharinenkirche, das Maximilianmuseum im Hainhofer- bzw. Welserhaus, das Mozarthaus, die Neue Galerie im Höhmannhaus sowie das H2 – Zentrum für Gegenwartskunst im Glaspalast mit der 2006 neu eröffneten Staatsgalerie Moderne Kunst. Dieser Verbund bietet einen umfassenden Einblick in die Kultur- und Naturgeschichte der alten Reichsstadt Augsburg und ihres kulturhistorischen Umfeldes bis in die Gegenwart.

SCHAEZLERPALAIS

Oben: Blick in die Deutsche Barockgalerie. Foto: Christina Bleier

Rechts: David Roentgen (1743–1807), Standuhr, Neuwied um 1785; Dauerleihgabe der Ernst-von-Siemens-Kunststiftung. Foto: Kunstsammlungen und Museen Augsburg

Schaezlerpalais: Wohnhaus eines Bankiers

Das Schaezlerpalais wurde 1765 bis 1770 als Wohnsitz des Bankiers und Händlers Benedikt Adam von Liebert, Edler von Liebenhofen (1731–1810) am Weinmarkt der alten Reichsstadt Augsburg errichtet. Die Einweihung des von der Familie so bezeichneten „Stadthauses" erfolgte am 28. April des Jahres 1770 durch Marie Antoinette, die auf ihrer Brautreise – sie sollte am 16. Mai 1770 in Paris den französischen Dauphin heiraten – in Augsburg logierte.

Die Nachfahren, Dr. Wolfgang Lorenz von Schaezler und seine Frau Hilda Sophia, schenkten 1958 das Gebäude der Stadt Augsburg mit der Auflage, dieses nur zu kulturellen Zwecken zu nutzen. Heute befinden sich im Schaezlerpalais die Deutsche Barockgalerie, die Grafische Sammlung, die Karl-und-Magdalene-Haberstock-Stiftung, ferner der Sitz der Direktion und Verwaltung des Augsburger Museumskomplexes. Zwischen 2004 und 2006 wurde das prachtvolle Bauwerk für rund 5,7 Millionen Euro restauriert und renoviert. Diese umfangreiche Maßnahme war nur möglich durch die breite Unterstützung von Stadt, Freistaat, dem World Monuments Fund sowie eines eigens hierfür gebildeten Förderkreises Schaezlerpalais Augsburg unter Federführung von Kurt F. Viermetz, Hubert Stärker und Dr. Georg Haindl. Mit der Restaurierung war auch eine Neukonzeption der Sammlung verbunden, bei der die Deutsche Barockgalerie im ersten Obergeschoss untergebracht wurde, während die Karl-und-Magdalene-Haberstock-Stiftung in den drei vorderen Repräsentationsräumen des zweiten Obergeschosses präsentiert werden. Die sich hier anschließenden Räume der großen Enfilade dienen nunmehr zu Wechselausstellungen, die aus eigenen und fremden Beständen zusammengestellt werden. Im Erdgeschoss befindet sich im Anschluss an die Kasse neuerdings eine Cafeteria, die mit Hilfe der Nachfahren, der Familie Dr. Siedler von Schaezler in Scherneck, mit originalen Biedermeier-Möbeln aus dem Schaezlerschen Besitz eingerichtet wurde.

In der **Deutschen Barockgalerie** ist eine herausragende Sammlung von Gemälden des 17. bis 18. Jahrhunderts präsentiert. Diese Ausstellung gliedert sich in thematische Einheiten, die es dem Besucher ermöglichen, unterschiedliche Aspekte der Barockkunst erfahren zu können.

Rechts: Giovanni Antonio Canal, genannt Canaletto, Teilansicht der Piazza San Marco in Venedig, um 1735, eines der Hauptwerke der Haberstock-Stiftung (Kunstsammlungen und Museen Augsburg). Foto: Helmut Schreiber

Zu finden sind hier die Themen *„Die Bewohner des Hauses"*, *„Johann Heinrich Schönfeld"*, *„Mythos und Historie"*, *„Augsburger Akademie"*, *„Der Künstler im Bild"*, *„Stillleben"* usw. Die Gemälde und Ölskizzen sind jeweils vor unterschiedlichen Wandfarben präsentiert, die sich ihrerseits von den monochromen originalen Supraportenmalereien ableiten, d. h. die vier Farben Gelb, Rot, Grün und Blau ziehen sich als koloristischer Leitfaden durch die Präsentation. Ein herausragendes Ausstattungsstück ist die im Jahr 2006 mit Hilfe der Ernst-von-Siemens-Kunststiftung erworbene monumentale Standuhr aus der Roentgen-Werkstatt in Neuwied, die neueren Forschungen zufolge nicht nur aus dem Besitz der Familie von Schaezler stammt, sondern vorher schon durch den Augsburger Fürstbischof Clemens Wenzeslaus für sein Koblenzer Schloss erworben worden war. Das moderne Musikmöbel, das die Ebenistenkunst des 18. Jahrhunderts auf allerhöchstem Niveau dokumentiert, vermag aufgrund eines eingebauten Flöten- und Zymbalwerkes vier verschiedene Musikstücke wiederzugeben. Die im Speisesaal aufgestellte, um 1785 gefertigte, Standuhr leitet so gewissermaßen den Höhepunkt der Architektur des Schaezlerpalais, den großen Festsaal ein, der aufgrund seiner original erhaltenen Ausstattung zu den größten architektonischen Kostbarkeiten der Stadt Augsburg zählt. Annähernd 95 % der Oberfläche sind in ihrem originalen Zustand erhalten geblieben. Bedeutende Künstler wie der kurbayerische Hofstuckateur Franz Xaver Feichtmayr d. J. (1735–1803) und dessen Bruder Simpert (1732–1806) sowie der Bildhauer Placidius Verhelst (1727–1778) trugen ebenso zur Ausstattung des Festsaales bei wie der Wandermaler Gregorio Guglielmi (1714–1773), der das Deckenfresko mit der Darstellung *Der Handel verbindet die Erdteile* malte. Der Festsaal umfasst ein universelles Programm, das die Erdteile im Deckenfresko, die Jahreszeiten, Tierkreis- und Elementenzeichen als Symbole an den Spiegelrahmen ebenso miteinbezieht wie die Flora und Fauna der Erdteile in den Supraporten. Dieses weltumspannende Programm reflektiert das allumfassende Denken des Barockzeitalters und den universellen eurozentrischen Machtanspruch, der sich auch auf den vom Festsaal einzusehenden Garten ausdehnt. Die symmetrische Vierfelderanlage mit zentralem Brunnen wurde rekonstruiert, so dass sich die Rokoko-Struktur des Bauwerks auch im gestalteten Naturraum erkennen lässt.

STAATSGALERIE ALTE MEISTER

Basilikatafel „San Paolo fuori le mura" mit Szenen aus dem Leben des Hl. Paulus, um 1504, Hans Holbein d. Ä. Foto: Joachim Blauel, Artothek, Peißenberg

Das sich an den Festsaal im Schaezlerpalais anschließende Dreieckszimmer mit Resten der originalen, in Augsburg gefertigten Wandbespannung bildet den Übergang zur Staatsgalerie Alte Meister in der ehemaligen Katharinenkirche.

Als am 12. Oktober 1835 – noch ein Jahr vor Eröffnung der Pinakothek in München – die Staatsgalerie in der ehemaligen Katharinenkirche eröffnet wurde, entstand die älteste Schwester der Münchener Pinakotheken. Die hier aufgrund der Erbfolge des Hauses Wittelsbach und der Säkularisation erfolgte Konzentration der Bestände geht auf eine Idee des Galeriedirektors Johann Christian von Mannlich (1741–1822) zurück, der bereits 1806 eine Präsentation der umfangreichen Malereibestände aus den Residenzen Mannheim, Zweibrücken und Düsseldorf in Augsburg vorsah. Für die Präsentation der Bilderschätze wurde eigens die profanierte Katharinenkirche, ein 1239 gegründetes Dominikanerinnenkloster, hergerichtet.

Links: Deckenfresko im Festsaal des Schaezlerpalais: Der Handel verbindet die Erdteile. Foto: Achim Bunz

Seit 1964 ist hier ein geschlossener Bestand an deutscher Altmeistermalerei aus Schwaben und Augsburg ausgestellt, darunter der so genannte *Basilikazyklus,* ein Gemäldezyklus mit den Darstellungen der sieben Hauptkirchen Roms, den Hans Holbein d. Ä. (um 1465–1524), Hans Burgkmair (1473–1531) und ein Meister „L. F."

zwischen 1499 und 1504 für den Kapitelsaal der Katharinenkirche schufen. Dieser Zyklus zählt zu den herausragenden Meisterleistungen altdeutscher Malerei, da er durch sein komplexes Bildprogramm einen vertiefenden Einblick in die Frömmigkeit des Spätmittelalters liefert. Grundlage des Zyklus ist ein Ablassprivileg, das den Augsburger Dominikanerinnen von St. Katharina im Jahre 1487 gewährt worden war: So konnten die Ablässe, die den Pilgern beim Besuch der sieben Hauptkirchen Roms zuteil wurden, auch in Augsburg selbst erlangt werden, ohne dass der weite Pilgerweg zurückgelegt werden musste. Gestiftet wurden die Tafeln von den Bewohnerinnen des Klosters, den Töchtern bedeutender Patrizierfamilien in Augsburg.

Ein herausragendes Werk von internationaler Bedeutung stellt zweifelsohne Albrecht Dürers (1471–1528) *Porträt Jakob Fuggers des Reichen (1459–1525)* um 1520 dar (s. S. 37), das diesen als wohlhabenden Kaufmann mit Pelzschaube und venezianischer Haube in einem kalkig blauen Grund zeigt. Jakob Fugger war seit 1510 alleiniger Leiter der Handelsgesellschaft der Fugger, die das damals größte Bankhaus Europas besaß. 1514 wurde er als erster deutscher Kaufmann mit der Reichsgrafenwürde ausgestattet.

Auch Lucas Cranachs (1472–1553) Holztafel *Samson und Delila* von 1529, die ehemals im Augsburger Rathaus hing, zählt zu den Höhepunkten der Altmeister-Sammlung in der Katharinenkirche und darf als ein moralisierendes Exempel für die „Weibermacht“ gelten. Das Bild zeigt den Moment, als Delila Samson das Haar abschneidet und dieser damit seine Unbesiegbarkeit verliert. Die einsetzende Wehrlosigkeit setzt Cranach durch die gleichsam zusammenhanglos wirkende Körperlichkeit Samsons ins Bild, dessen Beine und Arme wie Versatzstücke in der pyramidalen Figurenkomposition erscheinen, während im Hintergrund die Philister nahen, um ihn zu blenden.

Die Staatsgalerie in der Katharinenkirche darf mit ihrer in Augsburg und Bayerisch-Schwaben verankerten Ausrichtung als eine der hervorragenden Sammlungen spätmittelalterlicher Malerei in Bayern gelten.

Unten:
Hans Burgkmair, Anbetung der Hirten, um 1518. Foto: Artothek, Peißenberg

Rechts:
Lucas Cranach, Samson und Delila, 1529. (Kunstsammlungen und Museen Augsburg).

Das Mozartporträt schuf Leonhard Posch 1788 nach dem „lebenden Modell". Heute gehört Poschs Relief, das Mozarts Sohn für das „vollkommen ähnlichste Porträt" hielt, zu den größten Schätzen der Augsburger Mozart-Sammlungen.

„Wir sind Mozart!" – Augsburg im Mozart-Jubiläumsjahr 2006.

MOZARTSTADT AUGSBURG

Allegro: Gottvater und Papa

Augsburg ist eine Mozartstadt! Nicht nur, dass Träger des Namens Mozart seit der Mitte des 15. Jahrhunderts um Augsburg nachweisbar sind. In Augsburg selbst erwarb als erster der Maurergeselle David Mozart 1643 das Bürgerrecht. Dessen Urenkel, der spätere *fürsterzbischöflich-salzburgische Vizekapellmeister und Hofkomponist* Johann Georg Leopold, kam am 14. November 1719 im „Mozarthaus" in der Frauentorstraße 30 als Sohn eines Buchbindermeisters, wichtiger noch: als Augsburger, auf die Welt. Zeitlebens blieb Leopold seiner Geburtsstadt freundschaftlich verbunden und ließ sich 1748 und 1751 sogar sein Augsburger Bürgerrecht bestätigen. Rege musikalische Beziehungen unterhielt man von Salzburg aus zum Kloster Heilig Kreuz, zum *Collegium musicum*, einem Kreis mehr oder weniger begabter Laien- und Profimusiker, das zahlreiche seiner Werke aufführte, und zu dem Musikverleger Johann Jakob Lotter, bei dem Leopold 1756 sein musikalisches Vermächtnis, den „Versuch einer gründlichen Violinschule", in Druck gab.

Kein Zweifel: Leopold wäre als einer der größten Musiklehrer und -theoretiker des 18. Jahrhunderts in die Geschichte eingegangen, und nicht nur in die Augsburger! Doch war mit dem denkwürdigen 27. Januar 1756, als ihm und seiner Frau Anna Maria Pertl das verflixte siebte Kind geboren wurde – „der Bub heißt Joannes Chrisostomus Wolfgang Gottlieb", meldete der Vater damals beiläufig nach Augsburg –, sein eher undankbares Schicksal im Schatten seines Sohnes besiegelt. Doch erkannte der gewiefte Leopold bald die besondere Begabung des Kindes, organisierte ein noch heute beeindruckendes Management und blieb nicht nur in musikalischen Dingen der einzige Lehrer seines Sohnes, der übrigens nie eine öffentliche Schule besucht hatte. Im sentimentalen Rückblick auf seine Salzburger Kindheit urteilte Wolfgang einmal: „Nach Gott kommt gleich der Papa; das war als Kind mein Wahlspruch, und bey dem bleibe ich auch noch." Was folgte, war ein kurzes schillerndes Leben voller Höhen und Tiefen, das schon am 5. Dezember 1791 um 0.55 Uhr ein „hitziges Frieselfieber" vollendete.

Leopold Mozarts
Hochfürstl. Salzburgischen Vice-Capellmeisters
gründliche
Violinschule,
mit
vier Kupfertafeln
und
einer Tabelle.

Zweyte vermehrte Auflage.

Auf Kosten des Verfassers.

Augsburg,
gedruckt bey Johann Jacob Lotter. 1770.

„Ein Werk, dass sich brauchen lässt" – Leopold Mozarts „Versuch einer gründlichen Violinschule" erschien erstmals 1756, im Geburtsjahr seines Sohnes Wolfgang, in Augsburg.

Zurück zu besseren Zeiten. Jenes Wunder, „welches Gott in Salzburg hat lassen gebohren werden", betrat am 22. Juni 1763 als Siebenjähriger das erste Mal die ‚Vatterstadt seines Papa'. Etwas über Standes logierten „Herr Muzard mit Frau" „in 3. Mohren", damals wie heute das erste Haus am Platze in der Augsburger Maximilianstraße. Die Unterkunftskosten betrugen mit 95 Gulden übrigens fast das dreifache von Leopolds Monatsbesoldung. Einem staunenden Publikum stellte der schwäbisch-geschäftstüchtige Vater den „Sechsjährigen (!) Clavicembalisten aus Salzburg" vor. Was damals als besondere Attraktion beschrieben wird – der Kleine könne, „wenn er eine Gloke läuten, und eine Uhr, ja sogar eine Sackuhr, schlagen hörte", den exakten Ton benennen –, war freilich kein Konzert, sondern eher eine der damals so beliebten Experimentalschauen. Die Grenze zum Varieté wurde vollends überschritten, wenn Darbietungen auf einer mit einem „Schnupftuch" verdeckten Klaviatur gegeben wurden. Wen stört's? – Umjubelt setzte der *Familienzirkus Mozart* seine Tournee am 7. Juli Richtung Mannheim und alle bedeutenden westeuropäischen Musikmetropolen fort. Später traf das nicht Selbstverständliche ein: aus dem gefeierten Wunderkind war der ernstzunehmende Komponist ‚Wolfgang Amadé' geworden. 1777 erbat Mozart seine Dienstentlassung aus der Salzburger Hofkapelle, um sein „Glück weiter zu suchen". Am 23. September um sechs Uhr morgens brach Mozart mit seiner Frau Mutter (der Vater hatte keine Beurlaubung erhalten) von Salzburg aus zu einer anderthalbjährigen Reise auf. Was sollte sie bringen? Leopold, ganz der Geschäftsmann, hatte es auf den Punkt gebracht: „Die Absicht der Reise, und zwar die nothwendige Absicht, war, ist und muß seyn, einen Dienst zu bekommen oder Geld zu erwerben." Der kurfürstliche Hof in München hatte sich entgegen der hochgesteckten Erwartungen als recht ungnädig erwiesen; und Augsburg war die nächste Station der Reise …

Adagio I: Unterhosen und Schnupftücher

Nach vielerlei Enttäuschungen und Ärgernissen in München – so hatte der Kurfürst Mozart zu verstehen gegeben, man möge sich bitteschön erst einmal in Italien prominent machen –, richteten sich die Hoffnungen nun auf die Geburtsstadt des Vaters und sein (so dachte man irrtümlich …) kunstbeflissenes Patriziat. Ausge-

„Zirkus Mozart." – Der Lithographie liegt der berühmte Kupferstich aus dem Jahr 1764 zugrunde. Wir sehen den musizierenden Leopold Mozart mit seinen Kindern Wolfgang und Maria Anna.

stattet mit allerhand gut gemeinten Ratschlägen des Vaters... „Wenn ihr zu wenig Schnupfdücher habt, so ist vielleicht Augspurg der beste Ort, ein halb Duzet oder ein Duzet zu kaufen, aber keine blauen, die die Farb lassen, oder die Nasen auffressen. Auch wird in Augspurg die Leinwand noch am wohlfeilsten seyn, dir noch zwey oder wenigst eine Unterhosen machen zu lassen"... machte Wolfgang Amadé vom 11. bis zum 26. Oktober 1777 in Augsburg Halt.

Um die nach dem Münchner Debakel arg gebeutelte Reisekasse zu entlasten, rät Leopold per Post, diesmal im Weißen Lamm „in der heil: Kreuzergasse" abzusteigen, „wo ihr Mittags die Person 30 Kreuzer bezahlt und schöne Zimmerl sind, auch die ansehnlichsten Leute, Engelländer, Franzosen etc: einkehren". Von weit reichender Bedeutung sollte noch werden, dass „in der Nähe, nämlich in der Jesuitengasse (Hausnummer 26)" Leopolds „Bruder Franz Aloisi" – der Vater des berüchtigten „Bäsle" Maria Anna Thekla Mozart – lebte. Doch dazu später.

Einer der ersten Besuche Wolfgangs galt dem berühmten Orgel- und Klavierbauer Johann Andreas Stein, einem Schüler des noch berühmteren Johann Andreas Silbermann in Straßburg. Seit den 1750er Jahren hatte sich Stein zunehmend dem Klavierbau verschrieben; 1773 war ihm in Augsburg die Erfindung eines neuen Auslösemechanismus gelungen, der später bedauerlicherweise als „Wiener Mechanik" Furore machte. Zu Johann Andreas Stein pflegten Mozarts schon lange freundschaftlichen Kontakt. Steins „artiges Clavierl" tat bereits 1763 auf den Konzertreisen der Mozarts „grosse Dienste".

Am 12. Oktober 1777 machte sich Mozart also, versehen mit einem freundlichen Empfehlungsschreiben des Vaters, ins Steinhaus am Ulrichsplatz 10 auf. Witzelsüchtig wie gewohnt, verstellte sich Wolfgang zuerst und antwortete auf Steins Frage, ob er Mozart sei, mit nein: „O Nein, sprach ich, ich nenne mich Trazom, ich habe hier einen Brief (des Vaters) an sie. Er nahm den Brief und wollte ihn gleich erbrechen. Ich liesse ihm aber nicht Zeit, und sagte, was wollen sie denn iezt da den Brief lesen, machen sie dafür auf, daß wir im Saal hinein können; ich bin so begierig ihre Piano forte zu sehen... Er machte auf. Ich lief gleich zum einen von den 3 Claviern, die im Zimmer stunden. Ich spiellte, er konnte kaum den Brief auf bringen, vor begierde überwiesen zu seyn, er

laß nur die Unterschrift. O, schrie er, und umarmte mich... und war halt sehr zufrieden." Und Mozart war von den Steinschen *Forte pianos* begeistert! Weniger günstig fiel übrigens einmal Mozarts Urteil über Steins beim Klavierspiel ständig grimassierende und wild gestikulierende Tochter Nanette aus.

Was die nächsten zwei Wochen folgte, war ein touristisches Besuchsprogramm mit, selbstverständlich, kulturellen Akzenten: Nur einer von vielen Glanzpunkten war da der Besuch des im Jahr zuvor errichteten Schauspielhauses am Lauterlech (wie so viele Augsburger Mozartstätten im Bombenkrieg 1944 zugrunde gegangen), wo am Abend des 14. Oktober das Lust- und Singspiel „Der Teufel ist los" sowie das Ballett „Der betrunkene Bauer" gegeben wurden, an dem, rein zufällig, Emanuel Schikaneder mitwirkte. Das neue Etablissement am Lauterlech hatte sich übrigens bald zu einem Zentrum der deutschen Mozartverehrung entwickelt: Bereits 1777 wurden hier „Bastien und Bastienne" aufgeführt und 1780 die deutsche Singspielfassung von „La finta giardiniera" („Die Gärtnerin aus Liebe"). Der „Don Giovanni" wurde 1787, noch im Uraufführungsjahr, gegeben. 1791 folgte

Der schöne Schein trügt, denn Maria Anna Thekla Mozart, kurz: das Bäsle, war „auch ein bischen schlimm". Bleistiftzeichnung von 1777/78.

„Die Entführung aus dem Serail" und am 21. Januar 1793 mit der „Zauberflöte" eine der ersten Inszenierungen außerhalb Wiens von Mozarts vielleicht populärstem Stück, das Gemeinschaftswerk mit dem ‚betrunkenen Bauern', Schickaneder. Es folgten Orgelproben in der Barfüßerkirche (auch Steins viel gerühmtes Instrument 1944 zerstört), Soupé samt improvisierter Fuge, auch „arschling", für den Kenner: „von hinten, krebsgängig", in Heilig Kreuz, ein Kanon über „O du Schwanz du, leck du mich im Arsch" in St. Ulrich, allüberall Komplimente und Honneurs. Noch an keinem Ort sei er „mit so viellen Ehrenbezeügungen überhäuffet worden, wie hier". Und seit dem Tag seiner Ankunft wallfahrte seine Verehrergemeinde vor sein Logis in der Heilig Kreuzer Gasse. Heimkehr im Triumph in die Stadt der Väter! Und das war auch gut so, denn schließlich mussten die Reisekosten durch Konzerte erwirtschaftet werden. Schon drangen die missbilligenden Worte des Vaters von Salz- nach Augsburg: „Ihr habt euch zu lang in München aufgehalten und in Augspurg must du doch ein oder 2 Concert geben, um doch etwas einzunehmen, es mag wenig oder viel seyn; die schönen Worte, Lobsprüche und Bravissimo zahlen weder Postmeister noch Wirthe."

Gesagt, getan … bereits am 12. Oktober, dem ersten Tag seines Augsburger Aufenthalts, macht Mozart mit seinem Onkel am Vormittag die Aufwartung bei dem mächtigen katholischen Stadtpfleger (wie in Augsburg damals die Bürgermeister hießen) Jakob Wilhelm Benedikt Langenmantel von Westheim und Ottmarshausen. Langenmantel war ehedem Mitschüler Leopold Mozarts am Jesuitengymnasium und Studienkollege an der Universität in Salzburg, und die Erinnerungen an „ihro Gnaden" waren denkbar schlecht gewesen. Das Schicksal nahm seinen Lauf: Während der Oheim „wie ein Laquais" im Vorhaus des Herrn „Longotabaro" (Langenmantel) warten musste, durfte Mozart „in Gegenwart des gestarzten Herrn Sohn, und der langhachsigten gnädigen jungen Frau, und der einfältigen alten Frau so beyläufig 3/4 Stunden auf einem guten Clavicord von Stein" spielen. Da Mozart auf ein Konzert vor den Patriziern hofft, spielt er auch am folgenden Tag nochmals rund eine Stunde lang und wird erneut aufgefordert, am 14. um 11 Uhr zur ‚musikalischen Unterhaltung' zu erscheinen. Dabei gab der junge Langenmantel beiläufig zu verstehen, dass es mit der versprochenen „Accademie" (einem Konzert vor den Patriziern) wohl nichts werden würde: „Kam um 11 Uhr. Da macht er mit eine Menge Schwänz (Ausflüchte). Sagte ganz gleichgültig hören sie, mit der Accademie ist's nichts … die Herren Patritti sagten mir, ihr Caßa stehe sehr schlecht, und daß sey kein Virtuos, dem man einen Souvrain d'or geben könne." Mozart ist erzürnt, spielt aber trotzdem noch zwei Konzerte und ein Trio auf der Violine: „Ich hätte gern mehr gegeigt, aber ich wurde so schlecht accompagnirt, daß ich die Colic bekamm."

Adagio II: Orden und andere Ehrenzeichen

Es sollte noch schlimmer kommen: Leopold hatte dem Sohn den wohlmeinenden Rat gegeben, seinen Orden vom Goldenen Sporn anzulegen, der ihm 1770 von Papst Clemens XIV. verliehen worden war und der ihm bei dem „regierenden Schellenkönig", dem Stadtpfleger Langenmantel, „Ansehen und Respect" verschaffen sollte. Sollte! Denn abschätzig meinte dazu der junge Langenmantel, Jakob Alois Karl, er könne Mozarts päpstlichen Orden ja für sich nachmachen lassen: „Also morgen werde ich zu ihnen schicken, und da werden sie die Güte haben und mir das Kreüz nur einen Augenblick zu leihen, ich werde es ihnen gleich wieder schicken. Nur damit ich mit dem Goldschmied reden kann … wie hoch es zu schäzen sey, so

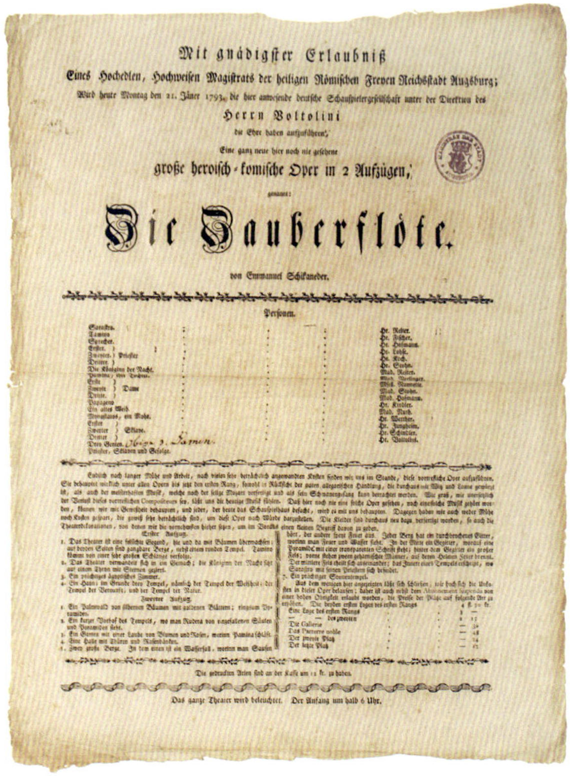

Mit gnädigster Erlaubniß
Eines Hochedlen, Hochweisen Magistrats der heiligen Römischen Freyen Reichsstadt Augsburg;
Wird heute Montag den 21. Jäner 1793. die hier anwesende deutsche Schauspielergesellschaft unter der Direktion des
Herrn Voltolini
die Ehre haben aufzuführen:
Eine ganz neue hier noch nie gesehene
große heroisch-komische Oper in 2 Aufzügen,
genannt:
Die Zauberflöte.
von Emmanuel Schikaneder.

Personen.

Das ganze Theater wird beleuchtet. Der Anfang um halb 6 Uhr.

„Mit gnädigster Erlaubniß … Die Zauberflöte!" – Plakat zur Augsburger Erstaufführung am 21. Januar 1793. In den nachfolgenden Jahren wurde die Zauberflöte häufiger als alle anderen Opern Mozarts wiederholt (1794 vier Aufführungen, 1796 und 1797 je fünf).

wird er mir sagen, etwa einen bayerischen Thaler. Es ist auch nicht mehr werth, dann es ist ja nicht vom Gold, sondern vom Kupfer, Hehe." Es kommt zum Eklat. Ein Wort gab das andere. – Mozart: „Ich sagte, Gott behüte, es ist vom Blech, Hehe. Mir war warm vor Wuth und Zorn." – Langenmantel jun.: „Ich kann ja allenfals den Sporn weglassen?" – Mozart: „O ja, sagte ich; sie brauchen keinen, sie haben ihn schon im Kopf… er wurde ein wenig bleich." Nicht ohne Pathos erklärt Mozart dem jungen Adelsschnösel „v. KurzenMantel": „Ich kann noch eher aller Orden, die sie bekommen können, bekommen, als sie das werden, was ich bin; und wenn sie 2mahl sterben und wieder gebohren werden." Wegen „so viell Affront" ist Wolfgang entschlossen, sich „vom ganzen Patritiat im arschlecken zu lassen, und weg zu reisen". Allein das Bäsle verhindert beides: „Wenn nicht ein… liebs Bäsle da wäre, so reüete es mich so viell als ich Haar im Kopf habe, daß ich nach Augsburg bin."

Die alte Binsenweisheit vom Ansehen des Propheten im eigenen Lande schien sich an Mozart zu bewahrheiten. Doch trotz des gleich mehrfachen Eklats im Hause Langenmantel gelang es dem Klavierbauer Stein, den zutiefst Gekränkten umzustimmen und am 16. Oktober doch noch ein Konzert „ganz allein für die Herren Patritii" im Saal der Herrentrinkstube gegenüber dem Rathaus zu geben. Mozart spielt die Klaviersonate KV 283. „Alles war gut bis auf das Accompagnement." Der Baron von Rehlingen bedankte sich brav und gab ihm lächerliche 2 Dukaten, das sind 10 Gulden. Nur zum Vergleich: Als 1779 der Schausteller Martin Berschitz, der mit physikalischen Experimenten ein Schaubudenprogramm abhielt, bei den Jesuiten von St. Salvator in Augsburg gastierte, zahlte man ihm 150 Gulden. Mozart erinnerte sich des Konzerts als „die vornehme Bauernstube Accademie". Ja, man wäre gerne dabei gewesen, bei jenem denkwürdigen Abend, von dem Wolfgang nach Salzburg berichtete: „Es war eine Menge Nobleße da, die Ducheße Arschbömmerl, die Gräfin Brunzgern, und dann die Fürstin Riechzumtreck, mit ihrn 2 Töchter, die aber schon an die 2 Prinzen Mußbauch vom Sauschwanz verheyrathet sind…"

Textbücher aus den 1790er Jahren in der Augsburger Mozart-Sammlung.

Wie es der unermüdliche Stein danach aber erreichte, Mozart für den 22. Oktober ein zweites, diesmal öffentliches Konzert im Konzertsaal des Fuggerhauses abzuringen, bleibt sein Geheimnis. Jedenfalls kündigte die Annonce in der Augsburgischen Staats- und Gelehrtenzeitung wirklich Großes an: „Etwas für Kunst- und Musikliebende! Ehre für uns, lieber Patriot! Einen Tonkünstler, einen Landsmann hier zu haben, um den uns ganz England, Frankreich und Italien beneidet. Wer ein wenig mit politischen Blättern bekannt, wird wissen, dass es niemand als Herr Chevalier Wolfgang Amadee Mozart seyn kann, der in seiner zarten Jugend bey obigen Nationen so große Wunder gethan. Lasst sehen, ob ers auch bey uns thut?… Herr Mozart wird sich alle Mühe geben, seine Herren Landsleute etliche Stunden recht herrlich zu unterhalten."

Und das hat er dann auch! Die Kritik erschien am 24. Oktober und war hymnisch. Stein hatte gerade zufällig drei Forte pianos fertig, so dass man zu dritt spielen konnte, Mozart, der Domorganist Johann Michael Demmler und Stein selbst. Gegeben wurde u. a. das Lodronsche Konzert (KV 242), Allegro, Adagio und Rondeau – „ein starkes Concert für drey Claviere… Alles war außerordentlich geschmackvoll und bewundernswerth… Die Composition gründlich, feurig, mannigfaltig und einfach: die Harmonie so voll, so kräftig, so unerwartet, so erhebend; die Melodie so angenehm, so tänzelnd, und alles so neu; der Vortrag auf dem Forte-Piano so nett, so rein, so voll Ausdruck, und doch zugleich so außerordentlich geschwinde, daß man kaum wußte, worauf man zuerst merken sollte, und alle Zuhörer zum Entzücken hingerissen wurden… Patriotisch denkende hatten das besondere Vergnügen, aus der Stille und dem allgemeinen Beyfall der Zuhörer zu sehen, daß man bey uns wahre Schönheiten zu schätzen wisse." Zu Mozarts größter Satisfaktion konnte somit nach Salzburg gemeldet werden: „Das hiesige Consert ist unvergleichlich ausgefahlen, das mehrer wird die Zeittung geben."

Auch das ist Mozart: Gertrud Kottermaier alias „die Mozartin" am Steinschen Forte Piano im Augsburger Mozarthaus.

Rondeau: Fürze und Pfaffenschnitzel

„Das Concert hat 90 Gulden getragen ohne Abzug der Unkösten. Wir haben also nun mit die 2 Ducaten auf der Stube 100 Gulden eingenommen. Die Unkösten vom Concert haben nicht mehr als 16 Gulden 30 Kreuzer betragen. Den Saal hatte ich frey... Wir haben nun in allem 26 oder 27 Gulden verlorren. Das geht noch an." Die Weiterreise gesichert, Packen, ein letzter Besuch bei der Verwandtschaft, am Sonntag, dem 26., morgens, Abreise von Augsburg. Von zwei späteren Kurzaufenthalten abgesehen: Auf nimmer Wiedersehen! Was blieb von Mozart in der ‚Vatterstadt seines Papa'? Eines ist sicher: In der Jesuitengasse 26 ein zerknirschtes Bäsle auf einem wahrscheinlich tränenfeuchten Poesiealbum („Votre tres affectioné Neveu Wolfgang Amadée Mozart") und in stiller Erwartung... eines guten Dutzends reichlich derber Briefe („ich scheiss dir auf d'Nasen" etc. etc.).

Mozarts Bäsle: Maria Anna Thekla Mozart, 1777 im Alter von 18 1/2 Jahren, verbrachte ihre Jugend in Augsburg, wo sie 1784 eine uneheliche Tochter gebar (nicht von ihrem Cousin!), zog nach Kaufbeuren, 1814 nach Bayreuth, starb dort 1841, ein ganzes halbes Jahrhundert nach Wolfgang. Ihr Cousin bezeichnete sie als „schön, vernünftig, lieb, geschickt und lustig" und „auch ein bischen schlimm". Ein bisschen? Von Leopold Mozart erfahren wir, seiner Nichte werde „zu viel Bekanntschaft mit Pfaffen" nachgesagt. In der Tat: beim Besuch in St. Ulrich, wo man von Pater Aemilian Angermayr („ein hofärtiger Esel und ein einfältiger Wizling seiner Proffeßion") empfangen wurde, beobachtete Wolfgang nicht ohne einen leichten Anflug von Eifersucht „Er (Pater Aemilian) wollte immer seinen Spaß mit den Bäsle haben, sie hatte aber ihren Spaß mit ihm". Freilich widersprach er dem Vater mit Nachdruck: das Bäsle sei „nichts weniger als ein Pfaffenschnitzel... und wider das Pfaffenschnitzel protestiert sie (das Bäsle selbst) solemniter". Natürlich sollte Vater Mozart, wie so oft, recht behalten. Was den Erzeuger des erwähnten unehelichen Kindes betraf: „ein Domherr hat ihr Glück gemacht." Was mag nun aber Vater und Sohn Mozart bewogen haben, als sie 1777 dem Augsburger Augustinerchorherrenstift Heilig Kreuz Handschriften zum Kopieren übergaben (übrigens heute der einzige wirklich historische Augsburger Mozartbestand), ausgerechnet und leichtfertigerweise das Bäsle als „Ober=Aufseherin darüber" einzusetzen... hoffen wir, dass hinter den Klostermauern wirklich nur kritisches Lektorat stattfand...

Viel Witziges und noch mehr Blödsinniges, aber doch wenig wirklich Persönliches, hat Mozart in den Briefen an sein Bäsle geschrieben. Neun sind erhalten, mindestens zwei verschollen oder wurden, mit Rücksicht auf ein delikates Publikum, später beiseite geschafft. Der letzte datiert vom Oktober 1781. Vier Jahre lag damals schon Mozarts kurze, aber heftige Liaison mit Aloysia Weber aus Mannheim zurück, kein Jahr später sollte er deren Schwester Constanze heiraten. Was in Mozarts Briefen an „Mademoiselle Mariaenne", seine „chèr Cousine", sein „Bäsle Häsle", seine „très chére Niéce! Cousine! Fille! Mére, Sœur, et Epouse!", sein „liebstes, bestes, schönstes, liebenswürdigstes, reizendstes, von einem unwürdigen Vetter in Harnisch gebrachtes Bässchen oder Violoncellchen" nun zwischen den Zeilen zu lesen ist oder in den verlorenen Briefen gestanden haben mag, sei der Phantasie jeden Lesers überlassen. Da eine besorgte Mutter die Briefe ans Bäsle wohl vorher überflogen hat, wird in der amourösen Korrespondenz nicht jede voyeuristische Frage (was geschah wirklich in Augsburg – in der Jesuitengasse oder auf verschwiegenen Orgelemporen?) auch ihre befriedigende Antwort finden. Für den Angeklagten und gegen den Vollzug spricht, dass Wolfgang im Dezember 1781, zwei Monate nach dem letzten Bäslebrief, seinem Vater versichert: „dahero kann ich auch schwören daß ich nicht mit keiner Frauen-Person auf diese Art etwas zu thun gehabt habe..."

Behalten also auch wir diskret unsere Mutmaßungen für uns! Behalten wir Joannes Chrisostomus Wolfgang Gottlieb Mozart als ein Genie in Erinnerung, das über solch Profanem steht. Behalten wir Augsburg als *die* deutsche Mozartstadt im Gedächtnis, die ihrem großen Enkel die tiefsten Tiefen, aber auch die höchsten Höhen bereitete. Verabschieden wir uns von Mozart, dem Bäsle und der Mozartstadt Augsburg schließlich so unnachahmlich, wie es eben nur ein solches Genie selbst konnte: „Nun leben sie recht wohl, ich küsse sie 10000mahl und bin wie allzeit der alte junge Sauschwanz Wolfgang Amadé Rosenkranz."

Anmerkung: Alle Zitate folgen der von Wilhelm A. Bauer und Otto Erich Deutsch herausgegebenen Gesamtausgabe „Mozart. Briefe und Aufzeichnungen", Bd. II: 1777–1779, Kassel 1962, wurden zur besseren Lesbarkeit aber sanft einer modernen Orthographie angenähert.

Es war einmal ein Mann mit großer Liebe zum Theater. Der Mann war Schauspieler, ebenso wie seine Frau, die ihn bei allem tatkräftig unterstützte. Zusammen bauten sie 1943 eine kleine Heimbühne, den „Puppenschrein". Der Mann hieß Walter Oehmichen. Er spielte mit seiner Frau und den beiden Töchtern für Freunde der Familie, und die waren begeistert von dem winzigen Marionettentheater, das einen Funken Licht in düstere Zeiten warf. Das Theaterchen überlebte den Krieg nicht, doch die Vision blieb: Walter und Rose Oehmichen schufen in den drei Jahren nach 1945 praktisch aus dem Nichts eine neue, größere Marionettenbühne. Trotz geringster Mittel und mit viel Einsatz wurde – schon damals in den Räumen des Heilig-Geist-Spitals von Baumeister Elias Holl – ein Traum Oehmichens wahr, als sich am 26. Februar 1948 das erste Mal die Kistendeckel öffneten.

Beinahe von Anfang an dabei war Manfred Jenning, 1948 noch ein junger Schauspieler, der mit seinem vielfältigen Talent die Puppenkiste ganz entscheidend mitgeprägt und bereichert hat. Verschiedensten Charakteren an Fäden lieh er seine Stimme, seine zahlreichen Inszenierungen wie „Aladin", „Räuber Hotzenplotz" oder lange Zeit das alljährliche „Kabarettprogramm" machen ihn bis heute unvergessen, er war Hausdichter, Spielleiter, bei vielen Fernsehproduktionen (von 1960 bis 1979) auch Regisseur.

Dank seiner guten Kontakte gelang es Walter Oehmichen, mit seiner Puppenkiste in den Verband Städtischer Bühnen Augsburg aufgenommen zu werden. Bis heute bedeutet das für das Marionettentheater mehr als nur eine Anerkennung seiner Arbeit (u.a. stellt das Theater Augsburg einen Beleuchter mit großer Bühnenerfahrung zur Verfügung). Zudem konzipierte

AUGSBURGER PUPPENKISTE

Oehmichen eine mobile Version seiner Bühne, so dass es den Augsburgern nun auch möglich war, in anderen Städten Gastspiele zu geben.

Vor allem durch die zahlreichen TV-Produktionen (größtenteils in Kooperation mit dem Hessischen Rundfunk) erlangten die Stücke der Puppenkiste deutschlandweit Bekanntheit. Die sich öffnenden Kistendeckel waren zum Symbol liebevoll gemachter Kinderunterhaltung geworden. „Die Muminfamilie“ (1959), „Jim Knopf und Lukas der Lokomotivführer“ (1961) und „Urmel aus dem Eis“ (1969) belebten neben vielen anderen Puppenkisten-Produktionen die deutsche Fernsehlandschaft. Allen wirtschaftlichen Schwierigkeiten zum Trotz kann sich die kleine Bühne im Laufe der Jahre etablieren, nicht zuletzt dank des Engagements aller Familienmitglieder und des Ensembles. Oehmichens Tochter Hannelore entwickelt großes schöpferisches Talent und schnitzt die Figuren für die Neuinszenierungen. Sie wird es auch sein, die das Erbe ihres Vaters weiterträgt: Zusammen mit ihrem Mann Hanns-Joachim Marschall übernimmt sie 1973 die Leitung.

Walter Oehmichen stirbt 1977; zwei Jahre danach Manfred Jenning. 1985 folgt ihnen Rose Oehmichen. Sie hinterlassen eine gereifte Bühne – aus dem Nichts geschaffen und zu großer Bekanntheit geführt. Die nachfolgende Generation ruht sich keineswegs auf den Lorbeeren der Gründer aus. Theaterleiter Hanns-Joachim Marschall bringt die Puppenkiste sicher durch schwieriges Fahrwasser: In den 80er Jahren kürzt die Stadt Augsburg zunächst ihre finanzielle Unterstützung, obwohl das Besucherinteresse ungemindert anhält. Erst 1991 findet man sich finanziell auf soliderem Boden wieder, nachdem sich die Stadt Augsburg, der Bezirk Schwaben und der Freistaat gemeinsam auf ein Sanierungskonzept einigen. Mittlerweile liegt die Theaterleitung in der dritten Generation in den Händen der Brüder Jürgen und Klaus Marschall. Unter deren Führung hat die Puppenkiste im Jahre 1996 ein Mammutprojekt zu bewältigen: Die Verfilmung der Story von „Monty Spinneratz“ für die Kinoleinwand. Zwei Jahre später gibt es wieder etwas zu feiern: Die Augsburger Puppenkiste wird 50 Jahre alt. Das Jubiläum krönt eine große Deutschlandtournee, die über zwei Jahre dauern wird. Ein weiteres Projekt im Jahr 2000: Die Komplettrenovierung des stark sanierungsbedürftigen Theaters, bei der Bühne und Zuschauerraum auf die andere Seite

Linke Seite: Dornröschen (1989); Rumpelstilzchen (1998); Mozart auf der Reise nach Prag (1956).

Rechte Seite: Mit dem Angsthasen in der Klinik; im Puppenmuseum „Die Kiste“: die Brüder Jürgen (li.) und Klaus Marschall.

des Gebäudes verlegt wurden, verlangte von allen Beteiligten Geduld und starke Nerven. Dennoch fand man die Zeit, kurz darauf eine Fortsetzung der TV-Geschichte von „Lilalu im Schepperland“ zu realisieren.

Ganz neues Terrain betrat die Puppenkiste mit ihrem Projekt „Das kleine Känguru und der Angsthase“, das seit Frühjahr 2003 mit Unterstützung der „Hexal Foundation“ läuft: Vier Puppenspieler aus dem Ensemble besuchen Kinderkrankenhäuser in ganz Deutschland, um mit einfachen Mitteln ein kleines „Mut-mach-Stück“ für die Kinder zu spielen, die aufgrund ihrer Erkrankung nicht so einfach in ein Puppentheater kommen können. Ähnlich – nämlich mit Figuren an kurzen Fäden und in offener Spielweise – wird bei „Paula und den Kistenkobolden“ gearbeitet, einer Aktion, die zusammen mit dem „Betainstitut“ auf die Beine gestellt wurde: Seit 2006 wird für Kindergartenkinder ein kleines Werk über den Umgang mit den eigenen Gefühlen gespielt – mit Musik zum Mitsingen und vier bunten Kobolden, die gerade ängstlich, fröhlich, zornig oder traurig sind und mit den Kindern lernen, dass all das zum Leben eben dazugehört.

Große Trauer indes löste der Tod der „Puppenmutter“ Hannelore im Jahr 2003 aus; sie hinterließ in den fast 6000 von ihr geschaffenen Marionetten ein wundervolles und außergewöhnliches Erbe. Jedoch durfte sie noch die Verwirklichung ihres großen Traumes erleben: Die Entstehung und Eröffnung des Museums „Die Kiste“ in den Räumen oberhalb des Theaters, das vom Verein „Freunde des Augsburger Puppenspiels“ getragen wird, und in dem – neben wechselnden Ausstellungen mit Figuren aus aller Welt – auch die Augsburger Stars an Fäden wie Urmel, Jim Knopf und das Sams eine schöne Heimat gefunden haben.

Nun führt Sohn Jürgen Marschall als Leiter der Puppenwerkstatt das Erbe seiner Mutter weiter in die Zukunft. Er ist nun Schöpfer der liebenswerten kleinen Holzköpfe, die mit ihrem Charme Kinder und Erwachsene entzücken – immer dann, wenn sich die Kistendeckel öffnen, beinahe jeden Tag.

Die Gründer, Walter und Rose Oehmichen, hätten auch heute noch eine wahre Freude an ihrer guten alten, neuen, kleinen, großen Puppenkiste, die 2008 ihren 60. Geburtstag feiert.

Die ganze Stadt ist ein einziger Park. Und jeder hat seinen ganz persönlichen Lieblingsplatz – irgendwo am Wasser vielleicht oder im prächtigen Hofgarten.

LIEBLINGS PLÄTZE

Lieblingsplätze

Am meisten beeindruckt der Blick aus der Luft. Von oben sieht die drittgrößte bayerische Stadt aus, als hätten sich die Häuser und Fabrikhallen, die Straßen und Schienen frech hineingefressen in einen grünen Dschungel – und würden jetzt einfach geduldet. Kein Wunder: Die ganze Stadt ist ein einziger Park. Nicht umsonst zählt Augsburg zu den wenigen deutschen Großstädten mit einem überdurchschnittlich hohen Anteil an Grünflächen – zwei Drittel des Stadtbildes sind unbebaut, sind einfach Natur. Viel gelobt wurde Augsburg dafür, im Jahr 1997 beim Grünwettbewerb der Städte sogar mit einer Europäischen Goldmedaille als „grünste und lebenswerteste Stadt" ausgezeichnet. Und jeder Augsburger hat seinen Lieblingsplatz in einer der Grünanlagen, im Siebentischwald, in einer verborgenen Ecke des Botanischen Gartens oder auf einer versteckten Bank entlang der Wertach.

Lieblingsplätze. Das sind Oasen der Ruhe, der Stille, des Entspannens. Plätze, an denen man sich wohlfühlt. An denen man Freunde trifft, ein Buch liest, die Seele baumeln lässt. Irgendwo, draußen. Der Weg ist kurz, meist sind es nur ein paar Schritte, ein paar Minuten mit dem Fahrrad ins wohnungsnahe Grün. Oft muss man nur um die Ecke schauen, wo sich zwischen den Häusern ein paar Bäume zusammengefunden haben, eine Wiese, eine Handvoll Bänke. Wer Erholung sucht, hat es nie weit in Augsburg – ganz gleich, ob er in der Innenstadt

Schon Bert Brecht soll stundenlang lesend und sinnierend auf dem Eisengitter gesessen haben, das die Kahnfahrt am Stadtgraben umgibt – ein ebenso charmanter wie idyllischer Lieblingsplatz.

lebt oder in einem der Stadtteile. Und fast jedes Viertel schließt an eine zusammenhängende Wald-, Wiesen- oder Parklandschaft an, Erholungsmöglichkeiten gibt's genug.

Der Hofgarten ist so ein Lieblingsplatz. Mitten in der lauten Stadt, mitten drin im Leben. Die kleine Gartenanlage ist ein Ort der Strandmatten und des Händchenhaltens, der Zeitungslektüre und des Mittagsschläfchens. Ein Stück Italien in Augsburg. Hinter kunstvollen Eisengittern verbirgt sich der liebevoll gestaltete Garten der ehemaligen Fürstbischöflichen Residenz, umgeben von prächtigen historischen Gebäuden, in denen heute die Regierung von Schwaben residiert. Zwischen 1739 und 1744 von Barockbaumeister Johann Caspar Bagnato angelegt, ist das Kleinod erst seit 1965 für die Öffentlichkeit zugänglich. Denn wo einst die Bischöfe wandelten, wurde nach dem Zweiten Weltkrieg Obst gezüchtet. Jetzt wachsen hier Hibiskussträucher und Blauregen, Tulpen- und Ginkgobäume zwischen weißen Parkbänken und obskuren Zwergenfiguren aus Sandstein. Die Buchsbäumchen sind zu Kegeln geschnitten, die Rosen blühen in allen Farben des Sommers. Ein Wasserspiel plätschert vor sich hin, im Seerosenteich tummeln sich Zierfische und europäische Wasserschildkröten. Der Hofgarten ist Sonnenplatz, Terrasse und Bibliothek für hunderte Innenstädter. Denn seit 2001 gibt es in der Nordostecke des Parks diese drei Meter hohe Mahagoni-Vitrine: In der offenen Bibliothek steht „Brehms Tierleben" neben „Angelique und die Versuchung", das Brigitte-Rezeptbuch neben Goethes „Italienischer Reise". Jeder kann sich bedienen, jeder kann auch Bücher hineinstellen.

Nur wenige Schritte sind es vom Hofgarten in den Fronhof. Im Schatten des Hohen Doms und der Fürstbischöflichen Residenz findet sich in der 1,4 Hektar großen Grünanlage voller exotischer und einheimischer Blumen und altem Baumbestand auf der Wiese immer ein Sonnenplätzchen. Sie ist zum Benutzen da, zum Belagern, zum Bewohnen. Touristen liegen im Gras und schmökern im Reiseführer, Schulklassen machen Brotzeit, die Beamten aus den umliegenden Behörden verbringen hier ihre Mittagspause.

Den Augsburgern sind diese grünen Oasen wichtig, weil sie die Stadt so lebenswert machen. Liebevoll pflegen sie die natürlichen, die verwunschen-schönen Ecken ihrer Stadt. Sogar entlang der Straßen wuchert das Stadtgrün. Die Balkone sind oft wild bewachsen, selbst im vierten Stock blühen Sonnenblumen, ein Kräutertopf findet auf jedem noch so kleinen Fensterbrett Platz. Fast selbstverständlich, dass auch die erste Tulpe in Europa in einem Augsburger Garten aus dem Boden spitzte. Der Patrizier Johannes Heinrich Herwart war durch Handel zu Reichtum und Ansehen gekommen und hatte sich offensichtlich den Luxus eines Botanischen Gartens mit ausgefallenen Blumen und Pflanzen gegönnt. Er nannte seine Tulpe, die im April 1559 in seinem Renaissance-Garten erblühte, ehrfürchtig und stadtverbunden „Semper Augustus".

Noch heute ist Augsburg eine Stadt der Gärtner – der Kleingärtner vor allem: Auf jeden Einwohner kommen im Schnitt immerhin 8,6 Quadratmeter Kleingartenfläche. Eine riesige Kleingartenanlage mit ordentlich eingezäunten Parzellen, in denen Gartenzwerge wachen und Bayernfahnen wehen, mit akkurat geschnittenen Rasenflächen, üppig blühenden Blumenbeeten und eigenem Biergarten gibt's in fast jedem Stadtteil. Ganz private Lieblingsplätze. Und wer keinen Garten hat, kann sich im Kräutergärtlein am Rabenbad in den Wallanlagen mit frischen Gewürzkräutern versorgen – Pflücken ist ausdrücklich erlaubt. Von niedrigen Buchshecken eingefasst wachsen nach historischem Vorbild in großen Beeten Spanische, Russische, Römische und Omas Minze, Dill, Liebstöckl, Salbei, Fenchel, Thymian. Ein Spielplatz als Rastplatz für die Kleinen ist nicht weit – einer von 180, die übers Stadtgebiet verteilt sind. Neben 54 Bolzplätzen. Gut 50 Hektar allein zum Spielen, Toben, Sandkuchen bauen.

Schmale Spazierwege führen an den kleinen, aufgeräumten Gärten am Wallgraben entlang, an einer Vielzahl von Stegen und Brücken über das weit verzweigte Bach- und Kanalsystem der Drei-Flüsse-Stadt – weit mehr Brücklein übrigens als in Venedig. Gut 500 hat man in Augsburg über Lech, Wertach und Singold gezählt. Schon 1462 hatte Kaiser Friedrich III. den Augsburgern das Recht zugesprochen, aus dem Lech so viele Bäche abzuleiten wie nötig – waren die Kanäle doch lebenswichtig für den Transport und fürs Handwerk: für die Gerber, Färber, Kürschner. Heute sind an den leise murmelnden Bächen und Kanälen die Lieblingsplätze vieler Altstadtbewohner.

Lieblingsplätze zum Entspannen und Träumen finden sich viele. Am Kuhsee zum Beispiel, an der Kahnfahrt, am Hochablass, wo seit Jahrhunderten das Wasser abgezweigt wird für die Kanäle und Stadtbäche.

Wasser und Wald, das zieht uns magisch an. In Augsburg ist es nie weit ins wohnungsnahe Grün oder an die romantisch-verwachsenen Auen von Wertach und Lech.

Beim Roten Tor wurden in den Wallanlagen schon 1929 unter freiem Himmel Theaterstücke aufgeführt. Das hat sich bis heute erhalten. Seit 1932 – unterbrochen nur vom Zweiten Weltkrieg – bespielt das Ensemble des Augsburger Theaters im Sommer die mit 2117 Plätzen größte Freilichtbühne Süddeutschlands.

Hier, in der Grünanlage „Auf den Wällen und Gräben", die im 19. Jahrhundert auf ausdrücklichen Wunsch der Bürgerschaft angelegt worden ist, lässt man die Natur in Ruhe. Hier haben Anne und Tom in einer lauen Mondscheinnacht ein Herz mit Pfeil in die Parkbank geritzt, hier brummen Hummeln über dem wuchernden Unkraut, hier führen die Stadtbewohner ihre Hunde aus – entlang der alten Mauerreste der einstigen Stadtbefestigung, vorbei an Türmen und teilweise noch erkennbaren Wehrgräben. Es war Mitte des 15. Jahrhunderts, als Augsburg den bisherigen Palisadenzaun durch eine Stadtmauer ersetzte. Heute ist die Befestigungsanlage ein breiter, grüner Gürtel. Der bringt jeden Fremden, der zum ersten Mal an den Baumalleen bei den Gräben entlangfährt, zum Staunen – und zu der Erkenntnis, dass diese Stadt unvergleichlich grün ist. Selbst verkehrsumtoste Orte wie der Königsplatz sind in Augsburg begrünt. Nach barockem Vorbild wurden die Wege und Plätze samt Brunnen am zentralen Knotenpunkt des Bus- und Tramnetzes schon 1860 angelegt.

Einen lauschigen Lieblingsplatz haben viele Augsburger gemeinsam: die Kahnfahrt am Stadtgraben. Schon Bert Brecht – in Sichtweite aufgewachsen – soll stundenlang lesend und sinnierend auf dem Eisengeländer gesessen haben, das den Graben umgibt. Der Augsburger Paul Kurz hatte 1876 nicht nur eine Familie, sondern auch den Kahnverleih gegründet. Seither ist der ebenso charmante wie idyllische Biergarten, der umgeben ist von alten, schattigen Kastanien, in Familienbesitz – in vierter Generation inzwischen. Eine grüne Insel direkt am Wasser. Am Gründungstag hat Paul Kurz sicherlich auch seine junge Braut Babette in einem der drei selbst gezimmerten Kähne über das glucksende Wasser gerudert.

Ähnlich geschichtsträchtig ist die Bastion Lueginsland. Sie ist – wie die Wälle und Gräben – ein Überbleibsel aus den Zeiten, als die Reichsstadt noch mit Mauern, Türmen und Toren gesichert werden musste. Der Weg zur nördlichen Wallbefestigung der Altstadt führt hinauf über zugewachsene Stiegen, vorbei an bröckelnden Stadtmauern und uralten Bäumen. Zu einem Lieblingsplatz, an dem man – im wahrscheinlich schönsten Innenstadt-Biergarten Augsburgs – auch noch gut mit Essen und Trinken versorgt ist. Ganz nebenbei und mit viel Phantasie hat man einen wunderbaren Blick weit über die Stadt, über das nördliche Lechtal und die Wolfzahnau.

Lech und Wertach treffen hier aufeinander, Wasser und Wald. Entlang der beiden Flüsse zieht sich ein breiter Parkstreifen durch die Stadt – viel Naturerlebnisraum. Ein Paradies für Jogger, Spaziergänger, Radler. Dafür ist den Stadtvätern zu danken, die nach dem Krieg den Wiederaufbau zu planen hatten. Viel Schutt wurde an den Flussufern abgeladen. Doch auf den Trümmern des Krieges entstanden ausladende Auen mit Bolzplätzen und Rodelhängen, mit Wiesen, Alleen, Spazierwegen. Und wer eine Rast braucht, findet gerade entlang der Wertach jede Menge Biergärten. Kleine und große, neue und alteingesessene wie die Kulperhütte unweit des Rosenaustadions. Sie gibt es – malerisch zwischen Wertach und Wertachkanal gelegen – zwar schon seit 80 Jahren. Samt Liegestühlen an einer Art Stadtstrand hat sie sich gerade zum neuen Szenetreff entwickelt. Ähnlich frequentiert ist übrigens der Biergarten in Wellenburg – wohl deshalb, weil eine wunderschöne, romantische Allee mit über 200 alten Linden dort hinführt.

Was den jungen Augsburgern heute Locations wie die Kulperhütte sind, war dem kulturbeflissenen und selbstbewussten Bürgertum vor dem Krieg der prächtige Stadtgarten. Hier traf man sich, plauschte bei Kaffee und Kuchen, hier verbrachte man die Sonntage und bewunderte die Rosenrabatten und die Blumenbeete im Wandel der Jahreszeiten. Ein hübscher kleiner Pavillon ist aus den Glanzzeiten des Stadtgartens an der heutigen Kongresshalle geblieben, ein paar Blumen, Sträucher, Bäume und ein Weiher. Doch die einstige Pracht ist verblasst, vom Stadtgarten nur mehr eine langweilige Grünfläche als Kulisse für den „Maiskolben" geblieben. So heißt im Volksmund das ausgefallene Hochhaus, das sich 35 Stockwerke in den Himmel schraubt: der höchste Aussichtspunkt Augsburgs.

Die meisten Bewohner dieser Gegend zieht es in den benachbarten Wittelsbacher Park, die

Der Wunsch nach Grün macht die Stadt so lebenswert, wie hier beim Jakobertor.

mit fast 21 Hektar größte Grünfläche im bebauten Stadtgebiet. Den Namen des Königsgeschlechts der Wittelsbacher bekam die Anlage mit ihren weitläufigen Wiesen, den Spazierwegen und den mächtigen Parkbäumen erst 1906, die Vorläufer des Parks aber existierten schon erheblich früher. Bis zum Bau des Messegeländes fand im Wittelsbacher Park einmal im Jahr die Augsburger Frühjahrsausstellung statt. Heute ist er vor allem Treffpunkt von Kinderwagen schiebenden Müttern, spazierenden Senioren und Fußball spielenden Buben.

Der Wunsch nach dem Grün, das die Stadt so natürlich macht, hat die Augsburger immer schon umgetrieben. Im 19. Jahrhundert verlangten die Bürger nach einem idyllischen Weg hinaus in die Natur vor den südlichen Toren der Stadt. Carl von Effner wurde geholt, der Königliche Hofgartendirektor, der in München den Englischen Garten angelegt hatte. Der gefiel den Augsburgern so gut, dass sie den angesehenen Gartenbauer baten, die Wallanlagen ihrer Stadt mit dem Stadtwald zu verbinden. So ist – als grüne Vernetzung – der Siebentischpark entstanden. 30 Hektar ist die im englischen Stil gestaltete Siebentischanlage groß, die an den über 2000 Hektar großen Stadtwald anschließt.

In unmittelbarer Nachbarschaft liegen Zoo und Botanischer Garten – zwei Grünanlagen, die sich mit dem Siebentischpark zusammengeschlossen haben zu einer überdimensionalen Freizeitanlage mitten in der Stadt. Aus der kleinen Stadtgärtnerei ist 1936 ein bescheidener Lehr- und Schaugarten hervorgegangen, während der Landesgartenschau 1985 wurde seine Fläche auf zehn Hektar verdoppelt, verschönert, modernisiert. Heute ist der Botanische Garten Lieblingsplatz von Ruhesuchenden, Blumenliebhabern und Musikfreunden gleicherma-

ßen. Eine blühende Lindenallee, zwitschernde Vogelscharen und wie in Formation flatternde Schmetterlinge heißen die Besucher im Sommer willkommen. Allein 1200 verschiedene Stauden, Wildkräuter, Gräser und Farne wurzeln hier, mehr als eine Million Zwiebelpflanzen wechseln sich beim Blühen ab. Jeder Baum, jeder Strauch, jedes Gehölz trägt ein Namensschild. Gartenkunst in geordneten Verhältnissen: In den Treibhäusern wohnen die tropischen Pflanzen unter Glas, im Bauerngarten wachsen Tomaten und Schnittlauch, im Apothekergarten heilende Kräuter. Der Botanische Garten ist ein Ort zum Wohlfühlen – ein Feuerwerk der Düfte und Farben. Allein der Rosen- und Musikgarten. 3600 Beetrosen fast 60 verschiedener Sorten umspielen Terrassen aus Beton. An warmen Sommerabenden – wenn der Botanische Garten zauberhaft und geheimnisvoll illuminiert ist – wird der Pavillon in ihrer Mitte zur großen Konzertbühne. Umrankt von den Rosen in zartem Rosa, grellem Gelb, schreiendem Rot, schmeichelndem Weiß und umgeben vom verführerisch-zarten Duft des Lavendels, sitzen die Gäste auf den Stufen mittendrin. Schöner – und intensiver – kann man Musik nicht genießen.

Richtig ruhig ist es dann im Japan-Garten. Ein paar Schritte weiter nur und an der Nahtstelle zwischen dem streng geordneten Botanischen Garten und dem im englischen Chic angelegten Siebentischpark ist der 4200 Quadratmeter große zauberhafte Teichgarten 1984 entstanden. Er gilt als eine der bedeutendsten japanischen Gartenschöpfungen Europas, als eine der schönsten außerhalb Japans gar. Vorbilder dieses spielerischen Traumes aus Stein, Wasser und Holz befinden sich in der alten japanischen Kaiserstadt Kyoto. Im Rahmen der zweiten bayerischen Landesgartenschau haben schwäbische Gärtner und japanische Gartenkünstler zusammengearbeitet – und als lebendiges Denkmal für die beiden japanischen Partnerstädte Amagasaki und Nagahama diesen prächtigen Teegarten mit Pavillons, Felsen, Steinlaternen, Zwergkiefern, Wasserfallsteinen und Holzterrassen gebastelt. Einen Ort der Stille, der Sinnlichkeit, der Meditation.

Bodenständig geht es gleich nebenan zu. Wenn die Elefanten und Zebras, die Löwen und Seehunde, die Giraffen und Erdmännchen gefüttert sein wollen, bleibt im Augsburger Zoo wenig Zeit zum Ausruhen. Der Ansturm der Mutter-Kind-Gruppen und die Invasion der Bollerwagen ist groß, besonders bei schönem Wetter. Bei ihren tierischen Freunden haben die jüngsten Augsburger ihre Lieblingsplätze. Mehr als eine halbe Million Besucher durchstreifen pro Jahr das 22 Hektar große Gelände, das durchzogen ist von natürlichen Wasserläufen und beschattet von altem Baumbestand – eine der größten Zoo-Anlagen Süddeutschlands übrigens. Als „Park der deutschen Tierwelt" wurde der zoologische Garten in Augsburg 1937 eröffnet, nach dem Zweiten Weltkrieg auch mit exotischen Tieren bestückt. Mehr als 1500 Tiere rund 300 verschiedener Arten sind es heute. Und mitten drin steht die historische Goggelesbrücke – ein wertvolles Stück Augsburg. Die Holzbrücke wurde auf das 1922 errichtete Wehr gebaut, das die Wertach überspannte. Sie war der Übergang in die Wertachvorstadt und in den Stadtteil Pfersee – und die Augsburger hatten die Holzkonstruktion richtig lieb gewonnen. Als sie 2005 einzustürzen drohte, kam es zu einer dramatischen Rettungsaktion. Die ist gelungen: Heute steht die alte Goggelesbrücke als Besucherplattform und Wetterschutz in der neuen Seehundanlage des Tierparks.

Zoo, Botanischer Garten und der Siebentischwald gehen schließlich in den Stadtwald über, die wichtigste grüne Lunge der Stadt. Aus ihm kommt das Trinkwasser für die Großstadt – und das schon seit Jahrhunderten: Es wird aus geschützten Brunnen geschöpft, deren Fassungsbereiche umzäunt sind. Das gut funktionierende Nebeneinander von Ökologie und Erholung macht den Stadtwald Augsburg europaweit zu einer Besonderheit. Wie es gelang, die Belange des Naturschutzes mit den Freizeitbedürfnissen der Menschen zu vereinen, hat selbst die Fachwelt beeindruckt und ist unter der Bezeichnung „Augsburger Modell" in die Annalen eingegangen.

Der Stadtwald ist natürlich auch eine Fundgrube für Lieblingsplätze. Wälder, Wiesen, Bachläufe und viele Kilometer Wander-, Rad- und Reitwege machen ihn zu Augsburgs beliebtestem Naherholungsgebiet – und die Stadt zum größten kommunalen Waldbesitzer im Freistaat, zum drittgrößten gar in Deutschland. Die vielgenutzten, weitläufigen Wald- und naturbelassenen Heideflächen mit selten gewordenen Pflanzen und Tieren gelten als eines der größten außeralpinen Naturschutzgebiete in Bayern. Zwischen Buchen, Ahorn und Linden oder am

Ein prächtiger Pavillon und ein kleiner Weiher sind aus den Glanzzeiten des Augsburger Stadtgartens geblieben. Von damals, als das selbstbewusste Bürgertum die Sonntage im Park verbrachte.

Der Botanische Garten ist ein Ort zum Wohlfühlen. Er versprüht ein Feuerwerk der Düfte und Farben. Der Japan-Garten wurde 1984 als lebendiges Denkmal für die beiden japanischen Partnerstädte Amagasaki und Nagahama angelegt.

Ufer des Stempflesees lässt es sich wunderbar picknicken, spazieren gehen, abschalten. Und immer hat man das Gefühl, ganz weit weg zu sein vom Ballungsraum Augsburg.

Die Wege des Landschaftsparks Stadtwald reichen im Süden bis zur Lechstaustufe 23. Immer wieder durchbrochen von wuchtigen Staustufen fließt der Fluss – manchmal wild, manchmal träge – auf die Stadt zu. Am östlichen Rand des Stadtwalds liegt, von Auwald und Lech umschlossen, der Kuhsee. Er ist Augsburgs kühles Freizeitdorado Nummer eins. Besonders romantisch ist der 1972 angelegte See im frühen Morgenlicht. Wenn nur ein einsamer Nordic-Walker ihn umrundet oder ein Hundebesitzer seinen Vierbeiner ausführt. Das „Qsee Cafe“ ist dann noch geschlossen, der breite Kiesstrand verwaist, das Klettergerüst am Spielplatz einsam. An schönen Tagen aber passt hier kaum mehr ein Handtuch neben das andere, werden Kühltaschen angeschleppt und Klappliegen, sausen Frisbeescheiben in Geschwaderstärke durch die Luft. Da fühlt sich der Kuhsee fast an wie Rimini. Alle finden sie hier Platz: im Winter die Schlittschuhläufer und Eisstockschützen, im Sommer die Angler, Schwimmer und Sonnenanbeter, die Taucher, Paddler, Floßbauer.

Ein paar Meter weiter, auf den Kiesbänken im Lech, direkt am Hochablass, brutzeln Lammkoteletts neben Thüringer Bratwüsten, schwimmt der Bierkasten neben den Weinflaschen zur Kühlung im Lechwasser. Hier, in den Lechauen und am Kuhsee, trifft man sich an lauen Sommerabenden mit Freunden: hier wird gegrillt, gegessen, gefeiert. Am Hochablass, der im Sommer umwabert ist vom Duft der glühenden Holzkohle, vom Duft der Freiheit, wird der Lech geteilt. Die Wasserversorgungsanlage mit Stauwehr am rauschenden Lech wurde schon im frühen Mittelalter angelegt. Seit Jahrhunderten wird am Hochablass das Wasser abgezweigt, das in Kanäle und Stadtbäche geleitet den Handwerkern in der Altstadt die Energie lieferte. Und das Wasser für den Eiskanal in Hochzoll, Augsburgs Kanuslalom-Olympiastrecke. Der Kanal wurde 1972 für die 20. Olympischen Sommerspiele gebaut und war damals die erste künstlich angelegte Wildwasserstrecke der Welt: 660 Meter wilde Fluten, die durch Betonfelsen den Charakter eines Wildwassers haben. Heute ist die Anlage Bundesleistungszentrum für den Kanusport.

Und wer ihn jetzt immer noch nicht gefunden hat, seinen Lieblingsplatz in der Stadt – kein Problem! Denn nicht nur in die citynahen Grünanlagen, auch zum großen Forst ist es nicht weit. Die Stadt liegt am Rand des ausgedehnten Naturparks Augsburg Westliche Wälder, einem 117.500 Hektar großen Naherholungsgebiet zwischen den Flussläufen von Wertach, Schmutter, Mindel und Donau. Noch viel mehr Platz also zum Radeln, Spazierengehen, zum Wohlfühlen und Erholen.

Wassersport fernab der Küste – alles ist möglich in Augsburg. Sonnen am Kiesstrand, Surfen auf dem Mandichosee oder eine spritzige Slalom-Tour durch die Kanu-Olympiastrecke am Eiskanal.

46 Wertachbruckertor

Torturm auf spätmittelalterlichem Unterbau, Elias Holl 1605. 1805 zog durch den Torbogen Napoleon ein, der Augsburg an Bayern »verschenkte«.

48 Hexenbrunnen, Schwedenstiege

Am Fuße der Schwedenstiege befindet sich in einer Mauernische ein venezianischer Wandbrunnen. Steile Treppen führen hinab zum Stadtgraben.

50 Fünfgratturm

(Fünffingerlesturm) 1454 errichteter typischer Fünfknopfturm. Nördlich davon der untere Jakober Brunnenturm, 1608 von Elias Holl erbaut.

52 Vogeltor

1445 erbaut, 1944 bei Bombardierungen ausgebrannt wie das Jakobertor, wurde es nur als historisches Relikt wieder hergestellt.

47 Fischertor

Portalbau Ende 19. Jh. anstelle des ehemaligen »Fischertörleins«. An das Fischertor schließt die alte Ringmauer an.

49 Oblatter Wall

1540 angelegt, Erdwall mit niedriger Mauer gegen den Wassergraben; stadtseitig dahinter mächtiger Wehrturm. Kahnfahrt auf dem Stadtgraben mit Bootsverleih.

51 Jakobertor

Gotischer Torturm, Mitte des 15. Jh., und Jakoberwall, nord-östliche Eckbastion der Jakober-Vorstadt von 1540/42. Turm mit Reststück der Stadtmauer.

53 Rotes Tor

Überragt vom Roten Tor und hohen Wallmauern liegt seit 1929 die Freilichtbühne eingebettet in Augsburgs besterhaltener Wallanlage.

55 Auf den Wällen und Gräben

56 Bastion Lueginsland

57 Fronhof

58 Hofgarten

59 Stadtgarten und Wittelsbacher Park

60 Botanischer Garten

61 Siebentischwald

62 Lechstaustufe 23 und Lochbachanstich

63 Hochablass, Eiskanal, Kuhsee

Bayern und die Berge gehören zusammen, zumindest in der Tourismus-Werbung. Kein Wunder, dass Gäste aus dem Norden, Osten oder Westen Deutschlands überrascht sind, wenn sie sich zum ersten Mal Augsburg nähern. Wo sind die Alpengipfel, auf denen auch im Sommer der Schnee glitzert? So flach hatten sich viele die Landschaft um die südbayerische Großstadt nicht vorgesellt.

Nur bei Föhn, dem warmen Fallwind aus dem Süden, rückt die Gebirgssilhouette greifbar nahe heran. Gleich links hinter dem Hotelturm scheint dann die Zugspitze aufzuragen – eine Illusion, die selbst die Einheimischen immer wieder aufs Neue fasziniert, trotz der Kopfschmerzen, unter denen viele an solchen Tagen leiden. Wer öfter kommt, länger bleibt, oder gar in Augsburg Wurzeln schlägt, vergisst seine anfängliche Enttäuschung über die immer noch etwa 100 Kilometer weite Distanz zum Alpenrand schnell. In der Lechebene radelt es sich leichter als in den Bergen und die kleinen Buckel rechts und links davon kosten keine großen Anstrengungen, wenn man sie erkunden will.

Der Naturpark „Augsburg Westliche Wälder" mit der bäuerlichen Kulturlandschaft der „Stauden" um Fischach im Südwesten und dem Holzwinkel bei Welden im Nordwesten liegt als Naherholungsgebiet vor der Haustür. Von dort stammte die Familie Mozart, dort mehrten die Fugger ihren Besitz und ihren Einfluss und dort verbrachte der berühmte Heimat-Schriftsteller Ludwig Ganghofer seine Kindheit. Östlich des Lechs, in den Hügeln aus der Tertiärzeit, lockt das „Wittelsbacher Land" zur Entdeckung altbayerischer Kultur und zum Badevergnügen an verschiedenen Seen. Zeugnisse bayerischer Volksfrömmigkeit sind in allen Himmelsrichtungen zu finden. Wallfahrtskirchen und Klosteranlagen, in deren Umfeld man traditionell auch gemütlich Brotzeit machen kann, empfehlen sich zur inneren Einkehr und als architektonische Sehenswürdigkeiten. Freizeitparks wie Fred Rais Western-City oder der Indoor-Spielplatz „Jimmys Fun-Park" in Dasing, der Waldseilpark Robins Wood in Rehling-Scherneck und die Ganzjahres-Badeparadiese „Königstherme" in Königsbrunn und „Titania" in Neusäß bieten auch für Kinder Abwechslung.

Richtig willkommen fühlen kann sich der Augsburger vor allem in den Westlichen Wäldern. Dort ist alles auf die Ausflügler aus der

Stadt ausgerichtet. Ein weitläufiges Netz von ausgeschilderten Spazierwegen und Radtourstrecken führt durch den Forst und die Felder. Für müde Wanderer und Radler stehen Ruhebänke bereit, auf idyllische Ecken wird mit Wegweisern hingewiesen. Wer die Stadt auf der Bundesstraße 300 in Richtung Memmingen verlässt, kann gleich hinter der Stadtgrenze einen Vorgeschmack auf die Erholungslandschaft genießen. Am Bismarckturm auf dem Sandberg bei Steppach, einem Anfang des 20. Jahrhunderts errichteten kantigen Steinmonument am Rande eines kleinen Parks, trifft man sich am Sonntagmorgen zum Plaudern und lockert seine verspannten Muskeln. Aussichtspunkt ist eigentlich zu viel gesagt für diese bescheidene Anhöhe, doch von hier aus gewinnt man einen guten Eindruck, wie weit sich die Stadt in die Fläche ausgedehnt hat.

RUND UM AUGSBURG

Aber die Stadt wollen wir ja hinter uns lassen und Landluft schnuppern. Einer der möglichen Ausgangspunkte ist Anhausen, ein Ortsteil von Diedorf. Nach einem Abstecher in die anheimelnde Kirche Sankt Adelgundis, die der Barockbaumeister Hans Georg Mozart, ein Urgroßonkel des großen Komponisten Wolfgang Amadeus errichtet hat, führt ein unscheinbares Schild hinaus ins Anhauser Tal. Dort, wo die Teerstraße endet und Autofahrer auf einem kleinen Waldparkplatz ihr Fahrzeug stehen lassen müssen, beginnt das Refugium der Fußgänger und Radfahrer. Mitten durch die Wiesen und Weiden des nach Süden geöffneten Tals schlängelt sich der Anhauser Bach. Licht und Wärme durchströmen wohltuend Körper und Seele, ein guter Geist ist spürbar. Eine Familie Pfisterer hat im Jahr 2003 am Weg ein Kreuz errichtet und bittet damit um „Gottes Segen für unsere Fluren und Schutz auf unseren Wegen“. Etwas abseits plätschert Quellwasser in einen ausgehöhlten Baumstamm – „Webers Brünnele“ heißt dieser liebevoll gestaltete Rastplatz. Wer gern alleine ist, wird allerdings kaum Ruhe finden. Viele sind hier unterwegs, das Anhauser Tal ist bekannt, nicht nur, weil Golf-As Bernhard Langer hier zu Hause ist.

Nächstes Wanderziel in südwestliche Richtung könnte Oberschönenfeld sein. Die Zisterzienserinnen-Abtei im Schwarzachtal unweit von Gessertshausen, gegründet im 13. Jahrhundert, ist das Herz des Naturparks, auch wenn der Klausurbereich des Konvents für Besucher tabu bleibt. Anziehungspunkte sind neben der Barockkirche und dem Gasthof die Ökonomiegebäude des einstigen Klosterguts. Sie beherbergen das Volkskundemuseum des Bezirks Schwaben mit einer Dauerausstellung über das Leben auf dem Lande und einer Sammlung landwirtschaftlicher Geräte sowie wechselnden Ausstellungen zu Kultur und zeitgenössischer Kunst in Schwaben. Tür an Tür mit der Klosterbäckerei, in der die Nonnen duftendes Holzofenbrot backen und verkaufen, gibt das Naturparkhaus Einblick in die Geheimnisse des Waldes.

An den Flüssen Schmutter und Neufnach orientiert sich die weitere Entdeckungstour in die „Stauden" bis hinunter in den Landkreis Unterallgäu. Erst in jüngerer Vergangenheit haben die Städter die Vorzüge dieser kleinräumigen, von Hecken und Feldwegen gegliederten Kulturlandschaft schätzen gelernt. Früher galt diese Gegend als ärmlich und rückständig, heute sind viele Ausflügler beglückt, wenn sie verloren geglaubte Ursprünglichkeit wiederentdecken.

Auf dem Stauden-Meditationsweg von Fischach aus kann man die Landschaft auf sich wirken lassen oder auch als Kulturinteressierter einen Spaziergang nach Norden zum Weiler Heimberg machen, wo Mozarts Vorfahren schon im 15. Jahrhundert Äcker bewirtschafteten und Kühe molken. Nicht weit davon entfernt liegt der Buschelberg, der seit der Jungsteinzeit ein befestigter Rückzugsort war. Keramikfunde deuten darauf hin.

So etwas wie ein „Zufluchtsort" war die Gemeinde Fischach seit dem 16. Jahrhundert auch für die Juden. Während sie anderswo verfolgt wurden, waren sie – gegen Bezahlung von Schutzgeld – unter der damaligen habsburgischen Herrschaft in Fischach zumindest geduldet. An das einst blühende – im „Dritten Reich" ausgelöschte – jüdische Leben erinnern verwitterte Grabmale hinter dem zugesperrten Tor des jüdischen Friedhofs auf dem Kohlberg.

Fast als Geheimtipp kann der nördliche Rand des Naturparks Westliche Wälder gelten, lässt

Eine Erholungslandschaft sind die Westlichen Wälder und die Stauden. Ihr „Herz" ist das Kloster Oberschönenfeld (vorherige Seite) mit dem Volkskundemuseum.

doch die Anfahrt auf der Bundesstraße 2 vorbei an der Radaranlage bei Gablingen und an mehreren Industrie- und Gewerbegebieten nicht ahnen, was für märchenhafte Winkel es dort gibt. Immerhin fast 40 Kilometer sind vom Augsburger Zentrum zum Kloster Holzen (Gemeinde Allmannshofen) zurückzulegen. Besonders reizvoll ist die Annäherung auf einer Nebenstraße über Gut Schwaighof bei Nordendorf. Weidende Pferde und Rinder heben interessiert die Köpfe, wenn ab und zu ein Auto vorbeikommt. Mit etwas Glück ist hier im Grünen, auf dem Weg nach Hahnenweiler, tatsächlich auch mal ein krähender Hahn zu hören. Am sonnigen Ufer der Schmutter trocknen frei laufende Hausenten nach dem Bad im Fluss ihr Gefieder. Im Schatten hoher Bäume führt der Wanderweg „Rund um die Klause" zur Klosteranlage mit ihrem schönen, stilvoll gestalteten Gasthof. Zu Fuß geht es bergauf über ein steiles Treppchen, vorbei an einem verfallenen Haus und einem stillen Friedhof auf einer Lichtung. Mit dem Auto kommt man auf der offiziellen Zufahrtsstraße von Südwesten her.

Stadtflüchtlinge dürfen hier aufatmen und sich Zeit lassen. Die Sonnenuhr an der Innenseite der nördlichen Klosterpforte geht von Ende März bis Oktober sowieso eine Stunde nach. Johannes der Täufer, dessen Stab als Uhrzeiger dient, richtet sich noch nach dem natürlichen Stand der Sonne und ist deshalb meistens „zu spät" dran. Die Jahreszahlen 1710–1927 über dem schwungvollen barocken Bogen entschuldigen ihn: Damals kannte man die „Sommerzeit" noch nicht.

Die Benediktinerinnen-Abtei Holzen wurde 1802 säkularisiert. Mehr als ein Jahrhundert lang gehörte das Klostergut dann der gräflichen Familie von Fischler-Treuberg, bis es 1927 in den Besitz der St. Josefskongregation von Ursberg überging. Menschen mit Behinderungen wohnen und arbeiten dort seither. Aber es gibt Momente, da ist der klösterliche Geist wieder lebendig. Durch die geöffneten Fenster der Kirchenempore, die einst zum Klausurbereich des Klosters gehörte, dringen fröhliche Frauenstimmen an diesem Mittwochnachmittag. Erst wird gelacht, dann gesungen. Loblieder erfüllen den lichten Kirchenraum mit der reichen weißen Wessobrunner Stuckatur, die heiter stimmt und den Reliquienschreinen mit den Totenschädeln in den Seitenaltären ihren Schrecken nimmt.

Etwas Tröstliches geht auch von dem pausbäckigen Christkind in einem Glasschrein aus. 1647 kam es nach Holzen, 1713 heilte es eine besessene Frau aus Krumbach und wird seitdem als Nothelfer verehrt. Die Gläubigen erhört es bis in die Gegenwart: „Das Jesulein von Holzen hat geholfen", steht auf einer Kerze mit der Jahreszahl 1996.

Wie Kloster Holzen liegt auch die Wallfahrtskirche St. Jakobus, St. Laurentius und zum Heiligen Kreuz in Biberbach an einem der Jakobuswege nach Santiago de Compostela. Für die Pilger, die vom Ries her dieser Route folgen, ist sie die nächste Station. Das Gnadenbild über dem Hochaltar, ein spätromanisches Kruzifix, ist berühmt – allerdings unter einem falschen Namen: Als „Herrgöttle von Biberach" wird es oft irrtümlich dem oberschwäbischen Biberach an der Riss zugeordnet. Doch es besteht kein Zweifel: Das „liabe Herrgöttle", dem in vier Mirakelbüchern zwischen 1681 und 1761 viele hundert Gebetserhörungen zugeschrieben wurden, wohnt hier, in dieser prachtvollen Rokokokirche von Biberbach. Besuchern ist der Blick in den Altarraum außerhalb von Gottesdiensten und Führungen (jeden Sonn- und Feiertag, 15 Uhr) nur durch ein schmiedeeisernes Gitter erlaubt.

Historisch interessant ist die Kirche mit den verspielten Zwiebeltürmen noch aus einem anderen Grund: Der zehnjährige Wolfgang Amadeus Mozart maß sich hier am 6. November 1766 an der Orgel mit einem anderen musikalischen Wunderkind, dem zwölfjährigen Joseph Siegmund Eugen Bachmann. „Jeder that sein äußerstes, um dem anderen den Vorzug streitig zu machen, und für beede fiel der angestellte Wettstreit sehr rühmlich aus", meldete die „Musikalischen Korrespondenz der teutschen Filarmonischen Gesellschaft" im Jahre 1790. Ohne diese Zeitungsnotiz wäre die Episode wohl in Vergessenheit geraten, denn Leopold Mozart, der ehrgeizige Vater Wolfgang Amadés, erwähnte sie in seinem Tagebuch – wohl beschämt, dass sein Sohn nicht deutlich besser abgeschnitten hatte – mit keinem Wort.

Auf Kirchen- und Klostertour im Norden von Augsburg lohnt ein Abstecher nach Thierhaupten auf der östlichen Seite des Lechs. Um die Gründung des Benediktinerklosters durch Herzog Tassilo III. bereits im achten Jahrhundert ranken sich verschiedene Legenden. Einer Ver-

In Kloster Holzen (unten) arbeiten und leben heute Menschen mit Behinderungen. Zum früheren Kloster Thierhaupten (rechts unten) gehörte auch die Mühle (rechts) die heute Technikdenkmal und Museum ist.

Das berühmte „liabe Herrgöttle von Biberach", ein wundertätiges Kruzifix, ist in der Wallfahrtskirche in Biberbach nördlich von Augsburg zu finden.

sion zufolge, die auf einem Fresko in der einstigen Klosterkirche dargestellt ist, hatte sich der Herzog in den Wäldern bei der Jagd verirrt. Eine Hirschkuh führte ihn dann zurück zu seiner Jagdgesellschaft, worauf er zum Dank das Kloster stiftete. Das Klosterensemble auf einer Anhöhe am südlichen Ortsrand beeindruckt vor allem durch seine gewaltigen Ausmaße. Im Jahr 1983 kaufte die Marktgemeinde den desolaten Baukomplex, der seit der Säkularisation durch viele Hände gegangen war. In enger Partnerschaft mit dem Bezirk Schwaben, der Städtebauförderung, dem Landkreis Augsburg und der Denkmalpflege gelang der Kraftakt der Sanierung. Der Fortbestand der Anlage wird durch öffentliche Nutzungen gesichert. Auch das Klostermühlenmuseum, auf das durch Hinweisschilder am Ortseingang von Thierhaupten große Erwartungen geweckt werden, muss man zur rechten Zeit aufsuchen – von Mai bis Oktober, an Sonn- und Feiertagen von 14 bis 17 Uhr und nach Vereinbarung. Dank großen privaten Engagements ist die historische Mühle grundlegend saniert und nach einigen Jahren privater Führung dem Landkreis zum Geschenk gemacht worden. Jetzt teilt das Objekt das Schicksal vieler Museen abseits der Touristenzentren: Es hätte mehr Aufmerksamkeit verdient.

Alle bis jetzt beschriebenen Ausflugsziele liegen im Landkreis Augsburg, auch Thierhaupten, das bereits zum bayerischen Sprachraum gehört. Am Lechrain entlang nach Süden ist es von hier nicht mehr weit ins „Wittelsbacher Land" – das ehemalige Feindesland für die Augsburger. Nur widerstrebend ließen sich Teile des heutigen Landkreises Aichach-Friedberg bei der Gebietsreform 1972 von den Schwaben vereinnahmen. Friedberg war eine Grenzfestung der Wittelsbacher, die Bayern mehr als 700 Jahre lang beherrschten. Von der 1257 gegründeten Stadt schaut man von oben herab auf das Lechtal. Wer die charmante Altstadt mit den schönen Bürgerhäusern hinter der Stadtmauer und das Renaissance-Schloss mit dem sehenswerten Stadtmuseum entdecken will, muss sich von Augsburg aus schon bergauf bemühen. Mit Kutschen und Fuhrwerken war das in der Vergangenheit recht mühsam. Der ursprünglich sehr steile Friedberger Berg ist aber heutzutage entschärft und die Zerstörungen, die die brandschatzenden Augsburger im Laufe der Geschichte angerichtet haben, sind verziehen. Seit 1806 gehört Augsburg ja auch zu Bayern. An die einstige Zollstation zwischen den Territorien erinnert nur noch der Name des Stadtteils Hochzoll, der mit Friedberg-West unten in der Ebene zusammengewachsen ist.

Wo Augsburg aufhört und wo Friedberg anfängt, ist unterhalb des Berges nur noch am Ortsschild zu erkennen – und an der Kapelle Maria Alber am Rande der B 300. Sie ist so etwas wie ein Vorposten für weitere schöne Kirchenbauten in der altbayerischen Nachbarschaft der Stadt Augsburg, darunter die dreischiffige Rokoko-Wallfahrtskirche Herrgottsruh am östlichen Rand der Friedberger Altstadt. Berühmte Namen verbinden sich mit der Geschichte dieses eindrucksvollen Gotteshauses. Das Deckenfresko der Chorkuppel ist ein Spätwerk Cosmas Damian Asams von 1738, das Langhaus gestaltete 1749 der große Freskomaler Matthäus Günther und ein Großteil der Stuckarbeiten stammt von Franz Xaver und Johann Michael Feichtmayr. Ganz anders die Stadtpfarrkirche St. Jakob im Zentrum: Der quer gestreifte Campanile mit dem spitzen Dach wurde erst im 19. Jahrhundert nach einem Brand nach Veroneser Vorbild errichtet und bringt italienisches Flair in die Stadt an der Romantischen Straße.

Kissing, Mering und Merching runden den Ausflug ins Augsburger Umland von Friedberg aus nach Süden ab. Auf dem Weg dorthin, zwischen Ottmaring und Kissing, liegt Gut Mergenthau. In einem stimmungsvoll gestalteten Museum kann man hier den „Bayerischen Hiasl“ Matthäus Klostermayr erleben (Mai bis Oktober Samstag 14 bis 19 Uhr und Sonntag 13 bis 19 Uhr). Als junger Bursch' war der Wilderer und Räuberhauptmann auf dem Gut Jagdgehilfe bei den Jesuiten. Er verlor seinen Job, weil er sich über einen Pater öffentlich lustig machte, der statt eines Hasen eine Katze geschossen hatte. Aufmüpfig wie er war, gab er nicht klein bei, sondern lehnte sich gegen die Obrigkeit auf, wurde zum Volkshelden und musste über den Lech ins Schwäbische fliehen. Als „Bayerischer Hiasl“ machte er sich dort mit seiner Bande einen berühmt-berüchtigten Namen. Auf Dauer konnte das nicht gut gehen. 1771 wurde er – erst 35 Jahre alt – in Dillingen hingerichtet.

Klostermayrs Geburtsort Kissing entwickelte sich nach dem Zweiten Weltkrieg stürmisch zu einem „Wirtschaftswunderdorf“. Von der Bundesstraße 2 aus gesehen wirkt der moderne Teil der Gemeinde wenig einladend. Wer hier einfach nur durchfährt, verpasst aber etwas: Die

Die Wallfahrtskirchen „Herrgottsruh" in Friedberg (linke Seite) und „Maria Birnbaum" bei Sielenbach (rechts unten) sind lohnende Ziele in Altbayern. Rechts ein Blick ins Friedberger Stadtmuseum im Schloss.

Burgstallkapelle am Rande des alten Ortes in Richtung Ried. Kurios mutet schon der Platz an, auf dem das barocke Wallfahrtskirchlein „Zur schmerzhaften Muttergottes" um 1681 erbaut wurde. Auf einem Mini-Hügel thront es hoch über dem Lechfeld. Menschen, die unter Höhenangst leiden, müssen womöglich ihren ganzen Mut zusammennehmen, um die 61 Stufen der frei stehenden Treppe hinauf zu klettern. Aber es lohnt sich, selbst wenn die Kirchentüre aus Sicherheitsgründen verschlossen ist. Wenn es wirklich Kraftplätze mit besonderen Schwingungen gibt, dann ist das ein solcher. Man verweilt hier gerne und die gute Aussicht weit hinaus ins Lechfeld, auf dem im Jahr 955 irgendwo zwischen Kissing und Mering die berühmte Ungarnschlacht tobte, ist nicht der einzige Grund. Von der historischen Bedeutung dieses uralten Siedlungsgebietes zeugen archäologische Funde im Meringer Heimatmuseum. Aber auch heute lässt sich's hier wunderbar leben. Der kleinstädtisch anmutende Ortskern der Marktgemeinde vermittelt Wohlfühl-Atmosphäre. Auf dem Rückweg Richtung Lech setzt sich diese entspannte Stimmung fort: Auf halbem Weg nach Königsbrunn, an der Lechstaustufe 23, ist als Nebeneffekt der Wasserkraftnutzung der „Mandichosee" entstanden, ein Bade- und Surferparadies. Etwas versteckter, stromabwärts auf Kissinger Gemarkung, liegt in einem auwaldähnlichen Grüngürtel der idyllische Weitmannsee, ein Baggersee, an dem man im Sommer herrlich faulenzen und in den übrigen Jahreszeiten die Natur beobachten kann. Zahlreiche Wasservogelarten leben hier und brüten auf den vielen Inseln.

Wer gerne noch etwas tiefer vordringen will ins altbayerische Land, dem sei nördlich der Autobahn Stuttgart-München die Wallfahrtskirche Maria Birnbaum im Ecknachtal bei Sielenbach empfohlen. Der Deutschordens-Komtur Philipp Jakob von Kaltenthal ließ sie 1661 bis 1668 nach seinen persönlichen Vorstellungen erbauen, um einer wundertätigen Pietà, die in einem hohlen Birnbaum stand, einen würdigen Rahmen zu geben. Es ist die erste Kuppelkirche, die nach italienischem Vorbild nördlich der Alpen entstand, reich ausgestattet mit Wessobrunner Stuckatur des Meisters Matthias Schmuzer. Ein Katzensprung ist es nur noch von Maria Birnbaum zur Kreisstadt Aichach und nach Oberwittelsbach, wo um das Jahr 1100 die Stammburg der Wittelsbacher stand. Aber das wäre ein eigenes Kapitel.

Schwierige Zeiten

Stehend an meinem Schreibpult
Sehe ich durchs Fenster im Garten den Holderstrauch
Und erkenne darin etwas Rotes und etwas Schwarzes
Und erinnere mich plötzlich des Holders
Meiner Kindheit in Augsburg.
Mehrere Minuten erwäge ich
Ganz ernsthaft, ob ich zum Tisch gehn soll
Meine Brille holen, um wieder
Die schwarzen Beeren an den roten Zweiglein zu sehen.
(Bertolt Brecht, 1955)

BERTOLT BRECHT

Oben: Brecht bei der Einschulung, 1904.
Rechts: Brecht mit Eltern und Bruder, 1908.
Fotos: Staatsbibliothek Augsburg

Bertolt Brecht, unbestritten einer der größten deutschsprachigen Schriftsteller des 20. Jahrhunderts, kam am 10. Februar 1898 an einem unscheinbaren Ort zur Welt: in einem kleinen Handwerkerhaus in der Augsburger Altstadt. Heutige Adresse: Auf dem Rain 7. Im Erdgeschoss war in der Zeit von Brechts Geburt eine Feilenhauerei, deren Hammer von einem der Lechkanäle, die das Haus umsäumen, angetrieben wurde. Der Vater, später angesehener kaufmännischer Direktor der Haindl'schen Papierfabrik, arbeitete bereits als Commis (Handlungsgehilfe) bei dieser Firma und musste sich mit seiner Frau die Wohnung im ersten Stock des Hauses mit zwei Kleiderhändlerinnen teilen. Wenige Monate nach Brechts Geburt zog die Familie in das nicht weit entfernte und ansehnlichere Haus Bei den sieben Kindeln Nr. 1, wo 1900 Brechts Bruder Walter geboren wurde.

Den weitaus größten Teil seiner Kindheit und Jugend, der Brecht in dem berühmten Gedicht *Schwierige Zeiten* gedenkt, verbrachte er allerdings in dem der Firma Haindl eigenen Haus Bleichstraße 2, in dem die Familie – der Vater war inzwischen Prokurist der Papierfabrik und Verwalter jener insgesamt vier Haindl'schen Stiftungshäuser – seit 12. September 1900 eine großzügige Wohnung hatte. Brecht selbst verfügte seit 1910, also schon als Zwölfjähriger, über zwei eigene Mansardenzimmer, die über einen separaten Eingang zu erreichen waren. Die Mansarde sollte später einer der wichtigsten Treffpunkte des Freundeskreises um den jungen Dichter werden: Ausgangspunkt und Schauplatz mancher Unternehmungen der Clique, aber auch Entstehungsort manch früher dichterischer Arbeit. Gehobene bürgerliche Verhältnisse herrschten in dieser Zeit also schon bei den Brechts, und man war sich der gesellschaftlichen Stellung, welche die Familie innehatte, durchaus bewusst.

So bescheiden sein Geburtshaus, so unspektakulär scheinen Brechts literarische Anfänge. Das früheste überlieferte literarische Dokument ist das sog. *Tagebuch No. 10,* das über den Zeitraum von Juni bis Dezember 1913 berichtet und neben biografischen Einträgen eine Reihe erster dichterischer Versuche enthält. Es zeigt einen Fünfzehnjährigen, der von dem Gedanken, ein berühmter Schriftsteller werden zu wollen, geradezu beseelt war und diesem Ziel alles andere unterzuordnen schien. Erste Beiträge bot er Zeitschriften schon zur Veröffentlichung an – freilich ohne Erfolg. Erstmals trat dann eine Eigenschaft an den Tag, die für Brecht Zeit seines Lebens typisch bleiben sollte: Er resignierte nicht, sondern verfolgte sein großes Ziel beharrlich weiter: wenn niemand seine Text abdrucken wollte, verschaffte er sich dafür eben sein eigenes Medium; die von ihm ins Leben gerufene und herausgegebene Schülerzeitschrift *Die Ernte* entstand.

Brechts literarische Beiträge in Zeitschrift wie auch Tagebuch zeigen, dass ein engagierter, zunächst keineswegs durch große Begabung auffallender Gymnasiast am Werke ist, der nur allzu gut weiß, dass es mit seinem Vorhaben, sich als Dichter zu etablieren, nur etwas werden kann, wenn er zunächst bereit ist, sich mit beharrlichem Fleiß das nötige „Handwerkszeug“ anzueignen. So sind seine Beiträge in erster Linie nüchterne Versuche, alle möglichen literarischen Gattungen und Schriftsteller zu imitieren. Auch verschaffte er sich eine umfassende Kenntnis der Weltliteratur, die er geradezu in sich hineinsog. Eine weitere markante Eigenschaft Brechts zeigt sich erstmals in Zusammenhang mit dem kleinen Zeitschriften-Projekt, und abermals geht es um Nüchternheit: Um die Zeitschrift über mehrere Hefte zu erhalten, musste er genügend Texte von Mitschülern haben, die aber nicht in diesem Umfang zur Verfügung standen. Also überließ Brecht eigene Texte anderen zur Veröffentlichung unter deren Namen. Diese konnten so mit Texten glänzen, die nicht von ihnen stammten, und Brecht verfügte als Herausgeber des Blattes scheinbar über einen Mitarbeiterstab von Autoren. Nicht um die idealistische Dimension der eigenen Dichtung ging es dem Augsburger Gymnasiasten also, sondern, durchaus materialistisch anmutend, einzig um den Gebrauchswert der Texte, die dem Ziel untergeordnet waren, ein anerkannter Schriftsteller zu werden. Außerordentlich früh also schon ein geradezu strategisches, kühl kalkulierendes Vorgehen beim Voranbringen seiner „Dichterkarriere“, das für Brecht immer kennzeichnend bleiben sollte.

In diesem Zusammenhang ist darauf zu verweisen, dass Brechts Werke von Anfang an im Grunde tendenzlos waren, es um Literatur und deren Effekte, nicht um die Vermittlung moralischer oder politischer Botschaften ging. Schon im frühen Tagebuch wie in der *Ernte* gibt es keinerlei klare inhaltliche Richtung, alles kann neben allem stehen, nationalistische Dichtung neben solcher mit sozialen Themen, Naturlyrik neben historisierender Literatur. Widersprüche und Gegensätze in dieser Hinsicht spielen keine Rolle, weil es eigentlich keine sind: Denn einzig und allein die ästhetische Dimension und der literarische Effekt zählt, nicht irgendein „Anliegen“, das dem Leser über die Dichtung nahegebracht werden soll.

Wohnhaus Bleichstraße 2: im rechten Fenster: Brecht (rechts) und sein Bruder Walter, 1910.

Und so blieb es: Seit August 1914, nach Beginn des Ersten Weltkriegs, hatte der Gymnasiast dann die Gelegenheit, erstmals in einem „richtigen“ Medium, gleich in zwei Augsburger Tageszeitungen nämlich, veröffentlichen zu können. Bis Anfang 1916 schrieb er knapp vierzig Beiträge. Diese scheinen dem kriegsverherrlichenden, nationalistischen Zeitgeist zu entsprechen und sind überdies – etwa in den *Augsburger Kriegsbriefen* – von einem hohen Maß an Lokalkolorit bestimmt. Tatsächlich jedoch war Brecht der Krieg zunächst eher gleichgültig, im Verlaufe der Zeit stand er ihm dann zunehmend skep-

Unten links: Brecht, 1916. Unten rechts: Brecht mit Klassenkameraden, März 1917. Fotos: Staatsbibliothek Augsburg

tisch gegenüber – vor allem wegen des unermesslichen Leids, das er über die Menschen brachte. Seine Texte für die Zeitungen schrieb der junge Brecht einzig in dieser Tendenz, um veröffentlichen zu können, und dazu musste er sich dem herrschenden Kriegstaumel anpassen, sonst wären die Beiträge mit Sicherheit abgelehnt worden. Bereitwillig ging er also Kompromisse ein. Nachweisbar beinhalten die meisten dieser Beiträge jedoch Elemente, die verdeutlichen, dass er den Nationalismus ironisch bricht, mit mehreren literarischen Ebenen arbeitet, sich damit Distanz zum politischen Inhalt seiner Texte verschafft.

Der letzte dieser Texte, das Gedicht *Soldatengrab,* erschien am 20. Februar 1916 und resigniert deutlich wahrnehmbar vor den Schrecken des Krieges. Es sollten keine weiteren mehr folgen, bis mit dem *Lied von der Eisenbahntruppe vom Fort Donald,* gedruckt am 13. Juli 1916, eine völlig neue literarische Qualität erreicht wurde, Brecht im Vergleich zum Vorhergegangenen geradezu einen „Quantensprung“ vollführte. Handelte es sich bis dahin mehr oder minder um literarische Fingerübungen, so war er nun in der Lage, Lyrik zu verfassen, die das Niveau der späteren *Hauspostille,* seine bis heute bekannteste Anthologie von Gedichten überhaupt, erreichte.

Der Großteil der Lyrik, die in diese Sammlung eingehen sollte, entstand in Augsburg. Neben ihrer herausragenden literarischen Virtuosität und Vielschichtigkeit, ihrem provokanten Charakter, ihrer artifiziellen Unverwechselbarkeit zeigen diese Gedichte, wie sehr ihr Autor mit seiner Heimatstadt verwoben war. Man sollte niemals den Fehler machen, diese Texte eindimensional biografisch zu lesen; dennoch ist Augsburg in ihnen allenthalben präsent, sei es in Form von Anspielungen auf Orte, Plätze, Begebenheiten und Schwärmereien von Frauen oder durch Brechts Freunde, von denen in diesen Gedichten immer wieder die Rede ist. Sie atmen den Geist des Augsburger Plärrers, jenes bis heute zweimal im Jahr stattfindenden großen Volksfestes, der Kneipen in der Altstadt, der wild-romantischen Lechlandschaft, die Brecht inmitten seines Freundeskreises, des ersten „Kollektivs“ erlebte, in dem er künstlerische Inspirationen erfuhr, aber auch andere förderte und nachhaltig beeinflusste.

Zweifellos eines der bekanntesten und bedeutendsten Gedichte der *Hauspostille* ist die *Legende vom toten Soldaten.* In unnachahmlicher Virtuosität übt Brecht in ihr Kritik an der wilhelminischen Außenpolitik, der kein Menschenopfer zu viel gewesen sei, um ihr beinahe aussichtsloses Ziel, den Sieg im Ersten Weltkrieg, zu erreichen. Dieser Text ist es, der 1934 maßgeblich zur Ausbürgerung Brechts durch die nationalsozialistischen Machthaber beitrug, u. a. wegen Verhöhnung des deutschen Frontsoldatentums. Lange unbemerkt blieb, dass auch dieses Gedicht über eine spezifische „Augsburger Schicht" verfügt, die es maßgeblich bestimmt. Brecht erzählt nämlich das Schicksal seines Freundes Caspar Neher, später, über die intensive Zusammenarbeit mit Brecht hinaus, ein hochangesehener Bühnenbildner, der im Krieg verwundet wurde und den Brecht mit seiner *Legende* vor erneutem Einsatz an der Front warnen möchte. Neben den gesellschaftskritischen Aspekten geht es ihm also auch hier um seine eigenen Belange und Interessen: seinen begabten Freund, um den er bangt, den er nicht verlieren möchte.

Selbstverständlich nahm auch die dramatische Produktion Brechts, der ja vielen in erster Linie als „Stückeschreiber" bekannt ist, in Augsburg ihren Anfang. Sein erstes abgeschlossenes Drama, der nur wenige Seiten umfassende Einakter *Die Bibel,* entstand bereits Dezember 1913/Januar 1914 und wurde in der Schülerzeitschrift *Die Ernte* veröffentlicht. Noch gut fünf Jahre sollten vergehen, bis Brecht dann mit *Baal* und *Trommeln in der Nacht* begann, Literaturgeschichte zu schreiben, u. a. die Basis für die Verleihung des Kleist-Preises an ihn im Jahre 1924 legte.

Freilich gehören beide Stücke nicht zu seinen bekanntesten; auch sie jedoch widerspiegeln eindrucksvoll seine Schaffensweise und abermals die Bedeutung, die Augsburg für Brechts Werk hat. In beide Dramen gingen eine Vielzahl von Quellen ein: die Figur des außerhalb der Gesellschaft lebenden Dichters Baal beispielsweise ist keineswegs nur an alttestamentlichen Themen orientiert, sondern es gab zu Brechts Jugend tatsächlich einen zeitweise in Augsburg-Pfersee wohnenden, dem Alkohol verfallenen, aber dichtenden Vagabunden, der Johann Baal hieß und den Brecht kannte. Und nicht zuletzt ist das Drama Baal auf einer Ebene auch eines über seinen Autor, über Brecht selbst, der sich in aller Unbescheidenheit nicht zuletzt auch hier als genialischen schriftstellernden Bürgerschreck stilisiert. Ähnlich auch in *Trommeln in der Nacht:* Die Hauptfigur des Andreas Kragler verdankt ihren Namen dem versehrten Kriegheimkehrer Josef Kragler, der unweit des Plärrers wohnte. Und beide Stücke des jungen Brecht verdeutlichen dessen Unabhängigkeit politischen Normierungsversuchen, Zwängen oder Moralen gegenüber, erweisen ihn abermals als Materialisten in engstem Sinne. In *Trommeln in der Nacht* wird die Einstellung, sich um seine ureigensten Belange zu kümmern und dabei gesellschaftliche Ideale außen vor zu lassen, geradezu zelebriert, und Brecht war sofort bereit, seinen *Baal* umzuarbeiten, zu verharmlosen, als sich herausstellte, dass die ursprüngliche Fassung zu provokant war, um seinerzeit Verlag und Bühnen finden zu können. Eine Flexibilität um der Durchsetzung seines literarischen Werkes willen, die er sich bewahren sollte, nicht zuletzt auch während seiner Zeit in der DDR.

Zwei Brechts Leben prägende Liebesbeziehungen nahmen in Augsburg ihren Anfang. Die zu seiner großen Jugendliebe und Mutter des ersten Sohnes Frank, der Arzttochter Paula Banholzer, und die zur attraktiven, aber eher mittelmäßig begabten Opernsängerin Marianne Zoff, die seine erste Ehefrau werden sollte. Aus dieser Verbindung ging Brechts Tochter Hanne hervor. Sie wurde 1923 geboren, als der Dichter bereits mit Helene Weigel, seiner späteren zweiten Frau und Intendantin des Berliner Ensembles, in Verbindung stand. Augsburg erwies sich freilich bald als zu klein, zu übersichtlich, wollte der junge Brecht seine großen Ziele verwirklichen. Er musste Zugang zu Schriftsteller- und Künstlerkreisen größerer Städte erhalten, sich in Szene setzen, Verbindungen zu Verlagen und Theaterleuten knüpfen, um Profil als Dichter gewinnen und als solcher bestehen zu können.

Brecht, 1927 beim Augsburger Fotografen Konrad Reßler. Fotos: Fotomuseum im Münchner Stadtmuseum

Auch München, wo er seit Oktober 1917 kurz Medizin und Germanistik studierte, die berühmten Seminare des Theaterwissenschaftlers Artur Kutscher besuchte, Bekanntschaften u. a.

mit Lion Feuchtwanger, Karl Valentin und Otto Falckenberg machte, erscheint da lediglich als Zwischenstation auf seinem Weg nach Berlin. Kontakt zu Augsburg bestand in dieser Zeit nach wie vor; nicht zuletzt über die enge Bindung an Paula Banholzer und diejenigen, die sich zum Augsburger Freundeskreis um Brecht zählen durften. Aber auch dieser verlor zunehmend an Bedeutung für ihn. Anderes wurde wichtiger, forderte ihn auf seinem Weg, ein anerkannter Schriftsteller zu werden. Während er sich während der Münchener Zeit noch recht oft in Augsburg aufhielt, überwiegend zwischen den beiden Städten pendelte, sich durch häufige Besuche in Berlin allerdings dort schon den Boden bereitete, ist der September 1924 als Einschnitt zu betrachten: Brecht zog endgültig zu Helene Weigel nach Berlin; er war im Sommer allerdings nach wie vor stets noch einige Wochen in Augsburg, wo der Vater – Brechts Mutter war bereits früh verstorben – für ihn immer ein Zimmer bereit hielt.

In der Metropole Berlin ging Brecht unbeirrbar seinen Weg, gehörte rasch zu den exponiertesten Künstler- und Intellektuellenkreisen der Weimarer Republik. Aufsehenerregende Werke entstanden, wie die Oper *Aufstieg und Fall der Stadt Mahagonny.* 1932, nach dem Welterfolg mit der *Dreigroschenoper,* erwarb Brecht, der sich inzwischen durchaus als zwar provokanter, aber dennoch repräsentativer Schriftsteller fühlte, ein Haus in Utting am Ammersee, im nach wie vor für Augsburg bedeutsamen Naherholungsgebiet.

Freilich blieb er nicht lange im Genuss seines neuen Besitzes. Die Machtübernahme der Nationalsozialisten zwang ihn mit seiner Familie Ende Februar 1933 ins Exil, das ihn, über mehrere skandinavische Länder, bis in die USA brachte. Seine bedeutendsten Theaterstücke entstanden nun: *Der gute Mensch von Sezuan, Mutter Courage und ihre Kinder, Herr Puntila und sein Knecht Matti, Leben des Galilei, Der kaukasische Kreidekreis.* Isoliert von der Heimat und einschlägigen Kontakten, fehlte allerdings die Möglichkeit, sie angemessen auf die Bühnen zu bringen. Auch ein großer Teil der Lyrik Brechts entstand im Exil. Viele der Gedichte sind vor dem Hintergrund von Brechts Auseinandersetzung mit dem NS-Barbarismus zu sehen, andere jedoch gerade in ihrer Zeitlosigkeit herausragend. Die bedeutendste Sammlung dieser Zeit sind die *Svendborger Gedichte.*

Die Verbindung nach Augsburg gestaltete sich ebenfalls schwierig; Besuch im skandinavischen Exil erhielt Brecht von seinem alten Freund Rudolf Hartmann, von Vater und Bruder. Welche Informationskanäle es zwischen der Heimat und dem Schriftsteller überhaupt gab, ist unbekannt. So weiß man auch nicht, wann Brecht überhaupt vom plötzlichen Tode des Vaters, der Wochen zuvor einen Verkehrsunfall mit tödlichem Ausgang verschuldet hatte, erfuhr.

Brecht, ca. 1942. Foto: Staatsbibliothek Augsburg

Dass Augsburg auch im späteren Werk Brechts stets präsent blieb, dürfte eher eine Selbstverständlichkeit sein, als dass es verwundern könnte. Direkte Erwähnungen, zahlreiche, oft lange nicht erkannte Anspielungen auf sein einstiges Umfeld sind zu verzeichnen, aber auch größere literarische Reminiszenzen wie *Der Augsburger Kreidekreis,* die erste seiner *Kalendergeschichten* und gewissermaßen eine Vorstufe des großen Dramas *Der kaukasische Kreidekreis.* Die Geschichte spielt nicht nur in Augsburg und dessen schwäbischem Umfeld, sondern ihre zentrale Szene nirgendwo anders als im Goldenen Saal des Augsburger Rathauses.

Brecht kehrte 1947 nach Europa zurück und baute ab 1949 gemeinsam mit seiner Frau Helene Weigel das Berliner Ensemble auf, mit dem unter anderem Modellinszenierungen seiner großen Stücke erarbeitet wurden. In kurzer Zeit erlangte dieses Theater Weltruhm; nicht zuletzt verschiedene Gastspiele im Ausland mit spektakulären Erfolgen belegen dies. Während in dieser Zeit keines seiner großen Dramen entstand, ging die lyrische Produktion unvermindert weiter; die *Buckower Elegien* zeugen in großer poetischer Schönheit von der Melancholie eines früh gealterten Brecht, der nicht zuletzt aufgrund der ihn einschränkenden politischen Situation in der DDR zu resignieren schien.

Am 14. August 1956 starb Brecht an den Folgen eines Herzinfarkts und wurde auf dem Dorotheenstädtischen Friedhof, in Sichtweite seiner letzten Wohnung in der Chausseestraße, beigesetzt. Er blieb in Ost- wie Westdeutschland umstritten. Seine schon frühzeitig ausgeprägte Anpassungsfähigkeit oder vielleicht besser: moralische Indifferenz, sein Materialismus, der ihn in seiner Dichtung in erster Linie immer das artifizielle Gebilde, das Kunstwerk sehen ließ, nicht ein Vehikel politischer Maximen, verschaffte ihm einerseits Unabhängigkeit, ließ ihn andererseits allen suspekt und unbequem erscheinen, die versuchten, ihm Klischees und Schablonen überzustülpen, ihn zum marxistischen Vorzeigedichter oder, je nach Blickwinkel, zum verpönten Repräsentanten der DDR zu machen. Die einzigartigen ästhetischen Qualitäten seines Werkes jedoch setzten sich durch, jenseits von Tendenzen und Ideologien, und machten ihn zu dem, was er von Jugend an sein wollte: ein Klassiker der deutschen Literatur, weit über die Grenzen seines Heimatlandes hinaus.

In Augsburg tat man sich, wie überall in Deutschland während der Zeit des „Kalten Krieges“, mit Brecht nicht leicht. Das Stadttheater inszenierte seine Stücke regelmäßig, die Augsburger Presse war stets ein Forum, das für die Diskussion um den „Stückeschreiber“ offen stand. Andere Initiativen, etwa die Anbringung einer ersten Gedenktafel am Geburtshaus Brechts, erfolgten aufgrund privater Initiative. Während der sechziger Jahre begann das „offizielle“ Augsburg behutsam, sich des großen Sohnes anzunehmen: 1963 beschloss der Stadtrat, in der Staats- und Stadtbibliothek Augsburg eigens eine Brechtsammlung aufzubauen – heute die zweitgrößte weltweit – und stellte dafür entsprechende finanzielle Mittel zur Verfügung. 1966 wurde eine Straße nach dem großen Sohn benannt. 1981 wurde das sich bis dahin in Privatbesitz befindliche Geburtshaus Brechts von der Stadt Augsburg erworben, renoviert und im ersten Stock eine Gedenkstätte eingerichtet, die 1985 eröffnet wurde.

Die neunziger Jahre schließlich brachten eine rasante Entwicklung: 1991 wurde die Brecht-Forschungsstätte der Staats- und Stadtbibliothek ins Leben gerufen und personell ausgestattet. Mit einer Vielzahl von Publikationen über Brecht und Editionen seiner Werke ist sie heute neben dem Bertolt-Brecht-Archiv in Berlin und der Arbeitsstelle Bertolt Brecht der Universität Karlsruhe das wichtigste Zentrum der wissenschaftlichen Auseinandersetzung mit Brecht. Seit 1995 wird in dreijährigem Turnus der Bert-Brecht-Preis der Stadt Augsburg vergeben.

Zum 100. Geburtstag wurde die Dauerausstellung im Brechthaus von Grund auf neu konzipiert und wesentlich erweitert. Immer wieder, gerade auch 2006, im 50. Todesjahr Brechts, konnte sich Augsburg als Veranstaltungsort exponiertester, international bedeutender, Kongresse, Festivals und anderer „events“ präsentieren. Bei all dem spielen nach wie vor Vereine, private Initiativen eine wichtige Rolle. Stellvertretend für viele andere sei die Buchhandlung am Obstmarkt mit ihrem „Brecht-Shop“ genannt. Sie ist darüber hinaus Sitz der Redaktion des seit über einem Jahrzehnt erscheinenden „Dreigroschenhefts“, eines international verbreiteten Informationsmediums.

Brecht ist also auch in der Anerkennung seines weltbedeutenden Werkes längst in Augsburg angekommen.

PRUNKVOLLE JAHRHUNDERTWENDE

Es ist die Nacht vom 10. auf den 11. Mai 1911 in Augsburg: Korken knallen, Feuerwerksraketen und bengalische Beleuchtung erhellen den Nachthimmel. Die Stadt feiert sich selbst. Ein gemeinsamer Traum ist wahr geworden, der Traum, endlich eine richtige Großstadt zu sein. 1911 ist es so weit. Durch geschickte Eingemeindungen umliegender Dörfer wurde die magische Grenze von 100.000 Einwohnern überschritten. Aus den Bürgern sind Großstädter geworden.

Über hundert Jahre waren vergangen, seit die Stadt 1806 in das neue Bayern eingegliedert worden war, als der Weg einer längst verschlafenen Reichsstadt zu einer modernen Industriestadt begonnen hatte. Nicht mehr der Patrizier, der Fabrikant bestimmte nun die Politik, der selbstbewusste Industriearbeiter und das Militär in Paradeuniform prägten nun das Straßenbild. Sie alle forderten eine neue Stadt. Großzügig und modern sollte sie sein, die europäischen Metropolen wurden selbstbewusst zum Vorbild genommen. Der mittelalterliche Mauerring, der zuletzt nur noch als Korsett empfunden worden war, wurde gesprengt, auf den frei geräumten Flächen neue Stadtachsen gezogen und mit modernen Großbauten gesäumt. Eine Achse führte zum Bahnhof, eine andere schnurgerade auf das

Links:
Im Alten Stadtbad ist die heitere Atmosphäre des Jugendstils noch heute spürbar.

Oben:
So sind Sauna und Schwitzbäder aufwändig mit ornamentalen Fliesen und Brunnen geschmückt.

Links: Der Königliche Hoffotograf Siemssen und die Fotografische Kunstanstalt Spalke und Kluge konkurrierten auch auf architektonischem Gebiet um die Gunst des Augsburger Publikums.

Rechts: Gögginger Kurhaustheater. Blick vom Grottenbau auf die Außenbühne.

Stadttheater zu. Cafés, Kaufhäuser und prachtvolle Mietshäuser wuchsen empor. Die neuen Bürger machten sich ein neues Bild ihrer Stadt und sie machten sich ein neues Bild von sich selbst. Davon zeugen noch heute zwei erhaltene Fotoateliers. Der Großbürger beim Fotografen, mit steifem Kragen, Frau und Kindern, wirft er sich in Positur, bannt Flügelkleid und Matrosenanzug auf die Glasplatte. Der Königliche Hoffotograf Siemssen (Bahnhofstr. 10) und die Fotografische Kunstanstalt Spalke und Kluge (Konrad-Adenauer-Allee 17 A) bedienten das neue Repräsentationsbedürfnis der Bürger und beide Ateliers wetteiferten mit der modernsten Architektur, mit fantasievollen orientalischen Formen hier und französischen Jugendstilornamenten dort. Heute haben beide Fotoateliers neue Nutzungen gefunden. Der Großstadtbürger von heute macht sich sein Bild lieber mit dem Fotohandy.

Dazwischen, im Mittelpunkt der neuen Stadtachsen, liegt der zentrale Verkehrsknotenpunkt, der Königsplatz. Über ihn wurden alle Linien der Straßenbahn geführt und noch heute lässt sich von der Straßenbahn aus das alte und das neue Augsburg am lebendigsten erfahren. Zum Beispiel den Perlachberg hinunter in die Altstadt. Ein buntes Gemisch aus renovierten Giebelhäusern, Kneipen und türkischen Gemüseläden beherrscht heute das Bild des Lechviertels. Das war nicht immer so. Als in der Oberstadt der Jahrhundertwende das großstädtische Leben geprobt wurde, herrschte dort unten die Gegenwelt, ein Graubild unsozialer Wohnverhältnisse. Erst durch ein engagiertes Programm der Städtebauförderung konnte das Viertel in den letzten Jahrzehnten grundlegend saniert werden.

Aber schon die Bürger der Jahrhundertwende hatten auf die Missstände reagiert. Durch eine großherzige Stiftung der Augsburger Familie Forster wurde gleich nach 1900 ein modernes Reinigungsbad gebaut, das alte Stadtbad (Leonhardsberg 15). Es war ein Jugendstilbau und das bedeutete damals mehr als ein paar ungewöhnliche Ornamente an den Wänden. Jugendstil galt als Signal für ein neues Lebensgefühl, gelebte Hygiene, ein neues Körperbewusstsein. Baden gehen war kein Freizeitspaß, es diente der Körperreinigung, der Körperertüchtigung. Die weiten, lichtdurchfluteten Schwimmsäle waren getrennt in ein Frauenbad und ein Männerbad. Das mag heute als spießige Einschränkung gesehen werden, doch die Trennung diente der Befreiung. Frauen und Männer konnten endlich die Kleider abwerfen, sahen sich zum ersten Mal nackt im römisch-irischen Dampfbad, in der Sauna. Und dem treuen Begleiter des Flaneurs stand sogar ein Hundebad zur Verfügung, um dem gemeinsamen Auftritt auf der großstädtischen Bühne gerecht zu werden. Heute ist das Bad wieder zugänglich, leider stark purifiziert, doch die Dampf- und Schwitzbäder atmen noch den alten Geist der neuen Zeit.

Das Ideal vom neuen, gesunden Menschen trieb auch eine der schillerndsten Persönlichkeiten der Jahrhundertwende in Augsburg um, Fritz Hessing. Hessing war als armer Orgelbauer nach Augsburg gekommen und landete daher zuerst in der Handwerkeraltstadt. Seine Erfahrungen dort müssen erschütternd gewesen sein. Die engen Gassen, die schlechten hygienischen Verhältnisse, das mangelnde Licht, die schlechte Ernährung hatten unter den Kindern der

Links: Gusseisen und Glas im Zuschauerraum des Kurhaustheaters.

Rechts: Der opulente Geschmack des Bauherrn, des Selfmademans Friedrich Hessing, und die blühende Fantasie seines Architekten, Jean Keller, prägen das Kurhaustheater.

Altstadt Mangelerkrankungen entstehen lassen. Der Anblick rachitisch verkrüppelter Kinder prägte sich Hessing ein. Er wollte diesen Menschen helfen. Dazu entwickelte er abenteuerliche Gehmaschinerien, die nur den Sinn hatten, die verkrüppelten Menschen wieder aufzurichten.

Hessing dachte ganzheitlich, holte die Menschen heraus aus ihrem sozialen Umfeld in eine neue, gesunde Umgebung. Er baute vor den Toren der Stadt ein Sanatorium, mit allen Annehmlichkeiten eines großen Badeorts, nur war alles selber gemacht, mit wenigen Mitteln und mit viel Fantasie. Die Straßenbahn führt heute wie damals hinaus nach Göggingen zur Hessing-Klinik. Der Halt am Klausenberg führt zum Höhepunkt der Anlage, dem Kurhaustheater. Ein Theater und Wintergarten, in dem die bettlägerigen Patienten mit dem Rollwagen aus ihren Krankenzimmern direkt in den ersten Rang geschoben werden konnten. Der wundersame Bau ist heute mit Perfektion und staatlichem Geldsegen herausgeputzt. Damals war er in nur einem Jahr hingestellt worden, mit wenig privatem Geld und einfachen handwerklichen Kräften. Der Architekt, Jean Keller, kam den Wünschen seines Bauherrn mit Improvisation und Illusionskunst entgegen. Mit dem Kurhaustheater stand das Herzstück der Heilanstalt. In bequemer Gehentfernung, oder einer Straßenbahnstation weiter, entstand die Heilanstalt, heute eine moderne orthopädische Klinik. Erhalten sind aber der kleine Kurpark, durch den die Straßenbahn führt, die Wandelhalle, das burgartige Wohnhaus Hessings und die prachtvolle Anstaltskapelle. Außen in Formen des französischen Barocks gehalten, gleicht sie innen einer in Eiche geschnitzten neugotischen Tropfsteinhöhle. Auch hier gibt es im ersten Rang eine mit dem Rollwagen erreichbare Empore und unten genügend Platz, um mit den Krankenbetten einfahren zu können. Hier sollten die Kranken die nötige geistige Erbauung finden, alle Patienten, egal ob katholisch, evangelisch oder russisch-orthodox. Gerade für den zahlungskräftigen russischen Adel hatte Hessing einen Wandelaltar vorgesehen, der sich ähnlich einer Drehbühne je nach Bedarf der jeweiligen Konfession anpassen ließ. Eine von vielen Ideen Hessings, die jedoch der Dickschädligkeit seiner Zeitgenossen zum Opfer fiel.

Als Kontrast zum vornehmen Göggingen im Süden führt die Straßenbahn im Westen nach Pfersee, einem der Industrievororte jenseits der Wertach. Gleich nach der Wertachbrücke liegt hier an der Straßenbahntrasse einer der spektakulärsten Kirchenbauten seiner Zeit, die katholische Herz-Jesu-Kirche. Der Architekt Michael Kurz hat den neuromanischen Bau ab 1908 mit aller Pracht des Jugendstils ausgestattet. Und die damals europaweit kursierende Herz-Jesu-Schwärmerei bereichert die ornamentale Pracht mit anrührend naiver Sentimentalität. So versammelt sich unter den gemalten Figuren im Chorraum neben den üblichen heidnischen Völkern auch ein überlebensgroßer Indianerhäuptling, der leibhaftig einem Karl-May-Roman entstiegen scheint.

Nicht zufällig, war doch im gleichen Jahr, 1908, Karl May in Augsburg gewesen, und im gleichen Jahr begann der Abdruck von „Winne-

Die Herz-Jesu-Kirche in Augsburg-Pfersee. Mit dem ganzen Repertoire einer prachtvollen katholischen Inszenierung steigert sich der Kirchenraum bis zum Höhepunkt, dem vollständig ausgemalten Chorraum mit seinem goldglänzenden Tabernakelaltar.

tous Erben" als Fortsetzungsroman in der damals renommierten Augsburger Postzeitung. Es waren die hoffnungsvollen Jahre vor dem ersten Weltkrieg, in denen dieser Traum vom guten Wilden inmitten der Industrievorstadt bildhaft geworden war. Doch das Ideal vom neuen, guten Menschen dauerte nur wenige Jahre.

Der Kriegsausbruch vernichtete die Träume. In der Ausmalung der Herz-Jesu-Kirche ist das eindrücklich ablesbar. Der Maler des Chorraums fiel bei Verdun, neue Künstler malten an den Langhauswänden weiter. Jetzt bestimmen die martialischen Schergen des Kreuzwegs und ein mit Stahlhelm bewehrter deutscher Michel die Szene. Zuletzt markiert ein uniformierter Landser an der Kanzel das Ende des Kirchenbaus und das Ende eines Stadtkapitels, das den besseren Menschen in der neuen, gesunden, weltoffenen Großstadt als Anfang hatte.

A Herz-Jesu-Kirche
Jugendstilkirche, erbaut 1907–09, Architekt Michael Kurz, Augsburg.

B Altes Stadtbad
Jugendstilbad, erbaut 1902/03 von Stadtbaurat Fritz Steinhäußer.

C Hoffotograf Siemssen
Bahnhofstr. 10, Rückgebäude, ehem. Fotoatelier, in den Formen des französischen Jugendstils ornamentiert.

D Fotografische Kunstanstalt Spalke und Kluge
Konrad-Adenauer-Allee 17 A, Rückgebäude, ehemaliges Fotoatelier in maurisch-orientalisierenden Formen.

E Kurhaus Göggingen
Klausenberg 6. 1885 von Jean Keller im Auftrag von Hessing erbaut. Bedeutendes Denkmal deutscher Ingenieurbaukunst in verputzter Ziegelbauweise mit eingestellter Eisenkonstruktion und großflächigen Fenstern. 1972 bei einem Großbrand schwer beschädigt. 1996 aufwändig restauriert; wieder eröffnet als Theater und Tagungsstätte.

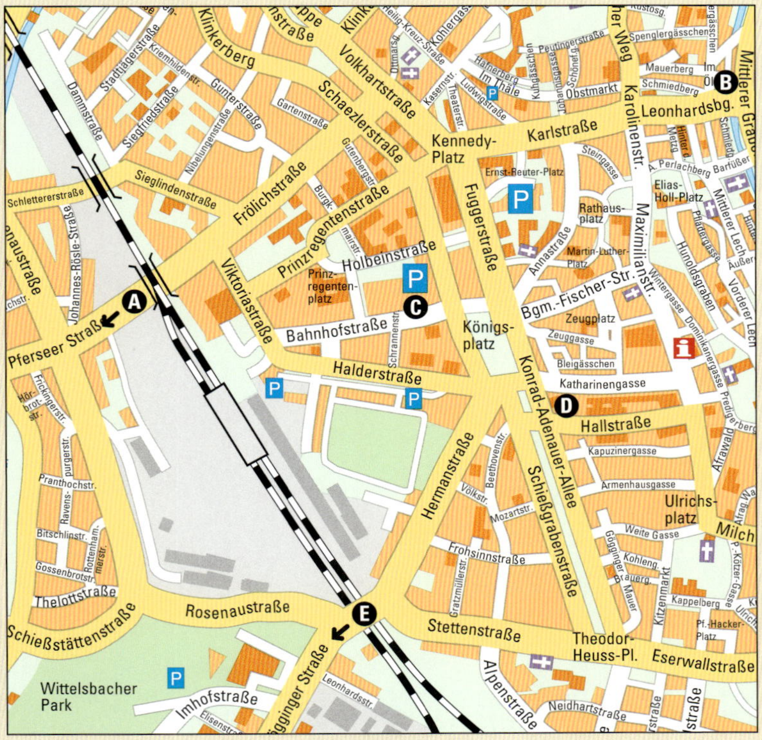

NEUE NUTZUNG IN HISTOR

SCHEN INDUSTRIEBAUTEN

Der sogenannte Glaspalast (s. vorherige Seite) ist das vielleicht bedeutendste öffentliche Gebäude Augsburgs im 20. Jahrhundert. Das nach den Plänen von Philipp Jakob Manz (1861–1936) errichtete architektonische Meisterwerk gilt als der erste Stahlskelett-Großbau Deutschlands. Als ein Juwel des damals für die Stadt so hoch bedeutenden Textilviertels beherbergte er ursprünglich das Werk IV (Aumühle) der Mechanischen Baumwollspinnerei und Weberei Augsburg (SWA). Nach der Fertigstellung des gewaltigen Pionierwerks wurde die Fabrik im Jahr 1910 in Betrieb genommen und bis ins letzte Viertel des 20. Jahrhunderts hinein für diesen Zweck genutzt.

Der Glaspalast liegt heute städtebaulich eher beziehungslos direkt an der ‚Schleifenstraße', einem von seiner Funktionalität her sehr sinnvollen, in seiner städtebaulichen Wirkung jedoch unbehaglichen Zubringer von und zur heutigen Autobahn A8. Dennoch kann das Gebäude, vor allem wenn man sich ihm von Süden kommend nähert, seine monumentale Wirkung in voller Pracht entfalten. Der durchgehende Rhythmus der gewaltigen Fensterfronten im Norden und Süden zieht sich vom Erdgeschoss bis zum Dach hinauf und gibt der Architektur weithin sichtbar ihren ganz eigenen, faszinierenden und unverwechselbaren Charakter.

Über viele Jahre hinweg befand sich das Gebäude in städtischem Besitz, bevor es an den ehemaligen Bauunternehmer Ignaz Walter verkauft wurde. Dessen private Kunstsammlung, sowie eine eigene Galerie zogen in den 2. und 3. Stock des Bauwerks ein, die darüber liegenden Etagen wurden an diverse Unternehmen und Dienstleister vermietet.

Nach langwierigen, komplizierten Verhandlungen zwischen der Stadt Augsburg und dem heutigen Besitzer des Gebäudes kam es zu einem Vertragsabschluss, der schließlich die Errichtung eines staatlichen und eines neuen städtischen Kunstmuseums im noch leerstehenden

Die Ausstellung „Spaziergang in New York" zeigt Arbeiten amerikanischer Künstler des 20. Jahrhunderts. Hier Bilder von Robert Motherwell (rechts) und Andy Warhol (hinten).

Erdgeschoss ermöglichte. Im Mai 2006 war es soweit: In den gewaltigen Hallen des unteren Geschosses wurden die **Staatsgalerie Moderne Kunst** (eine Zweiggalerie der Pinakothek der Moderne, München), sowie das H2 – Zentrum für Gegenwartskunst im Glaspalast eröffnet.

Ist die Staatsgalerie, wenngleich mit einer grundlegend neuen Konzeption versehen, eine Nachfolgerin der ehemaligen Kunsthalle am Wittelsbacherpark, so verfügt Augsburg mit dem **H2 – Zentrum für Gegenwartskunst** seit dem Jahr 2006 zum ersten Mal über ein eigenes städtisches Museum, das Positionen regionaler, nationaler und internationaler zeitgenössischer Kunst reflektiert, und dem interessierten Publikum in wechselnden Ausstellungen zur kritischen Auseinandersetzung präsentiert.

Die Nutzung historischer Industriearchitektur zu Museumszwecken, insbesondere zum Zweck der Präsentation von Gegenwartskunst, ist an sich nicht neu. Zahlreiche Unternehmungen dieser Art wurden – besonders in den vergangenen Jahrzehnten – international verwirklicht: Herausragende Projekte wie die Hallen für Neue Kunst, Schaffhausen, das Zentrum für Kunst und Medientechnologie in Karlsruhe oder die spektakuläre ehemalige Turbinenhalle in London, die heute die Tate Modern beherbergt, seien hier nur stellvertretend genannt. Gegenüber diesen und vielen weiteren Gebäudekomplexen vergleichbarer Nutzung ist jedoch im Augsburger Glaspalast ein ganz eigenes Kennzeichen festzuhalten: Die Vielzahl und Dichte der hier vorhandenen Pfeiler in Verbindung mit den auf der Süd- und Nordseite vollflächig vorhandenen Fensterfronten, die extrem wenig „natürliche“ Hängemöglichkeiten bieten, stellt eine in dieser Form andernorts kaum anzutreffende Besonderheit dar.

Staatsgalerie Moderne Kunst mit Werken von Andy Warhol und Robert Morris (links) sowie von Robert Motherwell (hinten) aus der Sammlung moderne Kunst, Pinakothek der Moderne, München.

Für die Planungen des H2 entfaltete sich vor diesem Hintergrund einer vollständig erhaltenen, heute denkmalgeschützten Bausubstanz sowie deren unverwechselbarer, lichtdurchfluteter Architektur von Beginn an eine ebenso einfache wie klare Maxime. Sie lautete: Den Raum trotz vergleichsweise eingeschränkter Hängemöglichkeiten nicht durch feste Stellwandeinbauten zu verbauen, sondern seinen einzigartigen Charakter zu respektieren und gerade im Kontext zeitgenössischer Kunst darauf zu reagieren.

Das H2 – H steht für Halle – ist Museum und Wechselausstellungsplattform zugleich. Zum einen wird hier die Sammlung junger Kunst der Augsburger Kunstsammlungen in wechselnden Präsentationen vorgestellt, zum anderen „arbeiten“ international renommierte Künstlerinnen und Künstler in wechselnden Einzelausstellungsprojekten mit dem Raum, nehmen mit ihren Arbeiten Bezug auf ihn, und lassen das Raumempfinden für den Besucher zu einem immer wieder neuen und anregenden Erlebnis werden. Die einzigartige Großzügigkeit dieser faszinierenden Halle, ihren „Atem“ zu spüren, und sich in diesem weitläufigen Kunst-Areal zu bewegen, ist für viele Besucherinnen und Besucher allein schon ein Genuss.

Mit seiner raumgreifenden Installation LAVA reagierte der italienische Medienkünstler Fabrizio Plessi in Form einer ersten künstlerischen Intervention und als erstes Einzelausstellungsprojekt auf die Räume des H2. Plessi realisierte hier eine einzige, monumentale Bodenarbeit. Eine für den Besucher begehbare Innenlandschaft aus 30 übereinandergelegten, mit Videomonitoren ausgestatteten Basaltsteinplatten-Stapeln, die die gesamte Fläche der großen Ausstellungshalle in Anspruch nahm. Durch die Möglichkeit des „Durchwanderns“ dieses Raumkunstwerks wurde auch der Raum selbst neu und anders wahrnehmbar, ganz im Sinne des Künstlers, und ganz im Sinne des kuratorischen Konzeptes, das das Raumerlebnis für den Betrachter immer in den Mittelpunkt stellt.

H2 – Zentrum für Gegenwartskunst. Christofer Kochs, Titel: Kollektives Gewissen.

Doch zurück zur Sammlung. Das H2 präsentiert eine noch junge, im Aufbau befindliche

Sammlung. Da Sammlungs- und Wechselausstellungsbereich aufgrund der besonderen Raumsituation bewusst nicht voneinander getrennt wurden, bleibt die Präsentation des Sammlungsbestandes so wenig statisch wie das Selbstverständnis des Hauses selbst. Das heißt konkret: In größeren, regelmäßigen Abständen werden jeweils neue Inszenierungen einen Szenenwechsel herbeiführen, neue Dialoge zwischen den Kunstwerken herstellen, und diese in immer wieder neuen Konstellationen vorstellen. rei, Grafik, Skulptur oder andere klassische Einzeldisziplinen legt, sondern umgekehrt der transdisziplinären Vernetzung der Künste Rechnung trägt, in der für Künstler selbst eben jene klassischen Abgrenzungen gewohnter Kunstgattungen heute entfallen.

So gibt es neben spannenden Beispielen aktueller Malerei auch Fotografie, elektronische Kunst, Raum- und Klanginstallationen zu sehen, die sich, nicht nach Gruppen auseinander

H2 – Zentrum für Gegenwartskunst. Rupprecht Geiger, Titel: Pinc contra Orange.

So kann der Besucher auf spannende, abwechslungsreiche und immer wieder überraschende Weise an die Kunst seiner Zeit herangeführt werden.

Der zeitliche Rahmen reicht hier – mit Ausnahme des bereits 1957 entstandenen Gemäldes ‚Kreisform mit Leuchtfarbe' von Rupprecht Geiger – von den 1980er Jahren bis in die Gegenwart hinein. Kennzeichnend ist nicht ein Sammlungsschwerpunkt, der, wie in vielen anderen Häusern, eine Spezialisierung auf Male- dividiert, sondern kontextuell und im direkten, sinnlich erlebbaren Austausch miteinander präsentieren.

Eine Reihe der ausgestellten künstlerischen Arbeiten geht auf Projekte zurück, die Künstlerinnen und Künstler in Augsburg in direkter Auseinandersetzung mit der aktuellen, historischen und topographischen Situation realisierten. So bat das Münchener Künstlerduo Empfangshalle

S. 176/177: Das Fabrikschloss, erbaut 1895–98.

(Corbinian Böhm und Michael Gruber) vier Aufseher der Neuen Galerie im Höhmannhaus – dem Ort, an dem ihr Projekt in Augsburg stattfand – sich auf der Maximilianstraße zu einem temporären Brunnen zu formieren, wobei jede der lebenden „Brunnenfiguren" ein persönliches Attribut ihrer selbst in der Hand trägt. Die daraus resultierende Fotoserie „Aufseherbrunnen" ist ein zeitgenössischer, durchaus auch augenzwinkernder Kommentar zur großen Tradition der historischen Prachtbrunnen der Maximilianstraße und regt das Nachdenken über den Umgang mit (historischer wie zeitgenössischer) Kunst grundsätzlich an. Die Basler Künstlerin Leta Peer hängte ihre Gemälde Schweizer Berglandschaften in die sanierungsbedingte Baustelle des Schaezlerpalais, fotografierte sie dort, und schuf so eine faszinierende Komposition aus Malerei, Fotografie, freier künstlerischer Arbeit und zugleich Dokumentation der tatsächlich vorgefundenen Situation. Die New Yorker Künstler Clegg & Guttmann errichteten auf Einladung der GfG im Augsburger Hofgarten eine ‚Open Public Library', die parallel ebenfalls in der Neuen Galerie im Höhmannhaus installiert wurde. Auch dies dokumentiert eine künstlerische Fotografie, die das H2 in seiner Sammlung präsentiert. So wird dem Besucher neben der ästhetischen Reflexion auch ein Stück jüngste Augsburger Kunstgeschichte vorgestellt.

Das H2 ist also Museum, Wechselausstellungshalle und Experimentiergehäuse zugleich. Regelmäßige Führungen für Erwachsene und speziell auch für Kinder, Konzerte, Filme, performances sowie museumspädagogische Aktivitäten machen das Museum zu einem wirklich lebendigen, alle Generationen ansprechenden Erlebnis.

Gemeinsam mit der hochkarätigen Auswahl internationaler Moderne aus den Beständen der Pinakothek der Moderne in München ist das H2 damit ein Kristallisationspunkt lebendiger Gegenwartskultur in Augsburg.

Im Glaspalast ist auch das Kunstmuseum Walter und die renommierte Galerie Noah untergebracht (Ausstellung mit Georg Baselitz, 2007).

Ein zusätzliches Informations- und Bildungsportal für jedermann stellt die öffentlich zugängliche Bibliothek des H2 dar. Sie ist eine Bibliothek speziell zur Kunst des 20. und 21. Jahrhunderts.

Im Kontext einer vorbereiteten Kooperation mit der Universitätsbibliothek Augsburg ist hier bereits jetzt eine von Studenten, Fachleuten aber vor allem auch ‚interessierten Laien' vielfach wahrgenommene Informationsplattform entstanden, die als kommunikatives und lebendiges Element den Ausstellungsbetrieb des H2 aktiv begleitet.

Daneben hat die von der privaten Gesellschaft für Gegenwartskunst (GfG) betriebene Artothek ihr neues Domizil bezogen. Sie ist ein gemeinnütziger Verein, dessen Engagement sich auf die Förderung der zeitgenössischen Kunst richtet. In der Artothek wird die Möglichkeit für in Augsburg und Umgebung lebende Bürger geboten, sich zeitgenössische Originalgrafik auszuleihen. Auch dieses Angebot erfreut sich großer Beliebtheit, und rundet das Programm des H2 ergänzend ab.

Zeitgleich mit dem H2 eröffnete in der gegenüberliegenden Halle die Zweiggalerie der Münchner Pinakothek der Moderne. Unter dem Motto „Spaziergang durch New York" sind dort Werke von namhaften Künstlern wie Robert Morris, Robert Motherwell, Robert Rauschenberg, John Cage, Andy Warhol, Dan Flavin und Donald Judd versammelt. Diese Künstler prägten nach dem Zweiten Weltkrieg Kunstrichtungen, die unter den Begriffen Abstrakter Expressionismus, Pop Art oder Minimal Art in die Geschichte eingingen. Der Loft-Charakter der lichtdurchfluteten hohen Räume des Glaspalastes erweist sich als ideales Forum für die Präsentation der großformatigen Arbeiten der amerikanischen Kunst seit 1950. Auch die Filiale der Pinakothek der Moderne strebt das Konzept der wechselnden Ausstellung an.

1770 erbaute Johann Heinrich von Schüle seine Kattunmanufaktur am Roten Tor nach dem Vorbild eines barocken Schlosses. Heute genutzt von der Fachhochschule für Gestaltung.

Eine weitere Museumsneugründung im früheren Augsburger Textilviertel steht nach Jahren des zähen Ringens um dieses Haus unmittelbar bevor. Das im Aufbau befindliche **Bayerische Textil- und Industriemuseum (tim)** soll nach museumseigenen Angaben voraussichtlich Anfang des Jahres 2009 eröffnet werden. In einem Gebäudekomplex der 1836 gegründeten ehemaligen Augsburger Kammgarnspinnerei (AKS) bezieht es weitläufige Hallen, die dem Charakter des Museums in kongenialer Weise entsprechen. Das tim hat sich auf die Fahnen geschrieben, die ebenso bedeutende wie bislang in ihrer Aufarbeitung vernachlässigte Textilgeschichte Augsburgs, Schwabens und Bayerns aufzuarbeiten und zugleich eine zeitgemäße, die Sichtweisen heutiger Besucher berücksichtigende Erlebniswelt zu konzipieren. Dazu werden funktionsfähige, durch den Besucher benutzbare Industriemaschinen genauso gehören wie Industrie-, Design- und Kunstausstellungen sowie – bereits in der Vorbereitungsphase veranstaltete – Modenschauen.

In ihrer Bedeutung stellen die neuen Museen im ehemaligen Augsburger Textilviertel nicht nur eine wesentliche Bereicherung der Augsburger Museumslandschaft dar, sondern eröffnen einen ganz neuen Horizont: Das Textilviertel, ein Areal von großartigem historischen, städtebaulichen und ideellen Potenzial, wird langsam aus seinem viel zu langen Dornröschenschlaf erweckt. Mit den Kunstmuseen im Glasplast und dem tim kann möglicherweise die Wiederauferstehung und vitale Neuformierung eines ganzen Stadtviertels in Gang kommen, das ungeahnte Möglichkeiten leichtfüßig wie in tiefgehender Auseinandersetzung mit der eigenen, in diesem Feld noch weitgehend unbekannten Geschichte und Identität der Stadt bietet.

Die neuen Museen stellen dafür nicht nur kulturelle Zentren ersten Ranges dar. Sie bieten darüber hinaus die ideale Voraussetzung, Stadtkultur, -geschichte und -erlebnis auch jenseits der Peripherien der Maximilianstraße lebendig zu erleben.

An diesem Jacquard-Webstuhl wird in der tim-Museumsweberei ein Retro-Blumenmuster aus den 70er Jahren wieder aufgelegt (rechts).

Buch aus der NAK-Stoffmustersammlung: Es zeigt die Türkischrotdruckerei sowie die Vielfalt der Muster, die in der Periode höchster Blüte (1788–1877) angefertigt wurden (rechts).

Halstuch mit floralen und geometrischen Mustern (rechts).

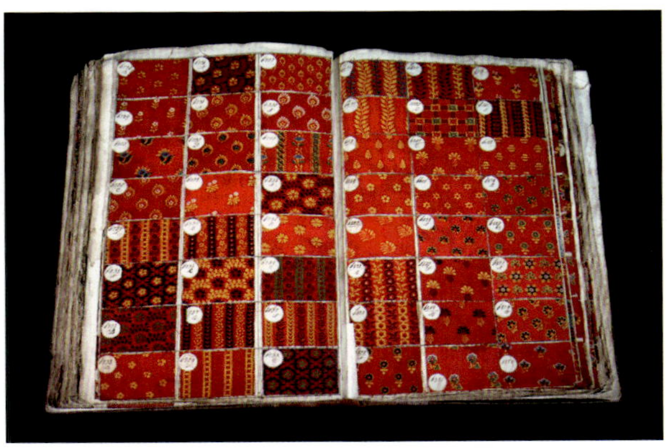

A Glaspalast
Mechanische Baumwollspinnerei und Weberei Werk IV (Aumühle). Erbaut 1909/10 von Thormann und Stiefel, nach Plänen des Architekten Manz. Ein Denkmal von europäischem Rang.

B Fabrikschloss
Werk III (Proviantbach) der Spinnerei und Weberei Augsburg. Erbaut 1895–98 nach Plänen von Carl Arnold Séquin-Bronner von Thormann und Stiefel.

C Proviantbachquartier
Ehemalige Arbeiterwohnhäuser der Mechanischen Spinnerei und Weberei Augsburg (Werk III Proviantbach). Zwanzig Ziegelbauten mit je drei Geschossen. Ab 1895 errichtet, in unmittelbarer Nähe zur Arbeitsstätte. Ein Arbeiterwohnquartier, charakteristisch für das späte 19. Jahrhundert.

D Ehemalige Schüle'sche Kattunfabrik
Später Textilwerke Nagler und Sohn. Hufeisenförmig angelegt, mit repräsentativer Schlossfassade. Erbaut 1770–72 von Leonhard Christian Mayr. Eine der wertvollsten Bauten der europäischen Industriegeschichte.

E Augsburger Kammgarnspinnerei
Gegründet 1836, ab 1845 Bau neuer Fabrikanlagen am Schäfflerbach. Heute noch in Betrieb.

F Elektrizitätswerk der Baumwollspinnerei am Stadtbach
1902 am Nordende der Wolfzahnau errichtet.

G Städtisches Brunnenwerk auf dem Hochablass
Maschinen von MAN. Seit 1879 in Betrieb.

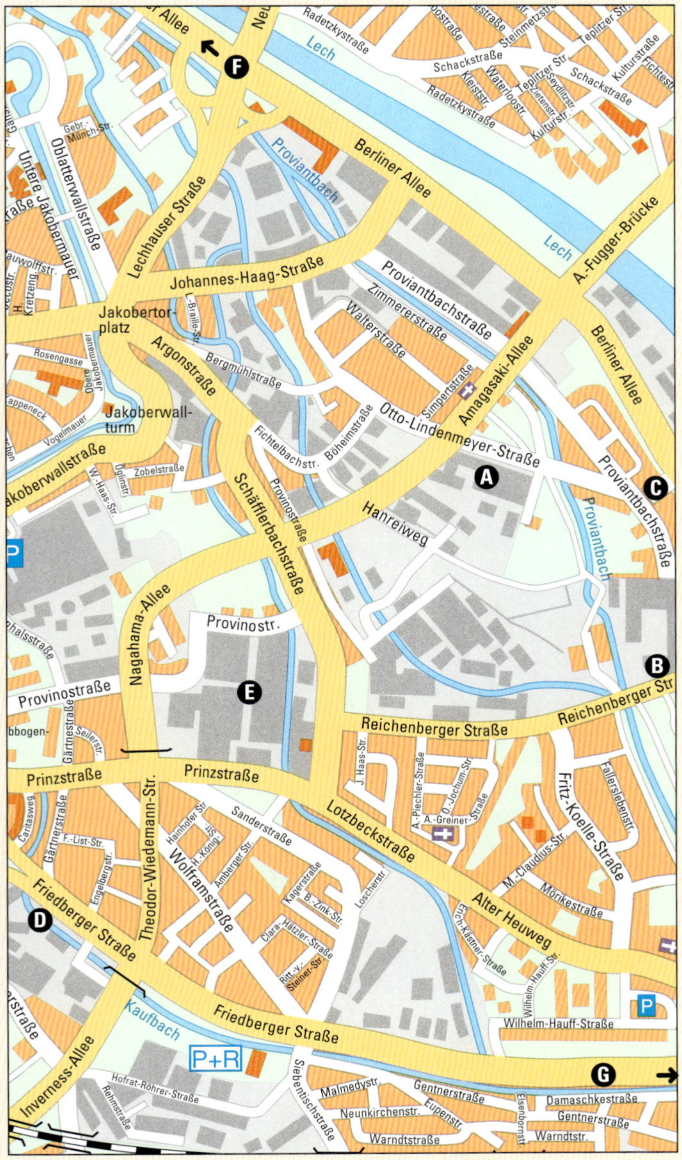

WIE DIE GEGENWART NICHT WURDE

UND WIE DIE ZUKUNFT SEIN KÖNNTE

Ein nicht ganz ernst gemeinter, aber auch nicht ganz unernst gemeinter Blick auf eine schöne Stadt, deren Möglichkeiten größer sind als ihre Wirklichkeiten

Blühende Stadt. Es hat seinen Reiz, von Wolkenkratzern und großspurigen Autobahnkreuzungen verschont geblieben zu sein (vorherige Seite).

Mit leuchtenden Augen blicken wir auf Augsburgs große Vergangenheit zurück. Der Blick trübt sich merklich ein, wenn wir auf die Gegenwart und auf die Zukunft schauen. Das Wort Niedergang drängt sich auf: einst Weltzentrum, heute Provinz. Aber werfen wir doch einen zweiten, etwas anderen Blick auf die Geschichte, auf die alte, die gegenwärtige und die künftige. Es könnte sich lohnen.

Was wäre eigentlich gewesen, wenn Augsburg seine Stellung als eines der Weltzentren für Handel, Finanzen und Kultur dynamisch in die Gegenwart hinein fortgesetzt hätte?

Hier ein paar nicht ganz ernst gemeinte, aber auch nicht völlig unernste Antworten auf diese spannende Frage.

Die Weltstadt der Fugger und Welser hätte sich zu einer modernen Mega-City entwickelt, zu einem Weltzentrum des Handels, der Finanzen und der Kultur nach heutigen Maßstäben. Wie sähe dieses Augsburg heute aus?

Wir sähen gläserne Türme großer internationaler Banken, sagen wir: an der Halderstraße. Die Halderstraße wäre ein so geläufiger Begriff wie die Wallstreet und die City of London. Giganten des Handels und der Industrie hätten ihre Zentralen, sagen wir: entlang der Annastraße. In Augsburg stünden die höchsten Wolkenkratzer der Welt, hochgezogen im Wettstreit mit Schanghai, Dubai, Kuala Lumpur und Chicago.

In der zwischen den Hochhäusern versteckten romantischen Altstadt, an die sich Augsburgs quicklebendige Chinatown anschmiegt, wetteiferten edle Designer-Läden und internationale Sterne-Köche um die feine Kundschaft.

Augsburger Theater und Museen hätten Weltrang und Weltruf. Internationale Künstler und Schriftsteller pendelten zwischen New York, London und Augsburg. Diana Damrau und Anna Netrebko wären Stammgast in der Augsburger Oper, einem architektonischen und akustischen Wunderwerk.

Die Augsburger Allgemeine wäre die New York Times Europas.

Der Transrapid würde Groß-Augsburg mit Groß-Paris verbinden. München, die einst selbstständige, charmante Mittelstadt an der Isar, wäre längst in das Metropolgebiet der Mega-City Augsburg mit seinen mehr als zehn Millionen Einwohnern eingemeindet worden.

Wäre es nicht herrlich?

Ja und nein. In den Slums der Mega-City Augsburg gäbe es jede Nacht mehrere Morde. Drogenbarone hätten einige Stadtteile zu No-Go-Areas für die Polizei gemacht. Das inzwischen lebensgefährliche Schwabing nennt man die Bronx von Greater Augsburg. Dort spielt der neueste Musical-Welthit, die „Bavarian Westside Story“.

Die guten Bürger Groß-Augsburgs wären großenteils weit hinaus ins ruhigere Land, vorzugsweise an die Seen gezogen. Sie nähmen es in Kauf, jeden Tag drei Stunden zwischen Büro und Wohnvorort zu pendeln, um im Privatleben die Belästigungen und Gefahren der Mega-City zu meiden.

Das nächste Gipfeltreffen hochrangiger Experten der Vereinten Nationen zum Thema „Krise und Management der Mega-Cities“, zuletzt in Schanghai, fände nun in Groß-Augsburg statt. Grund: Hier könnte man die Schattenseiten der Supermetropolen am lebenden Objekt und in ihrer europäischen Variante studieren.

Kurz: Moderne Weltmetropolen bieten alles, Glücks- und Horrorszenarien. So fantastisch es einerseits gewesen wäre, es wäre andererseits auch nahezu unerträglich, wenn unsere Stadt nach dem Dreißigjährigen Krieg ihre Rolle als Weltmetropole erhalten und konsequent fortentwickelt hätte.

Weltmetropole und Lebensqualität sind zweierlei Dinge. Nur ausnahmsweise treffen sie zusammen.

Das, was man früher abfällig die Provinz nannte, muss man heute oft einen Glücksfall nennen.

Es muss ja nicht die hinterste Provinz sein. Nein, die zweite Reihe der Wichtigkeit scheint mir eine exzellente Reihe zu sein: Hier ist das Leben gut. Das Weltgeschehen mit all seinen Belohnungen ist in erreichbarer Nähe. Aber den Bestrafungen, mit denen große Metropolen heutzutage aufwarten, ist man nicht ständig ausgesetzt. Man hat das Beste beider Welten.

Wie aber sähe eine Augsburger Zukunft aus, die selbstbewusst die Vorzüge der zweiten Bedeutungsreihe kennt, genießt und stolz nach außen hin vertritt?

Hier ein paar nicht ganz unernst gemeinte, aber auch nicht ganz ernste Antworten auf diese spannende Frage.

Moderne Stadt. Klare Formen, klare Farben, große Ruhe. Modernität muss nicht Lärm und Chaos bedeuten.

Junge Stadt. Wo eine große Geschichte die Kulisse bildet, da übt die neue Generation entspannt die Zukunft ein.

Zum Selbstbewusstsein gehört, auch die Reize der etwas prominenteren Nachbarstadt nicht zu verstecken, sondern mit ins Spiel zu bringen. Sie machen Augsburg noch attraktiver. Ob man das nun Greater Munich, Metropolregion Munich oder das Herz von Bayern nennt, ist zweitrangig: München ist super, wenn man in Augsburg wohnt.

Die Weltmetropole Augsburg ist Geschichte und als Geschichte der vielleicht stolzeste Teil der starken Seiten des Augsburg von heute. Aber Augsburg bezieht seine starken Seiten nicht allein aus der Geschichte. Sie sind auch überall in der Gegenwart zu finden. Wirtschaft, Wissenschaft, Kultur, Sport, Freizeit, Architektur, Lage, Tourismus, interessante Menschen? alles da. Aus dieser Fülle kann Augsburg seine Zukunft schöpfen.

Hier ein paar beispielhafte Blicke in die Zukunft:

Fangen wir mit dem Griffigsten an: Augsburg, die Sportstadt. Nach dem Eishockey und dem Wassersport wird Augsburg trotz einiger Rückschläge wieder dauerhaft zur Fußballstadt: FCA, Bundesliga, neues Stadion.

Der Sport, zumal der Fußball, gibt Stadt und Region frischen Auftrieb. Die Stimmung, das Lebensgefühl, der Optimismus, der bundesweite Ruf als Stadt des Sports, die wirtschaftlichen Auswirkungen einer sportlichen Erfolgsstory? das alles ist mitreißende Zukunft.

Wirtschaft und Verkehr: Nach der großen Augsburger Zeit hat sich unsere Stadt im 19. und 20. Jahrhundert eine zweite Blüte als Industriestandort geschaffen, von der Textilindustrie bis zum Maschinenbau. Da ist manches wieder verschwunden, einiges abgebaut worden, aber es ist genug geblieben und neu hinzugekommen, um Zukunft zu schaffen.

Aus der Vielfalt des wirtschaftlichen Zukunftspotenzials seien hier drei nahe liegende Schwerpunkte herausgegriffen: die Umweltkompetenz, die Mechatronik und die Faserverbundtechnik.

Wie sieht die Umweltstadt Augsburg der Zukunft aus?

Sie ist nicht nur eine Stadt der Umweltbehörden und Umweltorganisationen und der schönen Pläne.

Im Augsburg der Zukunft leuchtet von allen Dächern das Bekenntnis zur Umwelt. Die Stadtregierung setzt mit Volldampf auf die Karte Umwelt. Sonnenenergie wortwörtlich auf den Dächern aller öffentlichen und vieler privater

Gebäude. Warum soll Augsburg in Deutschland nicht als die Stadt der Sonnenenergie bekannt werden?

In der Verkehrspolitik entdeckt man das Fahrrad, diese umweltfreundlichste Art der Fortbewegung, ganz neu. Ein wohldurchdachtes, vielfältiges, schönes und sicheres Radwegesystem überzeugt immer mehr Leute davon, ihr Auto daheim zu lassen und entspannt und zügig durch die Stadt zu strampeln.

Autofahrer haben keinen Grund mehr, über die Radler als rücksichtslose Verkehrshindernisse zu fluchen. Und die Radler haben keinen Grund mehr, sich als strampelnde Frontkämpfer gegen eine Übermacht feindseliger Autofahrer zu fühlen. Kurz: Augsburg wird das Münster des Südens.

Mit der Mechatronik und der modernen Materialkunde wird endlich Wirklichkeit, worüber Jahre viel geredet wurde, wo lange Zeit aber zu wenig geschah: die enge, vertrauensvolle und profitable Zusammenarbeit von Wirtschaft und Hochschulen.

Vorständler und Geschäftsführer einerseits und Hochschulprofessoren andererseits lernen immer besser, sich in einer gemeinsamen Sprache zu verständigen. Sie entdecken, dass Ertrag und Wissenschaft keine Gegensätze, sondern sich ergänzende Partner sind. Die Kultusbürokratie lässt den Universitäten viel freie Hand, mischt sich kaum noch ein. Das tut allen Beteiligten gut.

Dank der besseren Zusammenarbeit von Forschung, Politik und Praxis entwickelt sich in und um Augsburg herum eine marktorientierte Mechatronik- und Werkstoff-Kompetenz, die in Deutschland ihresgleichen sucht. Das Lech-Valley macht sich in Europa einen exzellenten Namen als Region der zukunftweisenden Materialkunde und Materialentwicklung und ihrer Vermarktung.

Umwelt, Mechatronik und neue Materialien sind so attraktive Kompetenzfelder, dass sie moderne, zukunftsorientierte, gut ausgebildete Menschen nicht nur in der Region halten, sondern scharenweise in die Region bringen.

Freizeit und Kultur:

Die aktiven Menschen, die hier in modernen Jobs gutes Geld verdienen, verwöhnt das Lech-Valley nicht nur mit exzellenten Arbeitsplätzen, sondern auch mit einem exzellenten Angebot an Freizeit, Kultur und südlicher Lebensart.

Die historische Innenstadt wird ganz und gar zu einem Ort der Lebensfreude. Einschränken-

Power-Stadt. High-Tech gedeiht am besten dort, wo man nach erfolgreich getaner Arbeit das Leben genießen kann.

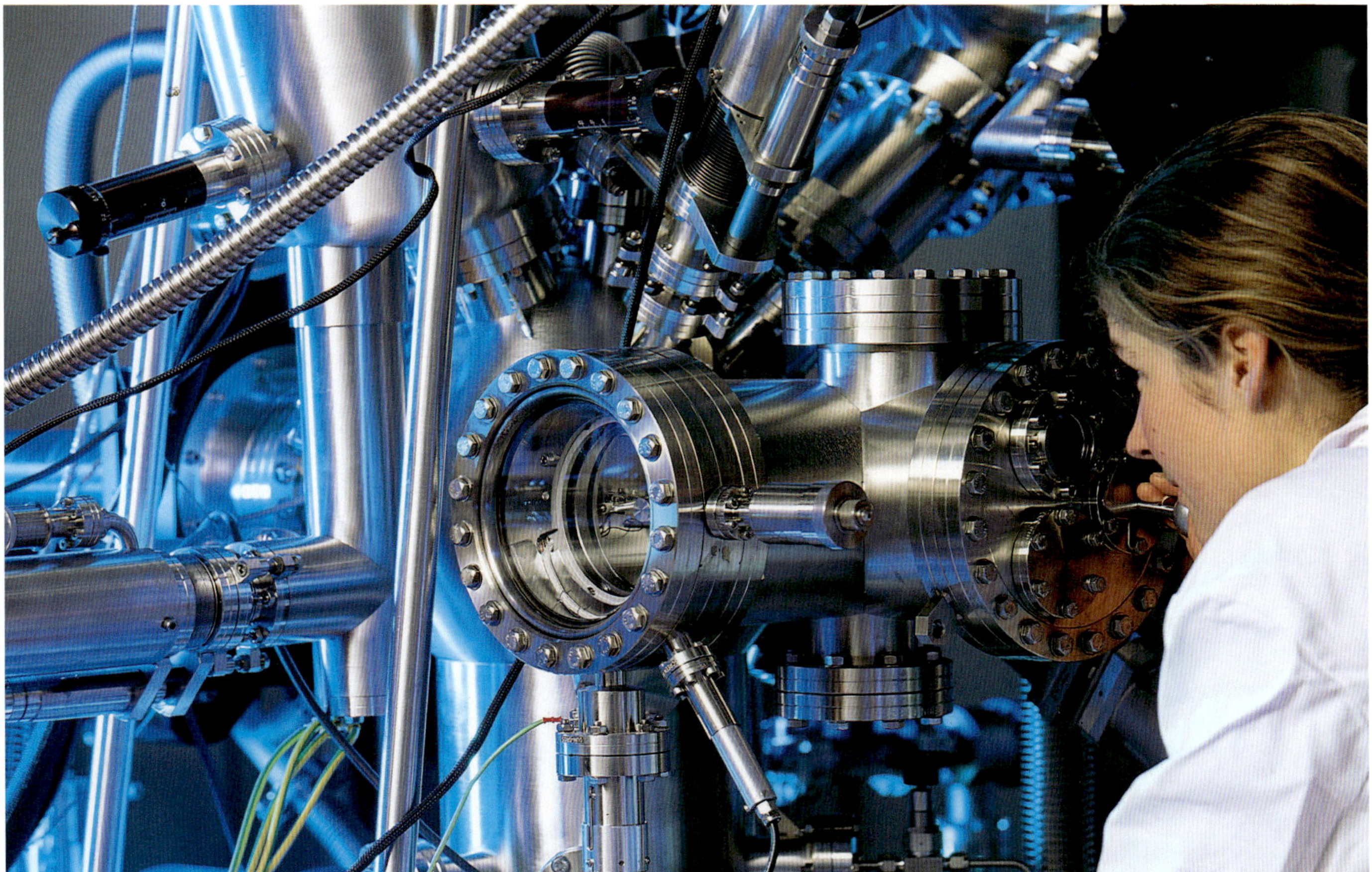

Stadt des Südens. Wo man die Alpen sieht, da mischt sich bayerische Lebensart mit einem Hauch von Italien.

de Vorschriften werden auf ein Minimum reduziert. In Deutschland spricht sich herum, was zuvor nur die Einheimischen von sich selbst behauptet haben: Augsburg ist tatsächlich die nördlichste Stadt Italiens mit einem Flair, das ebenso gut südlich der Alpen zu Hause sein könnte.

Die ewige Schönheit der schnell erreichbaren Alpen und die Lebensart der Menschen sorgen aber weiter dafür, dass die Stadt trotz aller italianitá ihren gemütlichen bayrisch-schwäbischen Charakter behält.

Kunst und Kultur gedeihen als Gemeinschaftswerk von Augsburg und München. Die kleinere Stadt entwickelt geschickt ihre eigenen kulturellen Akzente und nutzt klug die Reize der größeren Stadt. So entsteht ein vielfältiges Angebot für alle Ansprüche.

Und nach jedem Münchener Ausflugserlebnis kehrt man gern nach Augsburg zurück, weil es hier schön ist und weil die Wohnungskosten hier so günstig bleiben, dass man sich solche Kulturerlebnisse auch leisten kann.

Augsburg selbst wuchert mehr denn je mit seinen großen Kulturthemen: von Mozart und Brecht bis hin zum Frieden, der historisch nirgendwo so zu Hause ist wie bei uns.

Aus diesem Dreiklang wird ein Gesamtkonzept entwickelt und mit kühner, alle Bürger begeisternder Gegenwartskunst verbunden. Das alles wird in einer professionellen Marktstrategie gebündelt. Augsburg wird ein Kultur-Magnet.

Moderne Künstler von Weltrang drängt es nach Augsburg. Sie reißen sich darum, hier ihre Skulpturen aufzustellen. So festigen sie den Ruf der Stadt als eine vorbildlich aufgeschlossene, liberale Stätte avantgardistischer Kunst. Dieser Ruf und die Angebotsfülle locken noch mehr Menschen an.

In der Augsburger Allgemeinen liest man häufiger, dass sich Bürger über den anschwellenden Touristenstrom beklagen.

Die neu gewählte Oberbürgermeisterin der Zukunft entgegnet: „Das sind genau die Sorgen, die wir uns wünschen.“ In der Mitte der Romantischen Straße, zwischen Rothenburg und den Königsschlössern gelegen, wird Augsburg zum Reiseziel vieler hunderttausend chinesischer Touristen. Die Preise in den Augsburger Geschäften werden in Euro und in Yuan ausgeschildert.

Handel: Die allgemeine Dynamik beflügelt auch den Handel in der Stadt zu eigener neuer

Dynamik. Kreative Einzelhändler begeistern das Publikum. Wo man einst von einem abwärtstreibenden Teufelskreis sprach, spricht man nun von einem Erfolgskreis der Dynamik.

Münchener, die in der kompakten, exzellenten Auswahl erstklassiger Augsburger Geschäfte genau das finden, was sie gesucht haben, hört man leise sagen: Das Beste an München ist der Zug nach Augsburg.

Soweit dieser Blick in eine nicht völlig unmögliche Zukunft unserer Stadt. Wie kann diese Zukunft zustande kommen?

Etwa so: Die politischen Kräfte in Augsburg schließen sich in einer für ganz Deutschland vorbildlichen Weise für ihre Stadt zusammen. Sie kämpfen professionell, kreativ und mit überregionaler Wirkungskraft für Augsburg.

Stadt und Land finden, in der Erkenntnis, dass sie nur gemeinsam stark sind, einen engen Schulterschluss. Persönliche Eitelkeiten und Parteibücher sind dabei Nebensache. Schließlich geht es um die Zukunft Augsburgs.

Die Beziehungen der Augsburger Stadtführung zur Staatsregierung entwickeln sich exzellent. In Augsburg werden viele kühne Zukunftskonzepte konzipiert und zur Umsetzungsreife ausgearbeitet. Sie sind so gut, dass man in München gar nicht anders kann: Man stimmt immer wieder begeistert zu.

Privatinitiative wird von den Behörden freudig unterstützt, ja, sie wird geradezu eingefordert. Wer sich als Unternehmer niederlassen will, erhält sofort ein Grundstücksangebot und in kürzester Zeit alle notwendigen Genehmigungen, die auf ein Minimum reduziert sind.

Wenn alles dies so wunderbar zusammenkommt, dann steht Augsburg in der Zukunft blendend da.

Wenn, ja wenn.

Könnte es tatsächlich so kommen? Oder muss man diese Vision ganz nüchtern ins Reich der Fantasie verweisen? Nach dem Motto: Und wenn sie nicht gestorben sind, dann leben sie auch heute noch.

Märchen oder Möglichkeit?

Vielleicht liegt die Zukunft ja zwischen beidem: Sie wird wohl nicht ganz so gut, wie hier geschildert. Aber vielleicht ist die hier gemalte Vision doch etwas mehr als ein Märchen.

Sicher ist, dass es gute Aussichten nicht nur in der ganz großen Welt, sondern auch in der angenehmen zweiten Reihe gibt. Das ist Augsburgs reale Zukunftshoffnung.

Stadt der Touristen. Wer so viel zu bieten hat, muss Touristen aus aller Welt auf sich lenken.

Fotografie

Reinhard Eisele

Dipl. Designer und Fotograf, wurde in Augsburg geboren und ist Fotograf von hochklassigen Bildbänden (Indien, Hawaii, das Engadin, Toskana, Bali, USA, Kalifornien, Dominikanische Republik, Karibik, Oberbayern) sowie Autor zahlreicher Fotofachbücher (Reisefotografie, Architekturfotografie, Landschaftsfotografie). Neben der Reisefotografie auch als Werbe- und Reportagefotograf tätig. Zu seinen Kunden zählen Industrieunternehmen, Werbeagenturen, Versicherungen, Banken, Automobil-, Sport- und Modefirmen und unzählige Verlage und Redaktionen. Veröffentlichungen bei GEO, Merian, GEO-Saison, National Geographic, Fotomagazin, Photographie, Zeit-Magazin, Stern, Spiegel, Die Welt, Focus, Süddeutsche Zeitung uva. Reinhard Eisele ist zudem Gründer und Inhaber der Bildagenturen Project Photos GmbH (www.project-photos.de) und Eisele-Photos (www.eisele-photos.de).

Buchgestaltung

Harald Hollo

1948 geboren in Stuttgart, aufgewachsen in Augsburg, verheiratet, drei Kinder. Ausbildung als Schriftsetzer, Meisterprüfung 1972. Auslandsaufenthalt in Zürich und Wien. Studium Grafikdesign an der Werkkunstschule Augsburg; Berufsschulfachlehrer an der Grafischen Akademie München, Bereich Drucktechnik. Seit 1986 geschäftsführender Gesellschafter von Satz und Grafik Partner. Herstellung mehrerer Kunstbücher. Buchherausgaben: „Augsburg – Stadtansichten", „Schwaben – Blickpunkte", „Vergangene Burgen und Herrensitze", „München – Stadtansichten", „Das Kriegsende in Bayerisch-Schwaben 1945", „Burgen, Schlösser und Residenzen in Bayerisch-Schwaben", „Die Stauden – Porträt einer Landschaft in Bayerisch-Schwaben".

Verlag
Satz und Grafik Partner GmbH © 2007
Harald Hollo, Walter Laß
www.satz-und-grafik-partner.de
verlag@satz-und-grafik-partner.de

Satz und Lithografie
Satz und Grafik Partner GmbH

Druckherstellung
Kessler Druck + Medien

Die Autoren

Angela Bachmair M.A.

Geboren 1949 in Buchloe/Allgäu
Abitur 1969 in Augsburg
Sozialwissenschaftliches Studium in Erlangen und München;
Magister Artium 1975
Berufstätig in Erwachsenenbildung und Journalismus in München und Kassel
Seit 1986 Redakteurin bei der Augsburger Allgemeinen
Verheiratet, zwei erwachsene Kinder, zwei kleine Enkelkinder

Dr. Lothar Bakker

1949 in Bergisch-Neukirchen geboren und auf dem elterlichen Bauernhof von Kind an „bodenverwurzelt". Nach dem Abitur Studium an der Universität Bonn in den Fächern Evang. Theologie und Geschichte. Den „Römern" in Köln 1967 und in Rom selbst 1968 mit prägendem Eindruck begegnet. 1981 Promotion in Bonn in Provinzialrömischer Archäologie, Alter Geschichte und Geologie. Nach Tätigkeit im Landesamt für Denkmalpflege in Koblenz seit 1982 „Stadtarchäologe" in Augsburg und seit 1990 zugleich Leiter des Römischen Museums. Lebensmittelpunkt: Familie (drei Töchter) und Beruf, der wirkliche Berufung bedeutet. In der Heimat den ersten „Stein des Lebens" gefunden (Ehefrau Anneliese), im Boden des römischen Augsburg als Ausgräber neu verwachsen und mit einem zweiten „Stein des Lebens", dem „Augsburger Siegesaltar" von 260 n. Chr., verbunden.

Götz U. Beck

wurde 1960 in München geboren. Verbrachte die Kindheit und Jugendzeit im nordschwäbischen Donauwörth. Nach einer Ausbildung im Hotel- und Gaststättenbereich folgte die Bundeswehrzeit in Ulm und Dillingen. Danach Besuch der Hotelfachschule in Heidelberg mit dem Abschluss zum staatlich geprüften Hotelbetriebswirt. Im Anschluss Studium an der Fachhochschule München Betriebswirtschaft mit dem Schwerpunkt Tourismus. Fast 10 Jahre war er dann Verkehrsdirektor von Bad Mergentheim, dem größten Heilbad in Baden Württemberg. Dort war er für die Bereiche Tourismus, Kultur und Wirtschaftsförderung verantwortlich. Seit 1998 in der Funktion als Tourismusdirektor in Augsburg und dort als Geschäftsführer der Regio-Augsburg Tourismus GmbH für die touristische Entwicklung und Betreuung der Stadt Augsburg und den Landkreisen Augsburg und Aichach-Friedberg zuständig.

Rainer Bonhorst

Geboren 1942 in Nürnberg
Redakteur bei der Westdeutschen Allgemeinen Zeitung
Korrespondent in London und Washington für die Westdeutsche Allgemeine Zeitung und die Augsburger Allgemeine
Stellvertretender Chefredakteur Westdeutsche Allgemeine Zeitung
Seit 1. Juli 1994 Chefredakteur bei der Augsburger Allgemeinen

Dr. Thomas Elsen

Geboren 1958 in Bitburg, aufgewachsen in Leverkusen. Studium der Kunstgeschichte, Philosophie und prakt. Theologie in Köln und Bonn, DAAD-Stipendiat am Kunsthistorischen Institut Florenz. Öffentlichkeitsarbeit für den Kölnischen Kunstverein und Sony Deutschland im Rahmen der Retrospektive „Videoskulptur", Köln (Kunstverein) – Berlin (Kongreßhalle) – Zürich (Kunsthaus) 1988–89. Kunsthistorische Leitung der ersten Landesausstellung des Freistaates Sachsen nach der Wende „Georgius Agricola", Chemnitz (Kunstsammlungen) – Bochum (Deutsches Bergbaumuseum) – Prag (Technisches Nationalmuseum) 1993-94. Seit 2002 stellvertretender Direktor der Kunstsammlungen und Museen Augsburg, seit 2006 Leiter des H2 – Zentrum für Gegenwartskunst im Glaspalast.

Dr. Christoph Emmendörffer

geb. 1965 in Meppen. Studium der Europäischen Kunstgeschichte, Klassischen Philologie, Klassischen Archäologie und Neueren Geschichte in Heidelberg und Bologna. Seit 1998 Leiter des Maximilianmuseums und verantwortlich für die Neukonzeption des im November 2006 wieder eröffneten Maximilianmuseums. Kurator der Ausstellungen „Adriaen de Vries. Augsburgs Glanz – Europas Ruhm" (2000) und „Zarensilber. Augsburger Silber aus dem Kreml" (2008), Mitarbeit bei der Ausstellung „Als Frieden möglich war. 450 Jahre Augsburger Religionsfrieden".

Prof. Dr. Hans Frei

1937 in Augsburg geboren, aufgewachsen in Augsburg und Bobingen. Studium der Geographie, Geschichte und Germanistik in München, Staatsexamen für das Lehramt an Gymnasien, Promotion und wissenschaftlicher Assistent am Geographischen Institut der Universität München. 1970 bis 1987 hauptamtlicher Heimatpfleger des Bezirks Schwaben mit den Schwerpunkten: Denkmalpflege, Volkskunde, Kulturlandschaft. Gründung der Bezirksmuseen Oberschönenfeld, Maihingen, Naichen. 1988 bis 2002 Museumsdirektor des Bezirks Schwaben. Herausgeber und Autor zahlreicher Publikationen in den Bereichen Denkmalpflege, Museologie, Landeskunde mit Schwerpunkt Schwaben. Vorstandsmitglied der Schwäbischen Forschungsgemeinschaft. Lehrbeauftragter und Honorarprofessor für Kulturgeographie und Landeskunde an den Universitäten Augsburg und München.

Judith Gardner

Jahrgang 1971, besuchte neben ihrem Journalistik-Studium die Deutsche Journalistenschule in München, arbeitete später bei verschiedenen Medien, u. a. beim Kinderfernsehen. Über diesen Umweg kam sie 1999 ins Ensemble der Augsburger Puppenkiste und fand im Puppenspiel ihren Traumberuf. Sie verfasst gelegentlich Texte verschiedenster Art für die Puppenkiste.

Franz Häussler

Jahrgang 1940. Geboren in einem jahrhundertealten einstigen Pfarrhaus des Deutschen Ordens in Lauterbach am Rande des Zusamtals. Ob das frühe Interesse an der Historie bereits am geschichtsträchtigen Geburtshaus im Schatten von Kirche und Brauerei lag oder an dem Schülergenerationen faszinierenden Historiker Dr. Layer am Gymnasium in Dillingen, ist nicht mehr festlegbar. Seit 1955 Augsburger – von Jahr zu Jahr lieber. Über drei Jahrzehnte lang in Schwabens führendem Zeitungshaus tätig. Veröffentlichungen seit 1980: einige tausend Bilder und Zeitungsartikel, fünf Bücher. Mehrere Ausstellungen. Thematik: vornehmlich Augsburg-Geschichte von »A« wie Archäologie bis »Z« wie Zerstörung. Grundsatz: »Sagen und zeigen, wie es war – ohne Nostalgie und Heimattümelei«.

Ulrich Heiss

lebt und arbeitet als Gebrauchsschreiber in Augsburg. Sein Spektrum umfasst drei Bände mit Geschichten von Ernie und Bert aus der Sesamstraße, einen Architekturführer zur Baukunst des 19. und 20. Jahrhunderts in Augsburg, Werbetexte für eine europaweite Hotelkette sowie Beiträge für Tageszeitungen und das Bayerische Fernsehen. Als Leiter des Architekturmuseums Schwaben und des kunsthauses kaufbeuren konnte er zahlreiche Ausstellungsprojekte zur zeitgenössischen Architektur und Kunst initiieren und realisieren. Aktuell harrt sein erstes Theaterstück, ein derber Bauernschwank, seiner Uraufführung.

Dr. Jürgen Hillesheim

geboren 1961 in Koblenz, Studium der Katholischen Theologie, Germanistik und Philosophie in Mainz, seit 1991 Leiter der Brecht-Forschungsstätte an der Staats- und Stadtbibliothek Augsburg. Autor zahlreicher Bücher und Beiträge über Thomas Mann, NS-Literatur und Bertolt Brecht, Mitherausgeber des Brecht-Jahrbuchs und der Buchreihe „Der neue Brecht", Herausgeber des Werkes Brechts bis 1916.

Andrea Kümpfbeck

Geboren – und tief verwurzelt – im bodenständigen Niederbayern. Erste journalistische Erfahrungen mit Berichten über den Kaninchenzuchtverein und das Schulkonzert für die Lokalzeitung. Unmittelbar nach dem Abitur in Landau/Isar Volontariat und Redakteursjahre bei der Landshuter Zeitung. Germanistik- und Anglistik-Studium in der schönsten Stadt Bayerns, in Regensburg. Nach Abstechern ins Kultur-Ressort und einem kurzen Zwischenstopp bei der deutsch-jüdischen Exilzeitung Aufbau in New York in Schwaben gelandet: zuerst bei der Allgäuer Zeitung, seit 2000 in der zweitschönsten und grünsten Stadt Bayerns als Reporterin bei der Augsburger Allgemeinen. Seither ständig unterwegs – in Schwaben, Bayern und der ganzen Welt: beim Tsunami in Südostasien wie beim Papst in Rom, beim Erdbeben in Pakistan oder bei der Überschwemmungs-Katastrophe in Nepal.

Eva Leipprand

Geboren 1947 in Erlangen, aufgewachsen in München. Studium (Englisch und Geschichte) in Würzburg und München, dazwischen ein Jahr England. Durch Heirat nach Stuttgart verschlagen. Die 17 Jahre dort teils als Studienrätin, teils mit der Erziehung zweier Kinder verbracht. Seit 1989 in Augsburg, als freie Autorin. Mitarbeit in verschiedenen Bürgerinitiativen, Vorsitzende des Forum Augsburg lebenswert (1994 bis 2002). 1996 bis 2002 Stadträtin, seit 2002 Kulturreferentin und Dritte Bürgermeisterin der Stadt Augsburg.

Manuela Mayr

Manuela Mayr, geb. 1954 in Waldshut am Hochrhein. Wunderbare Kindheit in Südbaden, stark geprägt von niederbayerischen Großeltern. Journalistisch tätig seit der Schulzeit. Nach dem Abitur Lehr- und Wanderjahre in Berlin und Venedig. Beruflich »gestrandet« bei der Augsburger Allgemeinen, wo sie als Redakteurin im Ressort »Bayern und Welt« arbeitet. Private Wurzeln hat sie im altbayerischen Kühbach geschlagen. Mit ihrem Mann, einem gebürtigen Ostallgäuer, genießt sie dort in einem früheren bäuerlichen Anwesen, das schon vor dem 30-jährigen Krieg urkundlich erwähnt ist, das Glück, auf dem Lande leben zu dürfen.

Dr. Christof Metzger

ist Kunsthistoriker, wurde am 13. November 1968 in Nördlingen geboren und ist, wie u. a. zahlreiche Publikationen zur spätmittelalterlichen Kunstgeschichte der ehemaligen Reichsstadt belegen, bis heute erklärter Berufsnördlinger geblieben. Durch das Studium der Kunstgeschichte und Archäologie eher zufällig in Augsburg gestrandet, arbeitet er seit vielen Jahren als Ausstellungskurator und Wissenschaftler für Kunstsammlungen und Museen in Augsburg und München. Als leidenschaftlich dilettierender Organist und Cembalist für einen Kenner der Musik des 18. Jahrhunderts eingeschätzt, kuratierte er 2006 die große und in mehrere Verlängerungen gehende Jubiläumsausstellung „Mozarts Welt" im Augsburger Schaezlerpalais.

Dr. Christof Paulus

geboren 1974 in Augsburg, studierte in München und Rom Deutsch, Geschichte und Latein. 2005 wurde er promoviert über das Thema „Das Pfalzgrafenamt in Bayern im Frühen und Hohen Mittelalter". Er ist Lehrer am Gymnasium Friedberg.

Prof. Dr. Bernd Roeck

geboren in Augsburg, war von 1986 bis 1990 Direktor des Deutschen Studienzentrums Venedig und von 1991 bis 1999 Professor für mittelalterliche und neuere Geschichte an der Universität Bonn, 1996 bis 1999 auch Generalsekretär des italienisch-deutschen Zentrums Villa Vigoni (Loveno/Como). Seit 1999 hat er den Lehrstuhl für Allgemeine Geschichte der Neuzeit an der Universität Zürich inne.

Sepp Strubel

In Worms geboren (1939), in Rheinhessen und der Pfalz aufgewachsen, in schwäbischer Klosterschule verkorkst, in bairischer Schauspielschule ausgebildet, landet Strubel 1962 in Augsburg – eine süddeutsche Melange. Es sieht fast so aus, als hätte diese Stadt eine Art „jus primae noctis" an mir: erstes Profi-Engagement bei den Städtischen Bühnen, erste Sprechrolle bei der Puppenkiste, erste Ehe, erstes Kind, erste Profi-Theaterregie, erste Kurzfilme, erstmals „besonders wertvoll", erste Drehbücher, später erste Bildhauerarbeiten, erste Ausstellung, erstes Großatelier, – klar, dass einen nach so vielen Frühfixierungen diese Stadt nicht mehr los läßt. Und immer die Altstadt, immer am Gemurmel und Gerausche der Kanäle, an den Lebensadern. Jetzt erstmals Ruhestand – läßt unruhig werden. Was Ruhe bringt: Leben im Lechviertel, hoffentlich noch ne Weile. An den Lechkanälen.

Dr. Christof Trepesch

Geboren 1967 in Neunkirchen/Saar. Studium an der Universität des Saarlandes, Kunstgeschichte, Klassische Archäologie und Vor- und Frühgeschichte. 1993 bis 2003 Saarlandmuseum Saarbrücken, zuletzt dort als kommissarischer Vorstand der Stiftung Saarländischer Kulturbesitz tätig. Seit 2004 Direktor der Kunstsammlungen und Museen Augsburg.

Dr. Ralf Witzler

geborener Rheinländer des Jahrgangs 1964, Studium in Bonn, Promotion in Greifswald. Etliche Jahre Internet-Redakteur der Frankfurter Allgemeinen Zeitung, heute Chef vom Dienst bei der Finanznachrichtenagentur dpa-afx in der Bankenstadt Frankfurt. Autor mehrerer Bücher und wissenschaftlicher Publikationen zu Brecht, Nietzsche und Foucault, der Gründung technologieorientierter Unternehmen. Schreibt leidenschaftlich gerne Reisereportagen. Seit vielen Jahren bekennender Freund Augsburgs.

Bildnachweis

Artothek, Peißenberg: S. 118
Augsburger Puppenkiste: S. 128/129 (3)
Bayerisches Hauptstaatsarchiv: Plan-Nr. 10718; S. 11
Bertolt-Brecht-Archiv, Berlin: S. 159
Blauel, Joachim: S. 117
Bleier, Christina: S. 114, 181 (3)
Brückelmair, Andreas: S. 24
Bunz, Achim: S. 112/113, 116
Eberlein, M., Archäologische Staatssammlung München: S. 27
Eisele, Helga Dr.: S. 16, 107, 143
Eisele, Reinhard: Umschlag, S. 4, 5, 8, 16/17 (4), 41, 42/43 (2), 44, 45, 46, 47, 48, 49, 50, 51 (2), 53 (4), 56/57, 58 (3), 61 (2), 62 (2), 64/65 (2), 66 (7), 68/69 (2), 70/71 (4), 72/73 (4), 74 (2), 75, 76/77, 78 (2), 79 (2), 81 (3), 82 (3), 86, 87, 89 (4), 90 (5), 93 (6), 94, 97, 100/101, 105, 109, 112, 132/133, 134, 136/137 (6), 139, 140, 142/143 (5), 144 (2), 148, 149, 150, 151, 164, 165, 166/167 (2), 170/171, 172, 173, 174, 175, 176/177, 178, 179, 182/183, 184, 186, 187, 189
Fotomuseum im Münchner Stadtmuseum: S. 158 (2), 159 (3)
Fürstlich und gräflich Fuggersches Familien- und Stiftungsarchiv: S. 40
Herr, Elmar: S. 130 (3), 131 (4)
Hollo, Harald: S. 150, 151, 152/153 (4)
Kunstsammlungen und Museen Augsburg: S. 12, 13, 28/29, 31, 32, 33, 34, 37, 96 (2), 98 (2), 99, 100, 101, 102, 103, 115, 119
Landesamt für Vermessung und Geoinformation Bayern ©: Topographische Karte 1:100 000, Nr. 5193/07; S. 15
Mozartsammlung Augsburg: S. 120, 123, 124, 125 (2)
Regio Augsburg Tourismus GmbH: S. 126
Römisches Museum: S. 21 (3), 22/23 (3), 27 (5)
Schreiber, Helmut: S. 18 (2), 19, 20, 36, 39, 42, 54, 61, 62, 65, 82, 84, 106, 107, 108, 110/111 (2), 115, 132, 162/163 (3), 164, 168/169 (3), 180
Staatsbibliothek Augsburg: S. 122, 154, 155, 156, 157 (2), 160
Stettmayer, Friedrich: S. 146/147, 148/149 (2)
Universitätsbibliothek Augsburg, Kartensammlung: S. 14
Wagner, Ulrich: S. 188
Wall, Anne: S. 120/121

Bildrechte

© Andy Warhol Foundation for the Visual Arts/ARS, New York, 2007 Warhol, Andy, S. 172
© Andy Warhol Foundation for the Visual Arts/ARS, New York, 2007 Warhol, Andy, S. 173
© Dedalus Foundation, Inc./VG Bild-Kunst, Bonn 2007, Motherwell, Robert, Je t'aime, S. 172
© Dedalus Foundation, Inc./VG Bild-Kunst, Bonn 2007, Motherwell, Robert, Je t'aime, S. 173
© VG Bild-Kunst, Bonn 2007, Moris, Robert, Werk, S. 173
© VG Bild-Kunst, Bonn 2007, Geiger, Rupprecht, Pink contra Orange, S. 175

Für Auskunft und Hilfe danken wir

Andreas Brücklmair
Manfred Hahn
Brigitte Herpich M. A.
Elmar Herr
Simone Kimmel M. A.
Dr. Peter Klimm
Christofer Kochs
Klaus Marschall
Loredana Melissari
Dr. Christoph Nicht
Bettina Seibert
Stephen Wood